D1691280

Tamayo Iwamura
Leben und Glauben in Japan

Tamayo Iwamura

Leben und Glauben in Japan

2006

BOUVIER

ISBN 3-416-03153-9

Alle Rechte vorbehalten. Ohne ausdrückliche Genehmigung des Verlages ist es nicht gestattet, das Werk oder Teile daraus zu vervielfältigen. © Bouvier Verlag, 2006. Printed in Germany.
Produktion dieser Auflage buch bücher dd ag, Birkach
Gedruckt auf säurefreien Papier

Inhalt

Vorwort ---9

1. Bodenständige Gottheiten und Reisanbau ---------------------- 11
Bodenständige Gottheiten. Naturverehrung. Reisanbau und kollektive Übergangsriten. Hinabsteigen der Gottheiten. Shinto-Priester. Dorffest und Abgaben. Gemeinsame Mahlfeier. Orakel am Knorpel der Schildkröte. Rituelle Reinigung und Waschung. Kanji-Schriftzeichen und Konfuzianismus. Taoismus. Der Onmyodo. Kalender. Zehn Kategorien und Zwölf Tierzeichen

2. Die Reichsgründung und der Priesterkönig ---------------------21
Himiko. Amaterasu Ohmikami. Tenno. Priesterkönig. Niinamesai (Erntedankfest). Grabhügel. Drei Reichskleinodien. Insignien des Kaisers. Shinto-Schreine. Der Ise-Schrein. Izumo-Schrein. Atsuta-Schrein. Jingikan. Aushöhlung des Abgabensystems

3. Übernahme des Buddhismus --------------------------------------30
Protektor des Buddhismus. Die Lehre des Buddha. Der Grundgedanke über das irdische Leben in Japan. Hoke-Sutren. Tempelbau. Filialtempel

4. Die Esoterik im 9. Jahrhundert ------------------------------------37
Der historische Buddha und der Lichtbuddha. Die Tendai-Schule. Hauptsitz. Mönchtruppe. Die Shingon-Schule. Mehr Praxis als Theorie. Kulte am Kaiserhof. Der Bergtempel. Shugendo, Glaubensgemeinschaft der Bergasketen und Magier. Kumano, die Heilige Stätte des Shugendo

5. Verschmelzung von Shintoismus und Buddhismus ----------47
Jinguiji (Schreintempel). Integrierung der Jinguji-Tempel ins Tempelwesen. Gegen die Esoterik. Formalisierung der Riten im Shintoismus. Hierarchie im Schreinwesen. Der Kaiser als Schattenexistenz. Pakt mit den Magiern. Die adelige Tempelherrschaft. Nonnenklöster. Herkunft der Geistlichen. Nachahmung weltlicher Hierarchie im Klosterleben

6. Anschauungen über den Tod und das Jenseits ---------------- 61
Empfinden von Tod und Sterben. Grollende und rachsüchtige Geister. Tatari. Tempel und Schreine für Kriegsgefallene. Wiedergeburt im Volksglauben. Wiedergeburt im Buddhismus. Die Sechs Welten. Der Glaube an die Reine Welt. Die Reine Welt des Amida-Buddha. verschiedene Paradiese. Jünger und Helfer des Buddha. Das siebenfache Gericht im Reich des Todes. Der unterirdische Kerker. Fürbitten

7. Religiöse Bewegungen im 12. und 13. Jahrhundert ----------- 76
Der Jodo-Glaube von Honen und Shinran. Shinran, der Laienmönch. Reine Welt und Wiedergeburt bei Shinran. Verwandlung der Seelen in Gottheiten. Zen-Schulen. Rinzai-Zen. Zen-Tempel als Kulturwiege des Kriegerstandes. Soto-Zen. Die Nichiren-Schule und die Heiligen Hoke-Sutren. Kamikaze

8. Kaiserhof, Tempel und Schrein zwischen dem 14. und 16. Jahrhundert -- 90
Zwei Kaiserhöfe. Der wahre Shintoismus des Ise-Schrein. Der Yoshida-Shintoismus. Tempel im späten Mittelalter. Entmachtung der Tempel durch die Feldherren. Erwerbstätigkeit der Tempel. Die ersten Christen. Widerstände der Reichstempel. Christliche Feudalherren. Der Feudalherr Toyotomi. Verbot des christlichen Glaubens. Die ersten christlichen Märtyrer

9. Herrschaftsordnung in der Neuzeit ----------------------------- 103
Vorschriften für den Kaiser und Kaiserhof. Wiederbelebung des Kaiser-Festes. Vorschriften über die Vergabe der Purpurrobe für Priester. Die Christen und das Tokugawa-Shogunat. Fumie, die Gesinnungsprüfung der Christen. Schließung des Landes. Pflichtzugehörigkeit zu einem buddhistischen Tempel. Tempel in der Neuzeit. Die Nichiren-Schule. Aufgaben der Priester. Tempel als Instanz der Moral. Schreine in der Neuzeit. Der Onmyodo unter Aufsicht des Schreins. Zusammenstellung von Kalender und Horoskop. Konfuzianismus in der Neuzeit. Annäherung von Konfuzianismus und Shintoismus. Nationalbewußte Philologie und Kaiserverehrung

10. Vom Bildersturm zum Staatsshintoismus--------------------122
Führungskräfte der Meiji-Revolution. Wiederherstellung der Kaisermacht. Bildersturm. Aufklärungsarbeit für den Staatsshintoismus. Aufhebung der Christenverfolgung. Stärkung der Vermögenslage des Kaiserhauses. Höfische Feste und Riten im Staatsshintoismus. Kalenderreform. Religionsfreiheit im Staatsshintoismus. Staatliche Kultstätte für die Kaiserverehrung. Trennung innerhalb des Staatsshintoismus. Religionsfreiheit im Staatsshintoismus. Staatliche Schreinbauten. Vereinheitlichung des Baustils für Schreine. Erziehungsedikt. Nationalhymne. Shintoistische Trauung. Christen im Staatsshintoismus

11. Das Kaiserhaus nach dem Krieg--------------------------------139
Die kaiserliche Ansprache. Verneinung der Göttlichkeit des Kaisers. Abschaffung des Adelsstandes. Familienstammbuch des Kaiserhauses. Steuererklärung des Kaiserhauses. Modernisierung des Hofamtes. Religiöse Körperschaft öffentlichen Rechts. Stellung und Funktion des Kaisers in der Gegenwart. Völkerrechtliche Vertretung. Verfassungsmäßige Staatsakte. Pflege der hauseigenen Tradition. Kontaktpflege mit den Bürgern. Ehrenamtliche Palastpflege. Dichterrunde am Kaiserhof

12. Tabus im Alltag--148
Der alte Kalender. Gliederung der Zeit im alten Kalender. Taian, der gute Tag. Tabus bei Trauerfeiern. Tod und Tabu. Das Unreine. Das reinigende Salz. Purgieren des Unreinen. Ausgestoßene und Verachtete. Siedlungen der Ausgestoßenen. Herkunft als Ehehindernis. Lepra-Kranke

13. Buddhismus in der Gegenwart----------------------------------163
Trauer- und Gedenkfeiern. Feuerbestattung und Familiengrab. Die letzte Ruhestätte. Teure Gräber. Almosen. Buddhistischer Name für die Verstorbenen. Seelennamen. Namengebung für den verstorbenen Kaiser und die Kaiserin. Hausaltäre. Kommunikation mit den Seelen und Vorfahrengottheiten. Gedenkfeiern. Die Grabpflege. Die Stellung der Frau im Buddhismus. Zugangsverbot für Frauen zum Berg. Der Berg des Shugendo. Frauen im Shugendo. Wege zum Priesteramt. Seelenvermittler. Traditionelle Pilgerreise. Meditationskurse im Zen-Tempel

14. Shintoismus in der Gegenwart----------------------------------184
Der Ise-Schrein. Wiedergeburt der Gottheiten. Baukosten. Material und Stil. Das Wallfahrtsziel. Der Yasukuni-Schrein. Schrein im Hain. Das Gebot vor dem Altar eines Schreins. Unbefangene Pilger. Filiale der Schreine. Besänftigungskulte in der Gegenwart. Große Bannkulte am Schrein. Besänftigungskult der Bodengottheiten. Einweihung der Baustelle. Gedenkfeiern für Werkzeuge und Gebrauchsgegenstände. Altgediente Nähnadeln. Pinsel. Puppen. Fische. Übergangsriten im Schrein. Darbringung des Neugeborenen bei den Schutzgottheiten. Namengebung. Namengebung kaiserlicher Nachkommen. Zur Mündigkeit. Bannen von Pech und Unglück. Der 60. Geburtstag

15. Festjahr im Kaiserhaus--203
Reiskultur im kaiserlichen Garten. Kalender des kaiserlichen Festjahrs. Kulte am Neujahrstag. Kulte für Fruchtbarkeit und reiche Ernten. Ahnenkult für kaiserliche Vorfahren. Große Bannkulte. Die Besänftigungskulte vor den kaiserlichen Hochfesten. Das Erntedankfest. Orakel für das kaiserliche Hochfest. Daijosai. Bestimmen der Reisfelder für das Daijosai. Die Altäre für das Daijosai. Verlauf des Daijosai

16. Feste aus dem Bauernkalender---------------------------------213
Gliederung und Verlauf der Feste. Mondkalender. Das Neujahrsfest. Hatsumode. Festessen zu Neujahr. Neujahrssegen. Folgefeste im Januar. Setsubun. Das Mädchenfest. Hina-ningyo. Das Jungenfest. Stoffkarpfen. Besänftigungskulte und Dorffest. Verlauf der Besänftigungskulte. Gion-matsuri. Tanabata-sekku. Obon-Fest. Opfergaben für den Altar. Bon-odori. Okuri-bon. Herbstfeste. Das Erntedankfest. Niinamesai. Tag der Wintersonnenwende. Vorbereitung für das Neujahrsfest. Reinigung vor Silvester

Zeittafel--232

Sach- und Namensregiste--234

Vorwort

Ausländer, die Japan besuchen, fragen immer wieder, ob sich das Land der aufgehenden Sonne geändert habe. Seit 40 Jahren wohne ich in Japan und versuche Europäern zu erklären, daß sich Japan nicht wesentlich verändert hat. Die äußere Erscheinung der Großstädte täuscht leicht über tiefer liegende Kontinuitäten hinweg.
„Leben und Glauben in Japan" eröffnet einen guten Zugang zu den Grundkräften, die auch heute noch das Verhalten der meisten Japaner prägen.

Der schwächste Punkt der europäischen „Aufklärung" war die Kritik der Religion. Philosophen, die damit kokettierten, religiös unmusikalisch zu sein, und ein Klavier nicht von einer Geige unterscheiden konnten, erklärten die Musik für wertlos.
Tamayo Iwamura entwickelt keine Theorien über die japanische Religion, sondern zeigt an vielen Beispielen, wie nützlich die religiösen Werte sind. Sie referiert die Geschichte des Shinto und japanischen Buddhismus, anschaulich, informativ und unterhaltsam.

Die japanische Religion hat sich in vielen Krisen und Kämpfen behauptet. Sie wird den schwierigen Übergang von der „Reiskultur" in die Informations-Gesellschaft vielleicht besser bewältigen als die christlichen Kirchen in Europa. Die Religion wird nicht nur defensiv ihr Dasein fristen, sondern produktiv Energien erzeugen, die der japanischen Gesellschaft, trotz Globalisierung, Erdbeben und Taifunen, ein gutes Leben ermöglichen.

P. Heinz Hamm SJ, Sophia-Universiät Tokyo

1. Bodenständige Gottheiten und Reisanbau

Bodenständige Gottheiten

Der japanische Archipel wurde vom eurasischen Kontinent vor etwa 200.000 Jahren abgespalten. Gegen 2000 v.Chr. lebten die Menschen in Japan von der Jagd und vom Fischfang. Sie waren schon seßhaft und wohnten in Gemeinwesen. Bei Ausgrabungen wurden Tonwaren und Gefäße aus dieser Zeit gefunden, die Rückschlüsse auf die Lebensformen zulassen. Die Menschen glaubten damals fest daran, daß sie einer höheren Gewalt ausgeliefert waren und dank deren Segen am Leben erhalten wurden. Weibliche Tonfiguren mit überproportional großem Busen und Gesäß wurden vermutlich bei religiösen Riten verwendet. Die Riten wurden zu magischen Zwecken bei Aussaat und Ernte gemeinschaftlich vollzogen. Die Menschen sorgten sich, ob der Same die unberechenbaren Naturgewalten wie Flut, Wind, Dürre und Epidemie überstehen würde und sich bis zum Herbst zu einer reichen Ernte vervielfältigte.

Naturverehrung

Die Landschaften Japans sind vielfältig und reizvoll. Das Land ist zu 30% eben und zu rund 70% gebirgig. Es gibt viele hohe Berge. Auf der Hauptinsel (*Honshu*) ragen eine Reihe Gebirge über 3000 Meter hoch, und es gibt über 60 aktive Vulkangebirge. Der Mt. Fuji (*Fuji-san*) ragt 3776 Meter hoch, und sein letzter Vulkanausbruch geschah im Jahre 1707. Der Fuji-san war seit alters ein heiliger Berg. Aber nicht nur der Fuji-san, auch zahlreiche andere Berge sind nach dem Glauben der Japaner seit eh und je heilige Stätten.

Die Religion der alten Japaner zeichnete sich durch den Glauben an das Wirken magischer Kräfte aus. Die Religiosität der Menschen richtete sich nach den im Lebensraum gegebenen Naturlandschaften: Berge, Flüsse, Seen, Strände, Teiche oder Wasserquellen. Diese natürlichen Gegebenheiten wurden Kultstätten. Der numinose Ort wurde mit „Kordeln aus Reisstroh" (*Shimenawa*) geschmückt, die zur Abgrenzung von rituell gereinigten und unreinen Stellen dienten. Hohe Berge, wie etwa der Fuji und Miwa, wurden verehrt in dem Glauben, daß im verborgenen Ort des Berges Gottheiten (Berggottheiten) wohnten. Daher wurde am Fuß eines Berges immer ein Tor (*Torii*) mit Kordeln als Zeichen einer heiligen Stätte errichtet.

Reisanbau und kollektive Übergangsriten

Bereits im 3. und 2. Jahrhundert v. Chr. wurde in Japan der Weizen- und Kartoffelanbau gepflegt. Der Reisanbau auf Wasserfeldern, der aus Übersee kam, führte zur Verbesserung der Lebensverhältnisse. Im 1. Jahrhundert v. Chr. brachten Einwanderer vom Kontinent die Kenntnisse mit, Weizen, Hirse und Reis anzubauen, und sie übermittelten die Töpferkunst auf der Töpferscheibe und gebrauchten neue Geräte aus Bronze und Eisen. Der Reisanbau begann im Norden der Kyushu-Insel und breitete sich im 2. Jahrhundert n. Chr. bis Ostjapan aus. Das Verlangen nach Fruchtbarkeit und Fülle führte die Menschen dazu, den natürlichen Kreislauf von Wachstum und Reife, von Saat und Ernte mit reichem Brauchtum auszugestalten. Die Übergänge von einer Phase des Naturzyklus in eine andere wurden kultisch gefeiert. Die wichtigsten Übergangsriten waren das Frühlingsfest vor der Aussaat und das Erntedankfest im Herbst. Im Japanischen heißt das Jahr „*Toshi*", dies bedeutet etymologisch „Reife der Ähren, bzw. der Ernte". Der Reisanbau und damit eng zusammenhängende Rituale prägten die Gesellschaftsform sowie das Denken und Verhalten der Menschen grundlegend.

Hinabsteigen der Gottheiten

Man glaubte, daß die Gottheiten vom Himmel auf die Erde hinabsteigen und nach dem Kult wieder in den Himmel zurückkehren. An einer heiligen Stätte des Dorfes, z. B. vor einem großen Felsblock, einem hohen Baum oder vor einer Wasserquelle wurde ein Altar errichtet. An beide Seiten des Altars wurden *Sakaki*-Zweige gestellt, die als Vorrichtung zum Hinabsteigen der Gottheiten dienten. Auf dem Altar wurden

Opfergaben aus Feld, Wald und Meer in Tongefäßen dargebracht. Die vier Grundopfergaben sind Reis, Wasser, Sake und Salz. Gemüse und Obst sind zusätzliche Gaben. Im Laufe des Kultes trägt der Priester den Gottheiten den Dank und die Bitten der Gemeinde vor. Während des Kultes wurde das Orakel der Gottheiten in Anwesenheit der Gemeinde ausgelegt. Am Ende des Kultes verzehrten die Anwesenden gemeinsam die Opfergaben. Die Tongefäße wurden zerschlagen und in der Erde begraben. Es gab kein festes Gebäude als Kultstätte. Der Kult fand in der Regel nur in der Nacht statt. Handlungen und Verlauf des Kultes blieben bis heute im Wesentlichen unverändert.

Shinto-Priester

Der Schamane oder die Schamanin wurde im Altertum als der Gottheit gleich angesehen. Man glaubte, daß der Schamane die Geheimsprachen (*Mikoto*) der Gottheiten spricht und der erste Name, den der Schamane in der Trance ausspricht, soll der Name der mit ihm kommunizierenden Gottheit sein. In Okinawa, wo alte Kulte in unveränderter Form heute noch begangen werden, darf man aus Ehrfurcht den Schamaninnen im Kult nicht in die Augen sehen.
Zwischen dem 5. und 6. Jahrhundert beherrschten einige Landwirte relativ breite Landstriche, die aus mehreren Dörfern bestanden. Diese Großlandwirte regierten über Land und Leute selbständig, und sie gaben der Schutzgottheit der Ortschaft einen Namen, der meistens vom Ortsnamen herrührte. Diese Großlandwirte waren in der Regel der Dorfvorstand und Priester, und deshalb hatten sie die Autorität, der Schutzgottheit des Dorfes einen Namen zu geben. Der Dorfvorstand und Priester heißt „*Kannushi*" (wörtlich: Herr der Schutzgottheit), und die Großlandwirte waren Oberpriester und höchste Gewalten der Dörfer. Mit der Zentralisierung der politischen Machtsysteme auf den Kaiser im 7. Jahrhundert wurden die Großlandwirte auf dem Land in die Verwaltung des Kaiserreiches eingebunden. In diesem Verwaltungssystem fungierten

die Großlandwirte als niederes Organ der Zentralregierung. Sie führten die Registrierung der in ihrem Herrschaftsgebiet lebenden Bevölkerung durch, um das Grundbuch für die kaiserliche Abgabenerhebung anzulegen.

Dorffest und Abgaben

Wie ein Dorffest im Altertum gefeiert wurde, belegt eine Chronik aus dem 8. Jahrhundert. In jedem kleinen Dorf veranstaltete der Kannushi das Dorffest, das er selbst im Frühling und im Herbst zu organisieren und zu begehen hatte. Er hatte den Männern, die sich zur Spendensammlung auf den Weg machten, die Talismane auszustellen. Die Talismane beziehen ihre Kraft aus Wörtern oder einzelnen Schriftzeichen und verbürgen den Besitzern Gesundheit, Unverwundbarkeit und Schutz vor Ertrinken auf dem Reiseweg. Am Erntedankfest hat der Shinto-Priester die Abgaben zu erheben, die dem Ertrag der jeweiligen Gemeinwirtschaft entsprechend berechnet werden. Die angesammelten Reisähren werden im Frühling als Saatgut den Gemeinwirtschaften ausgeliehen, und im Herbst zahlen sie dem Dorfvorstand und Shinto-Priester das Ausgeliehene mit Zinsen zurück. Der Kostenaufwand für die Jahresfeste wurde durch diese Zinsen gedeckt.

Gemeinsame Mahlfeier

Am Erntedankfest werden die Erstlingsfrüchte von der einzelnen Gemeinwirtschaft als Opfergabe auf dem Altar dargebracht. Der Shinto-Priester dankt den Gottheiten für die reiche Ernte und das Wohlergehen der Bewohner. Aus den Reisähren werden das Festessen und der Reiswein (*Sake*) für alle zubereitet. Im Rahmen der Festakte wurde die Notwendigkeit der Abgaben kurz erläutert: die Zöllner des Dorfes treten vor die Dorfgemeinde und erklären, daß die Darbringung der Gaben ein Gebot ist. Nach der Erklärung findet die gemeinsame Mahlfeier (*Naorai*) mit den Gottheiten statt, zu der alle Bewohner eingeladen wurden. Festessen und Reiswein aus Neuähren werden von den Jungen zunächst den Alten serviert und das Dorffest wird mit Musik und Tanz fröhlich gefeiert. Durch die Wiederholung der Jahresfeste werden der Gemeinsinn und die enge Bindung an die Gottheiten gestärkt. Der Dorfvorstand und Priester war der Vermittler des Orakels der Schutzgottheiten zu den Dorfbewohnern. Zugleich hatte er aber auch die Gerichtsbarkeit inne in Konfliktfällen zwischen den Gemeingütern. Für Amt und Funktion des Dorfvorstandes und Priesters nahm der Kannushi im Einvernehmen mit den Dorfbewohnern einen Zehnten der Gesamtabgaben.

Orakel am Knorpel der Schildkröte

Während des Dorffestes wurde auch die Vorhersage bzw. Weissagung über die Ertragshöhe von Reis und Getreide getroffen, die vom Shinto-Priester oder einer Schamanin wahrgenommen wurde. Der Knorpel einer Schildkröte wurde dabei in ein Feuer hinein geworfen und der Schamane legte an den Rissen des Knorpels das Orakel der Gottheiten aus. Außer dem Knorpel wurden ein Bambusrohr oder ein Hirschhorn als Werkzeug verwendet. Um die Vorhersage über die Reiserträge zu erfahren, wird heute noch der Kult am Neujahrsfest vom Shinto-Priester zelebriert. Er wirft in den siedenden Reiskessel ein Bambusrohr hinein und danach werden die Reiskörner in diesem Bambusrohr gezählt: Je mehr Körner im Rohr, desto reichlicher die Ernte, heißt das Orakel. Außerdem gibt es zahlreiche Varianten der Kesselwahrsagerei.

Rituelle Reinigung und Waschung

Es war Brauch, sich rituell zu reinigen, bevor man um das Orakel und Weissagung der Gottheiten bittet. In frühen Zeiten glaubte man, daß böse Geister und Unreines in der Luft frei schwebten und in den Leib des Menschen unmerklich hinein schleichen und Krankheit und Tod hervorrufen. Das Ritual, vom Leib böse Geister und Unreines zu bannen, heißt *Harai*. Und die rituelle Waschung im Fluß oder im Meer heißt *Misogi*. Es ist Brauch, vor dem Befragen des Orakels für einen bestimmten Zeitraum eine enthaltsame Lebensführung einzuhalten. Dieser Zeitraum oder die Enthaltsamkeit heißt *Monoimi*. Diese Handlungsform ist in der Lebenspraxis heute noch von Bedeutung und ein Schlüssel zum Verständnis für verschiedene seltsame Verhaltensweisen.

Kanji-Schriftzeichen und Konfuzianismus

Zwischen dem 4. und 5. Jahrhundert wurde der Kontakt mit dem Kontinent reger, und es kamen zahlreiche Einwanderer vom Kontinent nach Japan. Sie brachten neben den Kanji-Schriftzeichen und dem Kalender auch eine fortgeschrittene Kultur und Technik nach Japan. Die führende Oberschicht des Yamato-Reiches kam im 6. Jahrhundert schon mit fremdem Gedankengut aus Übersee, Taoismus, Konfuzianismus und Buddhismus in Berührung. Der Konfuzianismus war in China entstanden und wurde gegen Ende des 4. Jahrhunderts in Japan vorgestellt. Die in 5 Schriften zusammengefaßten Lehren des Konfuzius (552-479 v. Chr.), bei denen es sich überwiegend um Moralphilosophie handelt, wurden die geistige Grundlage für die politische Klasse und die Schriftgelehrten. Der Konfuzianismus war schon als politisches Ideal in der ersten Reichsverfassung des 7. Jahrhunderts verankert, und die Lektüre der chinesischen Klassiker war Pflichtfach für die Beamtenprüfung des Reiches. Der konfuzianische Grundgedanke, der für die Ordnung in der menschlichen Gesellschaft sorgt und die bestehende Hierarchie untermauert, wurde als politisches Ideal des Tokugawa-Shogunats (1603-1867) verbreitet. Jedenfalls war der Konfuzianismus nie eine Heilslehre, sondern eine Moralphilosophie.

Taoismus

Die Weltansicht im alten China ging davon aus, daß der Kosmos einschließlich der Gottheiten auf Grund der Bewegung der Gestirne zu erklären ist. Die chinesischen Himmelsbeobachter zogen aus der Beobachtung der Gestirne die Schlußfolgerung, daß der Polarstern im Norden die Schöpfungsgottheit ist, weil er nie unter den Horizont sank und alle Gestirne sich um ihn drehten. Der Polarstern im Norden galt daher als Sinnbild für den Himmelsherrscher und wurde als Gottheit verehrt. Der Polarstern im Norden befindet sich im Himmel und was im Himmel ist, so glaubte man in jener Zeit, ist die Gottheit, die über die Lebewesen auf Erden herrscht. Vom Polarstern im Norden wurden Sonne und Mond, Jupiter und Mars, Venus und Saturn sowie der Merkur geboren. Die Menschen werden unter einem dieser fünf Gestirne geboren, und das Lebensschicksal hängt von der Bewegung der Sterne unmittelbar ab. Die Schöpfungsgottheit der Menschen ist der Polarstern.

In China gab es einen alten Volksglauben an die Existenz eines unsterblichen Einsiedlers im Berg, der mit seinen übernatürlichen Kräften alles Unheil abwenden kann und auch die Kunst zum ewigen Leben wissen soll. Um Unheil, das aus ungünstiger Sternkonstellation hervorgeht, abzuwenden, oder um die Krankheiten zu heilen, mußten die Magier des Taoismus die übernatürlichen Kräfte erwerben.

Eine theologische Schrift über den Taoismus wurde im 4. Jahrhundert n.Chr. in China verfaßt. Es handelt sich um konkrete Hinweise über die Bannkulte und Entdeckung der Kräuter, die Menschen unsterblich machen sollen. Die Schrift schreibt praktische Hinweise für Bergasketen und -wanderer vor: Diejenigen, die in einen Berg eindringen wollen, müssen stets Talismane tragen, streng auf Tabus achten und neun Zaubersprüche vor dem Aufbruch laut aussprechen. Denn der Berg ist heilig und voll von magischen Wirkungen und Gefahren, so glaubte man. Bei den Bannkulten müssen die Magier das Dämonen niederschlagende Schwert tragen und Zaubersprüche rezitieren. Aus der Art und Weise, wie die Magier zu diesen übernatürlichen Kräften gelangen, entwickelte sich der *Shugendo* (Weg des Einsiedlers), eine altüberlieferte Glaubensgemeinschaft der Bergasketen und Mönche.

Der Onmyodo

Aus taoistischer Kosmologie und Bannkulten entwickelte sich in Japan der „*Onmyodo*". Der Onmyodo geht davon aus, daß die Himmelsbewegung, der Wandel der Jahreszeiten, der belebten Natur und des menschlichen Lebens durch das Zusammenwirken von einer weiblichen (*In*) und männlichen (*Yo*) Urkraft bewirkt wird. Zur Feststellung der Veränderungen in der Atmosphäre wurden zunächst alle Himmelszeichen beobachtet, die Anlaß zu Mutmaßungen über Künftiges gaben. Die daraus gewonnenen Daten wurden dann mit quasi-wissenschaftlicher Exaktheit systematisiert, die zur Bewegungstheorie der fünf Gestirne wurde. Mit der Bewegung dieser Gestirne ändert sich das Schicksal und der Lebensrhythmus des einzelnen sowie des Reiches. Um Unheil abzuwenden und Glück herbeizurufen, wurden magische Kulte für den Stern begangen, der ein böses Omen, nach der Sterndeutung, offenbarte.

Der Einfluß von Taoismus und Onmyodo auf das Denken und Verhalten der Japaner ist beträchtlich. Auf dem Nährboden von Bannkult, weißer und schwarzer Magie wurden die buddhistischen Glaubens- und Heilslehren aufgenommen. Die alten Überlieferungen in Brauchtum, Gestaltung und Inhalt des japanischen Festjahrs sind ohne Kenntnisse des Onmyodo nicht zu entschlüsseln.

Kalender

Mit der Übernahme des Taoismus und Konfuzianismus kamen im 6. Jahrhundert Sterndeuter, Heilkundige und Magier nach Japan. Sie brachten den Mondkalender aus China mit, der im Jahre 690 auch in Japan die offizielle Rechnungsgrundlage der Zeit wurde. Einem kaiserlichen Erlaß zufolge wurde 701 das Kalenderamt eingerichtet, wo die Himmelsbeobachter und Sterndeuter sich mit den Bewegungen am Himmel und Veränderungen der Atmosphäre befaßten. Sie stellten aufgrund ihrer Beobachtungen einen japanischen Kalender zusammen, der praktisch für den Reisanbau von großer Bedeutung war. Dar-

über hinaus verfolgten die Sterndeuter und Himmelsbeobachter die Farben der Atmosphäre, Wolken und Sterne aufmerksam und deuteten die Phänomene nach der Kategorie Glück und Unglück aus. Die Vorhersage der Sterndeutung wurde immer dem Kaiser berichtet, und einige Heilkundige waren am Kaiserhof tätig. Sie heilten Kranke durch Magie und Zauber und gewannen das Vertrauen des Hochadels. Im 8. Jahrhundert waren Magie und Zauberkulte auch unter dem Volk weit verbreitet. Einige mächtige Magier führten mit ihren Vorhersagen das Volk irre und stifteten Unruhe im Land. Dem Kaiserhof schien es bedrohlich, daß die Magie zum Sturz des Kaisers ausgenutzt werden könnte. Daher ordnete der Kaiserhof an, daß Magie und Zauberkulte nur vom Reichskalenderamt durchgeführt werden sollten.
Theorie und Praxis der Sterndeutung und Magie entwickelten sich weiter und bestimmten seit dem Altertum Denken und Handeln der Menschen. Wahrsagerei, die sich auf der Beobachtung und Deutung von Zeichen stützt, und Handlinienlesen zur Deutung über Künftiges sind in unserem Jahrhundert noch sehr beliebt. Auf dem Kalender des Kalenderamtes wurde an jedem Tag ausführlich vermerkt, welche Richtung und Uhrzeit des Tages von guter Energie erfüllt ist, und welche Zeit besser zu meiden ist. Diese Sterndeutung wurden von den Adeligen, die Schriftzeichen im Chinesischen verstehen konnten, eingehalten. Sie mieden den Ausgang an einem unguten Tag, in ungute Richtung, und diese Zurückhaltung heißt Monoimi. Seit alters wurde geglaubt, die Richtung „Nordost" sei eine böse Ecke (*Kimon*), wo die Geister ein- und ausgehen. Aus diesem Glauben wurden verschiedene Bräuche entwickelt, die böse Geister fernzuhalten vermögen. Heute noch baut man in Japan einen Hauseingang auf keinen Fall in Kimon.

Zehn Kategorien und Zwölf Tierzeichen

Die Magier des Kalenderamtes voraussagten anhand der Zehn Kategorien (*Jikkan*), die auf die Urkraft im Himmel rekurrieren, und der Zwölf Tierzeichen (*Junishi*), die auf die Urkraft der

Erde bezogen sind, den Wandel der Zeit und des menschlichen Schicksals. Aus der Kombination von Jikkan und Junishi wurde 60 Muster festgelegt. Das 60. Lebensjahr geht so auf den Ursprung des Zyklus zurück. Der alte Brauch, den 60. Geburtstag mit einem großen Fest zu feiern, rührt von diesem Kalender her.

Das Tierzeichen des Jahres heißt *Eto*. Die Zwölf Tierzeichen laufen im Kreis: Maus, Stier, Tiger, Hase, Drache, Schlange, Pferd, Schaf, Affe, Hahn, Hund und Wildschwein. Das Geschlecht dieser Tiere, außer Schlange und Drache (ein Fabeltier), ist männlich. Jedes Tierzeichen hat seinen Sinn in sich: im Jahr des „Drachen" werden oft große Überschwemmungen befürchtet, und im Jahr des „Pferdes" wird ein großer Wandel in der Politik und Wirtschaft vorausgesehen. Der weitverbreitete Aberglaube bei der Entwicklung des Aktienmarktes, der sich oft bestätigt, beruht auf dem Sinn der Tierzeichen: z.B. das Jahr des Schafes (Jammertal, Durchhalten), der Maus (Wuchern, Vermehren), des Affen (viel Lärm, Lebhaftigkeit), des Hundes (viel Lachen, Zufriedenheit).

Die traditionelle Uhrzeit war bis zur Kalenderreform im 19. Jahrhundert (1873), vom Mondkalender zum Gregorianischen Kalender, nach den zwölf Tierzeichen benannt: „in der Tigerstunde" heißt um vier Uhr in der Morgenfrühe. Wie sehr der alte Kalender und damit verbundener Aberglaube an gute und böse Tage heute noch bei wichtigen Entscheidungen im Alltag von Bedeutung ist, werden wir im Kapitel 12 näher betrachten.

2. Die Reichsgründung und der Priesterkönig

Himiko

Die chinesische Chronik, Gishiwajinden, weist darauf hin, daß schon im 1. Jahrhundert n.Chr. im Norden der Insel Kyushu etwa 100 selbständige Herrschaften entstanden und mit China eine diplomatische Beziehung unterhielten. Die Chronik belegt auch, daß es Mitte des 2. Jahrhunderts in Japan Aufstände gab, und etwa 30 Stammesoberhäupter unter der Königin Himiko sich zusammengeschlossen hatten. Himiko war ledig und offensichtlich eine Schamanin, die sich der Magie und Zauberei bediente. Vor wichtigen Entscheidungen feierte Himiko Kulte und deutete das Orakel der Gottheiten anhand des Knorpels einer Schildkröte aus. Himiko soll im Jahre 248 n.Chr. gestorben sein, und auf sie wird eine mythologische Gestalt, Amaterasu Ohmikami, die Sonnengöttin und Ahnfrau des Kaiserhauses, zurückgeführt.

Amaterasu Ohmikami

Um das 4. Jahrhundert entstanden landesweit führende Sippenverbände aus Einwanderern vom Kontinent. Zwischen dem 6. und 7. Jahrhundert trat eine Familie dieser Sippenverbände als selbständige Herrschaft hervor, die den Reichschroniken und Annalen zufolge Nachkommen der Sonnengöttin Amaterasu Ohmikami sein soll. Amaterasu Ohmikami, wörtlich übersetzt, „die den Himmel beleuchtende große Gottheit", ist die Ahnfrau der Kaiserfamilie, und ihre Nachkommen bildeten das Königreich Yamato, das sich territorial von Yamato (Südwestjapan) bis weit in die Kyushu Insel erstreckte. Die Zentralisierung der politischen Macht auf den König kam nach vielen Machtkämpfen zustande. Die Annalen und Chroniken des Reiches belegen, daß der Herrscher des Reiches noch großer Herr (*Ookimi*) hieß. Der große Herr war höher gestellt als andere lokale Herren im Reich und er soll, so die Annalen und die Mythologie über die Reichsgründung, Nachkomme der Sonnengöttin Amaterasu Ohmikami sein.

Tenno, Priesterkönig

Als Territorium des Ookimi war kein begrenztes Gebiet vorgesehen, sondern ihm wurde zuerkannt, daß er Herrscher über das ganze Land und seine Leute sei. Das Reich übernahm die chinesische Kultur, und 645 wurde die Bürokratie und das Rechtswesen nach dem chinesischen Vorbild reformiert.

Im 7. Jahrhundert wurde der Ookimi in *Tenno* (Himmlischer Herrscher) umbenannt. Etymologisch stammt die Bezeichnung „Tenno" aus einer klassischen Schrift des Taoismus. Der Nordpolstern wurde in China als Sinnbild für den Himmlischen Herrscher angesehen. In der gehobenen Sprache wird der Kaiser immer „*Tenno-heika*" (Tenno+Honorativsuffix), oder „*Heika*" genannt. Etymologisch bezeichnet Heika den Priester, der dem Himmlischen Herrscher (Nordpolstern) dient und sein Orakel den Menschen übermittelt.

Der Kaiser in China wurde in der Geschichte immer *Tenshi* (Himmels-Sohn) genannt, und das chinesische Schriftzeichen, das in Japan zur Bezeichnung für den Kaiser verwendet wird, bezieht sich in China nur auf eine mythologische Gestalt oder Gottheit des Taoismus.

Zur Bezeichnung für den Kaiser Japans wird im Japanischen auch Mikoto verwendet, was eine ehrerweisende Bezeichnung für den Priesterkönig ist. Der die Geheimsprachen sprechende Mikoto soll der Reichsgründungsmythologie zufolge hauptsächlich Kulte begangen und Orakel vermittelt haben. Im Weiteren wird für einen historischen Kaiser die Bezeichnung „Tenno" (z.B. Meiji-Tenno) benutzt. Für das Sprachgefühl der Japaner klingt heute Mikoto sehr altmodisch und es wird kaum noch gebraucht.

Niinamesai (Erntedankfest)

Die Kulte und Feste des Reisanbaus, die der Kaiser selbst begehen mußte, waren das eigentliche kaiserliche Amt. Das Erntedankfest, *Niinamesai*, ist im Altertum ursprünglich ein Erntedankfest der Bauern, das der im Reiskorn innewohnenden Lebenskraft den Dank bekundet. Im Laufe der Jahrhunderte richtete sich die Danksagung an die Ahnfrau des Kaiserhauses, Amaterasu Ohmikami. In dem Kult wird die Vereinigung mit den Gottheiten realisiert, indem der Kaiser die Opfergaben ißt. Dieses Fest findet immer im November statt. Das erste Erntedankfest nach der Inthronisierung eines neuen Kaisers heißt *Daijosai*, das seit dem 7. Jahrhundert im Rahmen der Thronbesteigung begangen wird. Dieses Hochfest wurde im Mittelalter, wo Bürgerkriege und Aufstände andauerten, nicht begangen. Ein Kaiser, der das Daijosai nicht begangen hatte, wurde spöttisch Halbkaiser (*Hantei*) genannt. In der langen Tradition des Kaiserhauses gab es einige Kaiser, die nach ihrer Thronbesteigung aus finanziellen und machtpolitischen Gründen dieses Fest nicht begehen konnten. Der jetzige Kaiser Akihito, der 125. in der Thronfolge, hat die Inthronisierung im Januar 1989 in der alten Residenz in Kyoto begangen und im Herbst 1990 das Daijosai auf dem Kaiserpalast in Tokyo nach dem alten Ritual zelebriert.

Grabhügel

In Südwestjapan wurden bei archäologischen Ausgrabungen eine Reihe von Grabhügeln freigelegt, die vermutlich zwischen dem 4. und 6. Jahrhundert n.Chr. errichtet wurden. Das Ausmaß eines Grabhügels erweckt den Eindruck, daß die Einrichtung einen großen Aufwand an Arbeit und Geld erfordert hat. In den Grabhügeln wurden die Oberhäupter führender Geschlechter begraben, und die zahlreichen Beigaben geben Aufschlüsse über Kultur und Glauben in älterer Zeit. In manchen Gräbern wurden Pferde lebendig neben ihren Herrn zusammen mit anderen Gebrauchsgegenständen des alltäglichen Lebens begraben.
Neben den menschlichen Überresten im Grabhügel lagen die Beigaben, wie Spiegel, Jade, Schwerter aus Bronze und auch Ohrringe, Armbänder, Kronen und Schuhe. Im Altertum wurde geglaubt, daß der kostbare Stein, wie etwa die Jade, eine magische Wirkung ausübt. Deshalb wurde sie als Amulett stets am Körper getragen zum Schutz vor Unheil und bösen Gei-

stern. Vor allem der Spiegel, Schwerter aus Bronze und die Jade wurden als Zeichen der Vasallenbeziehung vom Königreich Yamato den führenden Geschlechtern verliehen.

Drei Reichskleinodien

Über die Herkunft der Reichskleinodien berichten die Mythologien und Reichschroniken ausführlich. Die Ahnfrau des Kaiserhauses, Amaterasu Ohmikami, hat ihrem Enkel, der vom Himmel auf die Erde hinabsteigen wollte, drei Schätze und ein Bund Reisähren anvertraut. Dabei habe sie ihn darum gebeten, den Spiegel stets bei sich zu tragen, denn dies sei die Vergegenwärtigung ihrer Seele.
Der 10. Thronfolger, so die Reichschronik, ließ aus der Befürchtung, doch irgendwann diese Heiligen Schätze zu verletzen, Repliken anfertigen. Der ursprüngliche Spiegel wurde vom 11. Thronfolger dem Ise-Schrein übergeben und ist seitdem das Heiligtum des Ise-Schreins. Der 12. Thronfolger hatte das Schwert im Atsuta-Schrein bei Nagoya aufbewahren lassen und die Jade trugen die folgenden Kaiser stets am Körper.
Diese drei Heiligtümer des Kaiserhauses, Repliken des bronzenen Spiegels und Schwertes sowie die Jade, heißen im Japanischen *Sanshu-no-jingi*. Der bronzene Spiegel ist als Heiligtum in der Kultstätte (*Kashikodokoro*) im Kaiserpalast in Tokyo aufbewahrt. Das bronzene Schwert und die Jade werden bei der Inthronisierung übergeben und auch bei wichtigen Ahnenkulten des Kaiserhauses stets präsentiert. Die beiden Heiligtümer werden in einem Gemach neben dem Schlafgemach des Kaiserpaares im Palast aufbewahrt.

Insignien des Kaisers

Bei der Thronbesteigung des Kaisers gibt es kein Krönungszeremoniell. Was den Kaiser als Herrscher über Zeit und Raum bezeugt, sind die obengenannten drei Heiligtümer. Bei der Thronbesteigung werden aber nur zwei Heiligtümer, das bronzene Schwert und die Jade, vor dem Kaiser im Saal präsentiert und das Staatssiegel (*Kokuji*) und das kaiserliche Siegel (*Gyoji*) werden nach dem alten Ritual übergeben. Bemerkenswert ist, daß die heiligen Insignien des Kaisers in Schatullen aufbewahrt und von außen nicht sichtbar sind. Selbst der Kaiser darf sie nicht öffnen und sehen.

Shinto-Schreine

Die führenden Geschlechter im Königreich Yamato wohnten in Anwesen mit verschiedenen Gebäuden. Die Häuser hatten Dachfirste, die von ornamentalen Holzblöcken überragt wurden. Die Schatzkammer und Kornspeicher wurden auf erhöhtem Fußboden errichtet, damit die Getreide vor Feuchtigkeit, Mäusen oder Hochwasser geschützt waren. Dieser Baustil ist heute noch an alten Schreinen zu sehen. Zu den ältesten Schreinen zählen der Ise-Schrein im Shimmei-Baustil und der Izumo-Schrein im Taisha-Baustil. Es gibt aber heilige Stätten, die zwar kein Altargebäude haben, aber *Jinja* (Shinto-Schrein) heißen. In dem Altargebäude eines Schreins wird in der Regel das Haupheiligtum (*Go-shintai*) verehrt. Das Heiligtum der Schreine ohne Altargebäude ist meist der Berg selbst, wo das Heiligtum praktisch nicht unter ein Dach untergebracht werden kann. Der Ohmiwa-Jinja in der Präfektur Nara ist ein gutes Beispiel dafür.

Der Ise-Schrein

Die Ahnfrau und Gottheit des Kaiserhauses, Amaterasu Ohmikami, wird im Ise-Schrein verehrt. Die Ortschaft Ise war für das Reich Yamato ein militärisch wichtiger Stützpunkt zur Erweiterung des Reiches gewesen. Im ausgehenden 5. Jahrhundert wurde die in der Residenz des Kaisers verehrte Gottheit Amaterasu Ohmikami von Nara nach Ise verlegt. Zur Unterkunft für die Gottheit wurden große Schreinanlagen errichtet, die aus dem inneren Schrein (*Naiku*) und dem äußeren Schrein (*Geku*) bestehen. Im Naiku wird Amaterasu Ohmikami und im Geku die Gottheit Toyo-uke-no-kami verehrt, die ursprünglich eine Fruchtbarkeitsgottheit der örtlichen Sippen in Ise war und dann zuständig für die Verpflegung der Amaterasu Ohmikami wurde. Im Altargebäude des Naiku wird ein bronzener Spiegel verehrt, den der Mythologie zufolge Amaterasu Ohmikami einem ihrer Nachkommen verliehen hat. Der Spiegel ist das Heiligtum des Ise-Schreins. Das Gebäude, Eingangstore und Altäre in den Schreinanlagen werden alle 20 Jahre neu errichtet. Die Erneuerung ist eigentlich eine Detail genaue Wiederherstellung der altüberlieferten Bautechnik. Die Renovierungsarbeit selbst folgt einer Reihe von protokollarisch strikt festgelegten Ritualen. Bei der Bauarbeit werden nur erlesenes Baumaterial und Naturstoffe eingesetzt. Auf die Einzelheiten der Riten um die Wiederherstellung werden wir im Kapitel 14 eingehen.

Izumo-Schrein

Älter als der Ise-Schrein ist der Izumo-Schrein, der am Japanischen Meer liegt und die Gottheiten örtlicher Sippen verehrt. Das Izumo-Geschlecht soll mit dem Kaiserhaus verwandt sein. Es unterhielt schon sehr früh mit dem Festland rege Beziehungen und hatte sich dem Reich Yamato früher als andere Geschlechter unterworfen. Der Mythologie zufolge soll der Held des Izumo-Geschlechts, der sich dem Reich Yamato anschloß, stammesgeschichtlich ein Bruder der Ahnfrau und Gottheit des Kaiserhauses, Amaterasu Ohmikami, sein.

Atsuta-Schrein

Ein tragischer Held, Yamato Takeru, wie die Reichsannalen Kojiki und Nihonshoki berichten, war ein Prinzensohn des Kaisers. Der Prinz Yamato-Takeru (wörtlich: der Tapfere im Reich Yamato) habe ein Schwert vom Ise-Schrein ausgeliehen, bevor er in die Schlacht zog. Dank dieses Schwertes habe er sich aus Lebensnot retten und das Reich zur Vereinigung führen können. Der Held starb aber bald an Krankheit und nach dem Tod wurde sein Schwert im Atsuta-Schrein aufgehoben. Das Schwert ist das Heiligtum des Schreins.

Jingikan

Mit der Einführung einer Zentralbürokratie nach chinesischem Muster wurde Mitte des 7. Jahrhunderts die Macht auf den Kaiser, den Priesterkönig, konzentriert. Der Priesterkönig hatte die Jahresfeste des bodenständigen Glaubens und Brauchtums zu begehen. Die Rituale am Kaiserhof waren die Quelle der politischen wie religiösen Legitimität des Kaisers. Sie gewannen mit der Hierarchisierung des Shintowesens den Charakter von Staatsfesten. Der Kaiser war wörtlich der höchste Herrscher im Reich, der als Priesterkönig über Shinto-Schreine und auch als Protektor des Buddhismus über dem Tempelwesen stand. In diesem theokratischen Reich wurde ein Protokollamt (*Jingikan*) für das Hofzeremoniell errichtet, das nominell als höchstes Amt der Staatsverwaltung galt und bis Ende des 12. Jahrhunderts bestand. Mitte des 19. Jahrhunderts wurde es von der Meiji-Regierung zwecks der Wiederherstellung der Kaisermacht erneut ins Leben gerufen.

Im 8. Jahrhundert wurde die Hierarchisierung vollendet, und die großen Schreine, die durch Erlasse des Kaiserhofes errichtet wurden, waren mit dem Reich eng verbunden und standen unter dessen Weisung und Kontrolle. Den großen Schreinen, einschließlich der Schreine mächtiger Geschlechter, standen Pfründen und Arbeitskräfte zu, während die kleinen auf dem Land finanziell von den Bewohnern der Ortschaft abhängig waren. Ohne Rangunterschied der Schreine standen auf dem Festkalender im Durchschnitt 19 große Feste und zusätzliche kleinere, je nach Anliegen und Bedürfnissen der Ortschaft.

Aushöhlung des Abgabensystems

Um das 7. Jahrhundert war das Ackerland noch immer Gemeingut, und die bäuerlichen Abgaben und Leistungen wurden an der Größe des Ackerlandes gemessen. Die Bauern waren zu Arbeitsleistungen und Abgaben verpflichtet. Aber die Großbauern, die später zu Grundherren aufstiegen, verfügten als Belehnte über Land und Leute. Die Großlandwirte eines Landstrichs nahmen, wie jeder Dorfvorstand und Priester, den

Zehnten für sich in Anspruch. Auf Einladung des Jingikan begaben sich die Großlandwirte und Oberpriester zu den wichtigsten Jahresfesten am Kaiserhof. Die Oberpriester des Jingikan erläuterten den geladenen Großlandwirten, daß im Reiskorn des ihnen zu verteilenden Saatgutes die Vorfahrenseelen des Kaiserhauses wohnten, die mit ihrer überragenden Fruchtbarkeit reiche Ernten verhießen. Dieses Saatgut hatten die Großlandwirte mit derselben Interpretation den Bauern im Dorf zu verteilen.

Das System zur Abgabenerhebung, das die Herrschaft des Kaisers über Land und Leute mittels der Jahresfeste stärkte und zugleich Gehorsam und enge Bindung der Untertanen mit dem Kaiser sicherte, bestand seit der Einführung nur ein Jahrhundert. Im ausgehenden 8. Jahrhundert zerfiel das System der Abgabenerhebung. Denn die geladenen Oberpriester und Großlandwirte erschienen zum Jahresfest nicht mehr am Kaiserhof. Sie nahmen in früheren Zeiten gerne an den festlichen Staatsakten als auserwählte Gäste teil und erhielten in Dankbarkeit und Ehrfurcht Segen und Saatgut vom Jingikan. Wenn einige der entlegenen Gegenden bei der Einladung übergangen worden waren, rügten sie dies heftig; diese blieben nun von den Staatsfesten fern.

Die Großlandwirte zeigten allmählich kein Interesse mehr an den mystischen Wirkungen des Saatgutes, das sie vom Jingikan erhalten und den Bauern weiter zu verteilen hatten. Sie behielten es ganz für sich und verteilten nichts mehr an den Bauern. Weil sie das Saatgut nicht verteilten, konnten sie nach der Ernte die ihnen auferlegten Abgaben gegenüber dem Jingikan nicht aufbringen. Das war ein unübersehbares Vergehen der Oberpriester gegen das System, und die Staatsfinanzen gerieten in Schwierigkeiten. Die Oberpriester begründeten ihr Fernbleiben damit, daß ihr Land von der Residenz zu weit entfernt sei. Darauf hin ergriff das Jingikan Maßnahmen zunächst gegen die abtrünnigen Oberpriester entlegener Gegenden. Weil der Kaiserhof kein stehendes Heer hatte, war es praktisch unmöglich, die Abgaben mit Gewalt einzuziehen. Dem Kaiserhof und Jingikan blieb nichts anderes übrig als den Abtrünnigen mit einem Verbot des Priesteramtes oder einem Ausschluß aus der Shinto-Gemeinde zu drohen. Darum wurde jetzt das Saatgut an die Schreine geliefert: die großen und wichtigen Schreine wurden direkt vom Jingikan beliefert, die kleinen Schreine in der Provinz von Entsandten aus dem Innenministerium.

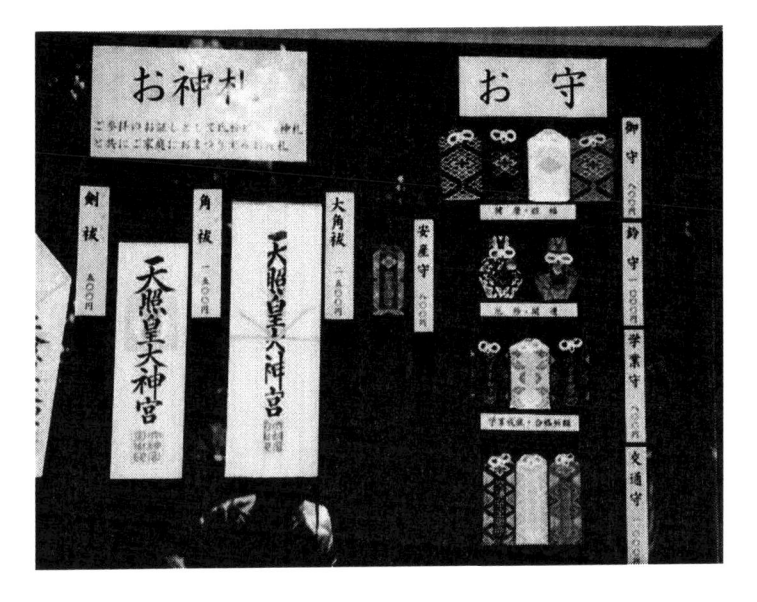

Die Talismane

3. Übernahme des Buddhismus

Bereits im 5. Jahrhundert war der Buddhismus unter den Einwanderern vom Festland weit verbreitet. Aber die offizielle Übernahme des Buddhismus in Japan beginnt mit dem Jahr 538, als ein König aus Bekze, eines der drei Königreiche in Korea, dem japanischen Kaiser eine Buddha-Statue und buddhistische Schriften schenkte. Die Übernahme verlief jedoch nicht ohne innenpolitische Auseinandersetzungen. Der konservative Flügel am Kaiserhof lehnte es ab, den fremden Glauben anzunehmen. Die Begründung dafür lautete, es gebe schon 180 einheimische Gottheiten, denen an vielen Jahresfesten Opfergaben dargebracht würden. Daher rufe die Anbetung einer fremden Gottheit nur den Zorn der einheimischen Gottheiten hervor. Aber die aufnahmewillige Gruppe, die mit den Nachkommen der Einwanderer vom Festland verbündet war, behauptete, es gebe keinen Grund, den in kulturell fortgeschrittenen Ländern verbreiteten Glauben nicht zu übernehmen. Daraufhin vertraute der Kaiser die Buddha-Statue dem Geschlecht der Soga an, die sich für die Übernahme ausgesprochen hatten, und er bestimmte, die Statue auf dem Hausaltar der Soga „versuchsweise" zu verehren.

Bald darauf grassierte im Lande eine Epidemie, und die Konservativen legten das Unheil dem fremden Glauben zur Last. Sie schändeten buddhistische Kapellen und warfen die Buddha-Statuen ins Wasser. Trotzdem ging die Epidemie nicht zurück, und dazu kam noch eine Dürre. So bezichtigten die Fortschrittlichen die ehrfurchtslosen Gegner der Naturkatastrophe. Das Soga-Geschlecht besiegte schließlich die Konservativen im Jahre 587. Für die in Machtkämpfen Gefallenen stifteten sie einen buddhistischen Tempel im Jahre 596, damit ihre Seelen durch die Gnade des Buddha gerettet würden. Der Buddhismus wurde anfangs in der Führungsschicht als magischer Kult aus Übersee praktiziert. Die Obersten der Oberschicht nahmen den Buddhismus auf, zu kultischen Zwecken für Gedeihen und Wohl ihrer Familien.

Protektor des Buddhismus

Mit dem Sieg der Progressiven über die Konservativen gegen Ende des 6. Jahrhunderts ergriff das Geschlecht der Soga die politische Macht. Als Königsmacher bestimmte es den damaligen Kronprinzen, Shotoku-Taishi (572-622), zum Reichsverweser. Shotoku-Taishi war ein frommer Buddhist und Schriftgelehrter und er verordnete die Förderung des Buddhismus. In der Haupt- und Residenzstadt Aska ließ er als Staatsprojekte sieben großzügig angelegte buddhistische Tempel errichten. In der ersten Verfassung des Reiches verfügte er, daß der Buddha, die buddhistischen Schriften und die Priester hochzuachten sind. In der Ära des Shotoku-Taishi gewann der Buddhismus an Bedeutung als Reichsreligion. Die Tempel und Priester hatten die Aufgabe, für das Wohl des Kaisers und Reiches zu beten. Die Tempel waren staatliche Einrichtungen und die Priester Staatsbeamte. Die Reichschronik (Nihonshoki) belegt, daß schon Anfang des 7. Jahrhunderts 46 Tempel errichtet sowie 816 Priester und 596 Nonnen berufen worden waren. Shotoku-Taishi starb im Jahre 622 und wurde zur Gottheit erhoben, die als Bote Buddhas in Japan geboren worden sei.

Durch die staatliche Förderung näherte sich die Zahl der buddhistischen Tempel im 8. Jahrhundert fast der Zahl der bestehenden Shinto-Schreine an. Dennoch wurde der Sinn der buddhistischen Lehre, abgesehen von einer kleinen Anzahl Mönche, auch vom Hochadel nicht gut verstanden. Die Mönche befaßten sich fast nur mit Dogmen. Sie waren schriftgläubig, und die Verbreitung der Lehre Buddhas wurde vernachlässigt. Die Tempel fungierten als Bildungsstätte der Mönche. Die Auslegung der Schriften, die Dogmen und strengen Gebote und Verbote schienen sogar dem Hochadel und Gelehrtenstand schwer verständlich. Sie wünschten sich vielmehr, daß die Mönche ihre menschlichen Bedürfnisse auf konkrete Weise befriedigten, das heißt Zauberkulte für Heilung der Krankheiten und Verheißung der Erlösung praktizierten. Selbst der Kaiser und Hochadel ließen zur Heilung eines erkrankten Ex-Kaisers einen buddhistischen Tempel erbauen.

Die Lehre des Buddha

Der Buddhismus kennt keinen göttlichen Schöpfungsakt. Der historische Buddha (*Shaka*) gab sein Prinzendasein auf und wurde zusammen mit fünf Gefolgsleuten zu Asketen. Er sah ein, daß Begierde und Habgier des Menschen die Quelle von Sünden, Qualen und Leiden ist. Der Grundgedanke der buddhistischen Lehre ist die Vergänglichkeit alles Irdischen. Nur durch Einüben einer asketischen Lebensweise kann der Mensch den weltlichen Begierden entsagen und ist imstande, den leidvollen Kreislauf des Karma (Vergeltungskausalität aller Taten) zu durchbrechen und damit den endlosen Wiedergeburten in dieser Welt zu entkommen.

In Indien, dem Ursprungsland des Buddhismus, wurde angenommen, daß nur ein kleiner auserwählter Kreis von Menschen, die täglich die buddhistischen Schriften lesen und beten, die Erleuchtung finden und durch Buddha gerettet würden. Der exklusive Gedanke über den Rettungskreis gründete in den Kasten der indischen Gesellschaft; nur Menschen edler Herkunft werden die Erleuchtung und Erlösung finden. Hier liegt einer der wichtigen Gründe, weshalb sich der Buddhismus in Indien nicht ausbreiten konnte. Der Buddhismus war in Indien der exklusive Glaube für Menschen edler Herkunft, deren Zahl sehr klein war.

Der Grundgedanke über das irdische Leben in Japan

Der Buddhismus, der über China und Korea nach Japan wanderte, war in Bezug auf Rettung und Methode zur Erleuchtung viel toleranter als in seinem Ursprungsland. Die Schriften, die von Shotoku-Taishi als hochzuachten bestimmt wurden, sind die Hoke-Sutren, die die Gleichheit aller Menschen predigen. Die einfachen Menschen glaubten, daß die Hoke-Sutren selbst eine magische Wirkung in sich hätten. So trugen sie die Schriftrollen auf ihren Rücken.

Die religiösen Bewegungen des Buddhismus in den folgenden Jahrhunderten kümmerten sich um die Erweiterung der Rettungskreise durch Buddha und die Vereinfachung der Methode

zur Erleuchtung. In Bezug auf die Bedingungen zur Rettung der Menschenseele nach dem Tod hat sich in Japan, anders als in Indien, ein pragmatisches Verständnis entwickelt. Der materielle Reichtum und die Begierde nach Macht und Herrschaft wurden nicht verneint. Man muß jedoch im Diesseits Güte und Frömmigkeit mittels des Reichtums äußern, um im Jenseits von Buddha gerettet zu werden. Damalige Frömmigkeitsübungen waren der Tempelbau zur Verherrlichung Buddhas, Stiften für den Tempel und Almosen für die Armen. Das Errichten prächtiger Tempel würde, so glaubte der Hochadel, unmittelbar Gnade und Segen von Buddha im Diesseits und die Rettung im Jenseits verhießen.
Der Buddhismus in Japan zeigte von Anfang an einen sehr pragmatischen, das irdische Leben bejahenden Charakter. Verneinen des irdischen Reichtums oder die Vergänglichkeit alles Irdischen, der die Menschen unterworfen sind, waren in der Glaubenslehre des japanischen Buddhismus nicht ausgeprägt.
In Japan wurden die buddhistischen Glaubensinhalte für zwei konkrete Zwecke definiert: Im Diesseits die Krankenheilung und im Jenseits die Verheißung der Erlösung. Im Tempel Horyuji, der zur Genesung eines erkrankten Ex-Kaisers gestiftet wurde, wurde im Altarraum die Buddha-Statue in der Mitte und an beiden Seiten der Yakushi-Nyorai (ein Jünger und Helfer Buddhas für Krankenheilung) und der Amida-Nyorai (ein Jünger und Helfer Buddhas für die Aufnahme der Menschenseele in die Reine Welt) verehrt. Das ist eine bezeichnende Konstellation, die zeitlose und innige Wünsche und Bitten der Menschen widerspiegelt.

Hoke-Sutren

Die Lehren des historischen Buddha (Shaka) wurden in verschiedenen Strömungen und Schulen unterschiedlich ausgelegt. Der Patriarch der Tendai-Schule in China, Chigi (538-597), hatte die widersprüchlichen Auslegungen der Lehren Buddhas nach Zeitfolgen, Inhalten und Modi der Dialektik systematisiert. Er schätzte die Hoke-Sutren, die inhaltlich die Lehre des

Shaka an seinem Lebensabend darstellen, als höchste Wahrheit unter den Lehren Buddhas. Die Übernahme der Hoke-Sutren erfolgte in Japan bereits in der Epoche des Shotoku-Taishi, der selbst Anmerkungen zu den Hoke-Sutren verfaßte. Die Hoke-Sutren lehren, daß die Erlösung durch die Gnade Buddhas allen Menschen zuteil wird. Herkunft und Stand spielten hier keine Rolle. Denn die Buddhaschaft ist jedem Menschen von Geburt an gegeben. Aber der Weg zur Erleuchtung ist allein die Meditation. Nur durch die Meditation werden alle weltlichen Begierden überwunden, und nur so ist die Erleuchtung zu erlangen, die wahre Befreiung von den Begierden bedeutet. Mit der Errichtung der Reichstempel im 8. Jahrhundert wurde den Priestern auferlegt, die Hoke-Sutren täglich zu rezitieren und in der Aufnahmeprüfung zum Priesteramt wurde bei allen Kandidaten ihre gründliche Kenntnis vorausgesetzt. Erst im 9. Jahrhundert bildeten sich Lesekreise der Hoke-Sutren vor allem bei den Adeligen. Im Laufe der Zeit verbreiteten sich die Lesekreise unter dem einfachen Volk.

Tempelbau

Die Regentschaft des Shomu-Tenno (701-756) begann mit der Verlegung der Haupt- und Residenzstadt im Jahre 710 nach Nara. Um diese Zeit tobten im Lande Unruhen, Machtkämpfe am Kaiserhof, und es wüteten Epidemien. Um das Reich und Volk durch die Gnade Buddhas zu retten, dekretierte der Shomu-Tenno den staatlich geförderten Tempelbau, sowohl in der Residenz als auch in jeder Provinzstadt. Es gab einige Tempel, die von mächtigen Familien als Haustempel zur Verehrung der Vorfahren erbaut worden waren. Dem kaiserlichen Erlaß zufolge begann im Jahre 742 der Tempelbau auch in jeder Provinz. Es wurden die sogenannten Filialtempel (*Kokubun-ji*) errichtet. Als Amtstempel der gesamten Tempel wurde der Todaiji-Tempel im Jahre 745 in Auftrag gegeben, bei dem kolossalen Bau insgesamt rund 2.2 Millionen Arbeitskräfte eingesetzt und die übergroße Buddha-Statue (ursprünglich eine 16 Meter hohe Sitzstatue) überdacht. Anläßlich der Einweihung des Todaiji-Tempels (752) wurde Shomu-Tenno, der sich selbst als „Unfreier" des Buddha bezeichnete, zum Priester geweiht, und er verbrachte seinen Lebensabend im Tempel als Abt. Seine fromme Gattin errichtete Spitäler, Armen- und Waisenhäuser und kümmerte sich um die Lepra-Kranken und Leidenden.

Im Laufe der Geschichte maßten sich Mönche und Priester Lebensformen eines geistlichen Adels an. Sie nahmen immer mehr in Anspruch, auf die weltliche Politik Einfluß auszuüben. Es war unvermeidlich, zur Selbstreinigung des Tempelwesens umfassende Maßnahmen einzuleiten. Der Amtstempel legte strenge Gebote und Verbote für das Priestertum und Tempelwesen fest, und für Priester und Mönche galten 250 Gebote, für Nonnen sogar 350 Gebote. Ohne staatliche Genehmigung durfte kein Priester berufen und kein Tempel erbaut werden. Die Geistlichen in den Tempeln in Nara befaßten sich überwiegend mit der Schriftauslegung, vornehmlich mit der Erlösungslehre einer indischen Tradition, die sich auf einen engen Kreis auserwählter Menschen beschränkte.

Filialtempel

Jedem Filialtempel in den Provinzen standen Pfründen und Arbeitskräfte zu. Die Priester dieser Tempel waren Beamte, deren Handlungen durch ein Reichszentralorgan kontrolliert wurden. Die Filialtempel, in denen die Priester und Mönche leben, heißen Kokubunji, und die Tempel für Nonnen *Kokubun-niji*. In einem Priestertempel waren in der Regel 20 Priester beherbergt, und in einem Nonnentempel 10 Nonnen. Der Nonnentempel befand sich unweit vom Priestertempel und war meist kleiner als dieser. Auch im Filialtempel gab es große Buddha-Statuen und Pagoden, große Vorlesungssäle, Bibliotheken, Speisesäle und Schlafräume. Die gemeinsame Schutzgottheit der gesamten Staatstempel heißt Kongomyo-saisho-o. Sie hat die magische Kraft inne, alle Epidemien und alles Unheil zu bannen und gute Ernten zu schenken. Der Gelehrtenstand und der Hochadel glaubten fest daran, das Lesen der

Schriften über diese Schutzgottheit bringe ihnen Segen und Schutz. So war es eine weit verbreitete religiöse Praxis, die Sutren abzuschreiben.

Mozeki-jiin-Tempel Ninnaji (Weltkuturerbe)

4. Die Esoterik im 9. Jahrhundert

Die Esoterik entstand in Indien im 7. Jahrhundert. Sie wuchs auf dem Nährboden des Landes für Kult, Magie, Sterndeutung und Zauberei. Die Esoterik wurde auch in Tibet überliefert und hat sich dort zum Lamaismus entwickelt. In China wurde die Lehre der Esoterik nicht als Weltanschauung, sondern als Praxis für Zauberkulte, Voraussage und Deutung des Menschenschicksals begriffen.

Der historische Buddha (Shaka) und der Licht-Buddha

Im Buddhismus wird im allgemeinen der historische Buddha (Shaka), der als Prinz in Indien geboren, gelebt und durch Asketenleben die Erleuchtung erlangt hat, als Erlöser in den Mittelpunkt der Glaubensvorstellung gestellt; in der Esoterik wird dagegen der Licht-Buddha (Dainichi-Nyorai) als höchste Gottheit definiert, die über Raum und Zeit erhaben und Symbol der Ewigkeit und Unsterblichkeit ist. Der Kosmos selbst, in ihm selbst, ist der Licht-Buddha, eher als der historische Buddha, der in die Welt geboren wurde.

In der Esoterik ist Dainich-Nyorai der Schöpfergott und Vater des Lebens im Kosmos. Der Kosmos des Licht-Buddha ist erfüllt von der Welt der Weisheit und Vernunft, die in Mandala-Bildern dargestellt ist. In der esoterischen Weltanschauung besteht der Kosmos aus sechs Grundelementen. Diese sind Erde, Wasser, Feuer, Wind, Leerer Raum und Erkenntnis. Sie verwandeln sich ständig und selbst die Verkörperung des Dainichi-Nyorai. Die Menschen sind die Verkörperung des Dainichi-Nyorai und im wesentlichen unterscheiden sich nicht vom Dainichi-Nyorai.

In der Esoterik sind die Menschen alle ebenbürtig und jedem Menschen ist die Buddhaschaft immanent. Daher ist jeder Mensch zu retten. Nicht nur die Menschen, sondern auch die anderen Lebewesen sind die Verkörperung des Dainichi-Nyorai. Deshalb ist jedes Leben lebenswürdig und achtenswert. In der belebten Natur, in den Gestirnen am Himmel und

in Menschen ist der Licht-Buddha da. Daher werden in den esoterischen Schulen die Körperlichkeit, Begierde, Qualen und Leiden der Menschen nicht als Laster verneint, sondern als Leben selbst akzeptiert. Diese Welt selbst wird in der Esoterik als Welt des Licht-Buddha aufgefaßt, und die Menschen können im Leben die lebende Buddhaschaft (*Sokushin-jobutsu*) erlangen und sich mit dem Licht-Buddha vereinen.
Anfang des 9. Jahrhunderts entstanden zwei große Schulen, die Tendai-Schule und Shingon-Schule, die sich um die Verbreitung der buddhistischen Lehre unter der breiten Bevölkerung bemühten. Sie übernahmen aus China esoterische Praktiken und erfüllten die Bedürfnisse des Hochadels sowie der einfachen Bauern, indem sie für Seelenfrieden und Krankenheilung magische Kulte betrieben.

Die Tendai-Schule

Der Stifter der Tendai-Schule Saicho (767-822), wurde im Todaiji-Tempel zum Priester geweiht, und stand anfangs noch in der Tradition der Schriftgläubigkeit. Er wurde zur Weiterbildung nach China geschickt und lernte dort bei dem Tendai-Patriarch, Chigi, von dem der Name der Schule stammt. Während seines kurzen, knapp acht monatigen Studienaufenthaltes lernte Saicho auch die hoch aktuellen Praktiken der Esoterik kennen. Diesen Kenntnissen über die Zauberkulte der Esoterik verdankte Saicho viel für seinen Erfolg als Hofpriester.
Die Tendai-Schule befaßte sich mit der Lehre des historischen Buddha eingehend und bestimmte die Hoke-Sutren als „heilige Schriften", die schon von Shotoku-Taishi zum wichtigsten Text erklärt worden waren. Saicho setzte also die Tradition des Tendai-Buddhismus vom 6. Jahrhundert fort, daß alle Menschen im Lesen und Verstehen der Hoke-Sutren den Zugang zur Erleuchtung finden.
Inbezug auf die Erleuchtung vertrat Saicho die Ansicht, daß die Menschen ebenbürtig und daher ohne Ausnahme befähigt sind, die Erleuchtung zu finden. Er verneinte aber die Tradition des altehrwürdigen Todaiji-Tempels, der großen Wert auf

Schriftgläubigkeit und auf Einhaltung von vielen Geboten und Verboten legte. Saicho rief die Geistlichen dazu auf, nicht auf liturgische Formalitäten zu achten, sondern sich um innerliche Bekehrung und mehr Hinwendung zum leidenden, einfachen Menschen zu bemühen. In diesem Sinne vereinfachte er die herkömmlichen Gebote und Verbote bis auf 10-Kardinal Gebote und 40 Vorschriften. Die Priester des Todaiji-Tempels, die Saicho zum Priester geweiht hatten, fanden die Ansichten Saichos höchst abwegig. Die Erlösungslehre der Todaiji-Schule in Nara ging im Wesentlichen davon aus, daß nur wenige Auserwählte die Erlösung finden, wie etwa die Reichen und Mächtigen, die zu ihren Lebzeiten genug für die Tempel stifteten und für Arme Almosen spendeten. Die Tendai-Schule und die Todaiji-Schule in Nara führten heftige Dispute über die Möglichkeiten der Erlösung.

Hauptsitz

Zu dieser Zeit erwägten Kaiser und Hof, die Residenz- und Hauptstadt von Nara nach Kyoto zu verlegen, um den Einfluß des hochmütigen Priesterstandes auf die Politik einzudämmen. Die Verlegung der Residenzstadt erfolgte im Jahre 794. Kaiser und Hochadel verließen ihre Tempel und Mönche in Nara und zogen nach Kyoto. Den Sitz der Tendai-Schule errichtete Saicho, gleich nach seiner Rückkehr aus China, auf dem „Hiei-Berg" (Hieizan) bei Kyoto.

Als der regierende Kaiser krank wurde, feierte Saicho für seine Genesung esoterische Kulte, und dadurch gewann er das Vertrauen des Kaisers sowie des Hochadels. Den Tempeln in Nara gefiel es gar nicht, daß die Tendai-Schule am Kaiserhof in solchem Ansehen stand. Der Todaiji-Tempel weigerte sich, Schüler aus der Tendai-Schule zu Priestern zu weihen, wozu der Todaiji-Tempel immer noch die Jurisdiktion innehatte. Die Schüler und angehenden Priester der Tendai-Schule wandten sich den anderen Tempeln in Nara zu, und dadurch wurde die Tendai-Schule sehr geschwächt. Für Saicho wurde es höchste Zeit, eine Schule und Bildungsstätte auf dem Hieizan zu gründen, um die Priesterausbildung und -weihe den Kontrollen und der Willkür des Todaiji-Tempels zu entziehen. Sein Wunsch ging in Erfüllung, und der Kaiser gewährte dazu noch den Namen „Enryaku" für den Hauptsitz. Enryaku war die Jahresdevise des verstorbenen Kaisers. Einem Tempel die Jahresdevise zu verleihen, war allerhöchste Ehrung und Gunst durch den Kaiserhof. Nach seinem Tod wurde Saicho 866 der Ehrentitel, *Daishi*, vom Kaiser verliehen. Dies war die erste Verleihung dieses Titels an einen Patriarchen in der Geschichte. Die Tradition der Verleihung des Ehrentitels lebt bis heute fort. Die Daishi-Titel wurde1961 durch den Showa-Tenno einem Erzabt verliehen.

Mönchtruppe

Der Tendai-Schule wurden Pfründen zugeteilt und zur Selbstverwaltung und -verteidigung gegenüber dem Todaiji-Tempel in Nara die Bewaffnung der Mönche des Enryakuji-Tempels erlaubt. Aufgrund der großen Gunst am Kaiserhof konnte die Tendai-Schule im 11. Jahrhundert ihre Stellung im bestehenden Tempelwesen behaupten. Sie war bis ins Mittelalter hinein die Quelle und Wiege für die nachfolgenden religiösen Bewegungen und Bildungen neuer Schulen.

Im frühen Mittelalter hatten die Reichstempel riesengroße Pfründen im Besitz, so daß sie vom Reich finanziell fast unabhängig waren. Um ihre erworbenen Anrechte gegenüber der Kaiserregierung und den rivalisierenden Tempeln innerhalb ihrer Schule zu wahren, bildeten die Reichstempel, wie etwa Enryakuji, Koyasan und Nemuroji, eigene Truppen aus militanten Mönchen.

In der Tendai-Schule waren auch esoterische Kulte ein wichtiger Bestandteil der religiösen Praxis, und sie wurden in erster Linie für den Kaiser und Hochadel getrieben. Um Wünsche zu erfüllen und zur Krankenheilung wurden von Tendai-Priestern am Kaiserhof die schwarze und weiße Magie sowie Hexerei betrieben. Saicho verpflichtete alle Novizen, in 12jähriger Askese zu leben, in der sie sich okkulte Kräfte für die Zauberkulte aneigneten. Fast alle Äbte und Stifter in den folgenden Jahrhunderten hatten auf dem Hieizan ihre 12jährige Asketenzeit verbracht. Die Praxis der esoterischen Kulte trat nach dem Tod des Stifters stärker in den Vordergrund. Die Bedeutung der Lehre der Hoke-Sutren, die einst als geistige Erneuerung gepriesen wurde, wurde immer schwächer. Die Tendenz der Esoterisierung der Tendai-Schule war in der Rivalität mit der zeitgenössischen Shingon-Schule noch verstärkt worden. Die Schüler von Saicho erweiterten den Kreis der Erlösung vom Menschen auf alle Lebewesen der Erde. In ihrer erweiterten Auslegung der Buddhaschaft wurde die Ansicht vertreten, daß alle Lebewesen, seien es Pflanzen, Tiere oder Fische, die Vergegenwärtigung des Licht-Buddha (Dainichi-Nyorai) sind.

Die Shingon-Schule

Der Stifter der Shingon-Schule, Kukai (774-835), wurde im Jahre 804 nach China geschickt, um die neuesten Auslegungen der buddhistischen Schriften sowie neue religiöse Praktiken zu erforschen. Er lernte dort die hochaktuelle Lehre der Esoterik und wurde vom chinesischen Lehrmeister der Esoterik als authentischer Nachfolger der esoterischen Schule anerkannt. Er wurde zum Priester geweiht. Das Ritual der Priesterweihe ist der christlichen Taufe ähnlich: auf den Kopf des zu Weihenden wird geweihtes Wasser gegossen. Dieser Akt (*Kanjo*) findet heute noch für alle Gläubigen der Shingon-Schule bei der Aufnahme in die Glaubensgemeinde statt. Der chinesische Lehrmeister beauftragte Kukai, im Heimatland dem Wohl des Kaiserreiches und Volkes zu dienen. Nach dem Studium kam Kukai nach Japan zurück, und gründete 806 die Shingon-Schule, die neben der Tendai-Schule der wichtigste Pfeiler des Buddhismus in Japan wurde.

Mehr Praxis als Theorie

Die Wiederentdeckung der Buddhaschaft sei, so die Lehre der Shingon-Schule, durch die esoterischen Übungen möglich, wie etwa dadurch, daß wir die Hände in einer streng rituellen Form haltend die Sutren laut rezitieren und uns inbrünstig die Einigung mit dem Buddha vorstellen. Der Zustand der Einigung mit der Buddhaschaft in uns, heißt Sokushin-jobutsu (die lebendige Buddhaschaft). Erst durch Einigung mit der Buddhaschaft kann der Erleuchtete mit Jüngern und Helfern Buddhas korrespondieren und endlich okkulte Kräfte für das irdische Leben erwerben. Kukai selbst soll in China viele Jahre in der wilden Natur die Meditation eingeübt und versucht haben, sich mit dem Morgenstern zu vereinen. Kukai meinte, daß die Wahrheit der Esoterik nicht durch Worte wie Sutren zu erklären, sondern nur durch asketische Übungen zu erwerben ist. Die Bilder, Duft der Räucherstäbchen, Gesänge, Farben, Kultgeräte sollen den Sinn der Esoterik erschließen. Kukai verneinte Schriften weitgehend, und für ihn war die Esoterik nur durch esoterische Praktiken zu vermitteln. In der Lehre der Esoterik wurde angenommen, daß die Buddhaschaft grundsätzlich allen Lebewesen immanent ist. In der japanischen Shingon-Esoterik wurde aber den Frauen die Fähigkeit aberkannt, den Zustand der Einigung mit dem Buddha zu erreichen. Diese merkwürdige Auffassung über die Frauen hat sich viele Jahrhunderte lang nachhaltig im gesellschaftlichen Leben ausgewirkt. Im Vergleich mit der exklusiven Erlösungslehre im Nara-Buddhismus ist der Erlösungskreis und die Methode zur Erleuchtung in der Shingon-Schule viel allgemeiner und einfacher. So konnte die Lehre der Shingon-Schule nicht nur bei der Herrscherschicht, sondern auch bei den einfachen Bauern leicht aufgenommen werden. Die Shingon-Schule legt großen Wert auf Wohltaten der Menschen in der Gesellschaft. Der Esoteriker und Stifter der Schule, Kukai, errichtete selbst Kanäle, Bewässerungsanlagen und Deiche. Er verfügte offenbar über Magie und Zauberkünste, wie die Legenden und Anekdoten von ihm erzählen, die einen Aspekt des Zaubermeisters bezeugen: Kukai hätte mit Zauberkunst die Kartoffeln eines bösen Bauers in Steine verwandeln lassen oder die armen Bauern mit Wundertaten geheilt. Jedes Kind in Japan kennt heute noch seinen Namen und seine Wundertaten aus Kinderbüchern und Erzählungen.

Kulte am Kaiserhof

Die Kulte für den Kaiser und Hochadel zu treiben, widersprach nicht der herkömmlichen Aufgabe der buddhistischen Tempel: Beten für das Wohlergehen des Reiches und Kaisers. Im Jahre 816 errichtete Kukai auf dem Berg Koya eine Bildungsstätte für Bergmönche und -asketen, die durch eine formelle Ausbildung in Abgeschiedenheit von der profanen Welt sich okkulte Kräfte anzueignen bemühten. Die Shingon-Schule nahm die bodenständigen Zauberkulte, weiße und schwarze Magie, in ihre religiösen Praktiken auf. Der Kaiserhof schenkte der Shingon-Schule den Toji-Tempel in der Residenzstadt Kyoto als Hauptsitz und ließ ferner 834 am Kaiserhof ein Kolleg der Shingon-Schule errichten. Seitdem wurde das kaiserliche Hofzeremoniell durch die Shingon-Schule begangen, und somit gewannen ihre Kulte den offiziellen Charakter des Reiches. Diese Tradition wurde, abgesehen von einer langen Unterbrechung im Mittelalter, bis zum Ende des 19. Jahrhunderts praktiziert. Als Kukai starb, wurde ihm vom Kaiserhof der Ehrentitel („Kobo-daishi") verliehen für seine herausragende Leistung zur Verbreitung der buddhistischen Lehre. In der Bildungsstätte auf dem Koyasan werden in einer Kapelle von ausgewählten Priestern täglich Mahlzeiten für ihren vor 1200 Jahren verstorbenen Stifter dargebracht und in den Legenden und Sagen lebt Kobo-daishi weiter.

Der Bergtempel

Die Tradition der Natur- und Bergverehrung seit dem Altertum wurde in den Buddhismus aufgenommen. In den tiefen Gebirgen verweilen die Wasser- und Berggottheiten sowie die unsterblichen Einsiedler aus dem Taoismus. Wo die Einsiedler ewig leben, dort sind auch die alle Krankheiten heilenden Wunderkräuter zu finden. In der volkstümlichen Heilkunde lebt der Glaube an Wunderkräuter fort. Die Reichstempel wurden zwischen dem 8. und 9. Jahrhundert grundsätzlich in der Ebene errichtet, insbesondere um die damalige Residenzstadt Nara herum. Aber in den folgenden Jahrhunderten, vom

9. bis zum 12. Jahrhundert, werden die Tempel oder Bildungsstätten der Tendai-Schule und der Shingon-Schule auf den Bergen errichtet. Ordensgründer und Stifter fanden es geeigneter, daß die Priester und Mönche in der Abgeschiedenheit sich um Askese und Meditation bemühten.

Shugendo: Glaubensgemeinschaft der Bergasketen und Magier

Mit der Verbreitung des Buddhismus als Reichsreligion seit dem 7. Jahrhundert gerieten vor allem die Schamanen, Zauberer und Heilkundigen in Bedrängnis. Seit alters gab es Menschen, die sich zum religiösen Leben berufen fühlten, jedoch von den Reichstempeln nicht zum Priester geweiht wurden. Die Menschen ohne priesterliche Bildung wirkten außerhalb der Amtstempel als Magier und Heilkundige. Sie mußten sich aber im 7. und 8. Jahrhundert in die Berge zurückziehen, um der Verfolgung seitens der Amtstempel zu entkommen. In den Bergen strebten sie nach Aneignung okkulter Kräfte durch asketisches Leben. Nach langjähriger Meditation und Askese in den Bergen gingen die Magier und Heilkundigen in die Dörfer. Die leidenden, einfachen Menschen in den Dörfern baten sie durch konkrete Handlungen, wie etwa Austreibung böser Geister oder rituelle Waschungen und Verbrennung des Unreinen (was als unrein empfunden wurde, wird im Kapitel 12 behandelt), Trost und Seelenfrieden zu schenken. Die Schamanen und Magier lebten in der unmittelbaren Nähe der Bauern, und zur Weiterbildung gingen sie bisweilen wieder in die tiefen Berge und führten als Einsiedler ein asketisches Leben.
Der Nährboden für den Glauben an Wunderwirkung und Zauberei war seit eh und je vorhanden, und um das 10. Jahrhundert bildete sich eine Glaubensgemeinschaft, *Shugendo*, deren Mitglieder *Shugenja*, oder im Volksmund *Yamabushi* heißen. Zur Aneignung übernatürlicher Wunderkräfte und zur Selbstüberwindung streckten sie sich im Kopfstand auf Felsenklippen über Abgründen aus (wie im Bunge-Jump). Die Bezeichnung der Bergasketen, Yamabushi (Ausstrecker auf dem Berg-

hang und über den Abgrund) rührt von diesen asketischen Übungen her. Zur Ausbildung gehörten zahlreiche Pflichtkurse, deren bekannteste heute noch zu praktizieren sind: Konzentrieren unter dem Wasserfall, Fasten und Beten während der Verbrennung der Votivtäfelchen (*Goma*).
Die Yamabushi waren eigentlich weder buddhistische noch shintoistische Priester, noch Magier des Onmyodo. Im Laufe der Zeit wurden sie teils dem buddhistischen Tempel, teils dem shintoistischen Schrein unterstellt. Die Yamabushi hatten kein zölibatäres Gebot, wie die buddhistischen Priester und Mönche. Sie heirateten und lebten in weltlichen Verhältnissen. Nur zur Ausbildung oder Weiterbildung müssen sie sich in die Berge zurückziehen und ein asketisches Leben führen.

Kumano, die Heilige Stätte des Shugendo

Die Berge von Kumano, sind seit dem 7. Jahrhundert als Heiliger Berg und heilige Bildungsstätte der Bergasketen bekannt. Die Gottheit des Shugendo in Kumano ist eine Gestalt aus der Reichsmythologie, und die drei Heiligen Stätten in Kumano waren seit alters ein beliebtestes Wallfahrtsziel des Kaisers und Hochadels. Sie begaben sich nach Kumano, um ihre sehr menschlichen Wünsche und Bitten mit Hilfe der Zauberkulte in Erfüllung gehen zu lassen. Im 11. und 12. Jahrhundert unternahmen die Kaiser diese Wallfahrten sehr häufig: der Shirakawa-Tenno (1072-1086) 9mal; der Toba-Tenno (1107-1123) 21mal; der Goshirakawa-Tenno (1155-1158) 34mal. Traditionsgemäß lehnen einige Berge, die als Bildungsstätte in der Obhut eines Tempels oder Schreins standen, den Zugang der Frauen auf ihren heiligen Berg bis in die Gegenwart ab. Der Shugendo, der bodenständigen Wunderglauben und Bergverehrung zu seinem Glauensinhalt hatte, wurde teils vom Taoismus und teils von esoterischen Praktiken beeinflußt. Die Tendai-Schule und die Shingon-Schule hatten auf dem Berg ihre Bildungsstätten errichtet und verbanden sich mit den traditionellen Yamabushi. Nach Abschluß der Ausbildung durften sich die Yamabushi als Wunderheiler und Beschwörer be-

zeichnen. In ihren angestammten Dörfern trieben sie für Kranke und Leidende Zauberkulte und bannten böse Geister.
Im Mittelalter hatten die Yamabushi ihr eigenes Revier und nur für die Anwohner innerhalb ihres Reviers durften sie Zauber- und Bannkulte treiben. Das Ansehen eines Yamabushi wurde an der Zahl vollbrachter Heilungen und der Häufigkeit der Weiterbildung sowie an dem guten Ruf der Ausbildungsstätte gemessen. Je unnahbarer der Berg, desto wundervoller. Mitte des 16. Jahrhunderts wurden die Pflichtübungen für Yamabushi festgelegt und im 17. Jahrhundert als Shugendo (Weg der Asketen) kanonisiert.
Die Yamabushi kannten die unwegsamen Pfade der Gebirge aus ihren Übungen und im Kriegerischen Zeitalter des Mittelalters wirkten sie als Boten und Spione für regionale Kriegsherren (*Samurai*). In den Kriegen bildeten die Yamabushi eigene Truppen und verteidigten sich erfolgreich gegen das Eindringen der Feinde, die strategisch ungünstig am Fuß des Berges lagernd den Berg oder die Burgen stürmen mußten. Als Anfang des 17. Jahrhunderts der mächtige Heerführer Tokugawa Ieyasu (1542-1616) das Shogunat übernahm, wurde die Freizügigkeit der Yamabushi stark beschränkt. Wenn sie als Spione und Bergkämpfer der noch nicht ganz unterworfenen Kriegsherren tätig geworden wären, hätte dies für das Tokugawa-Shogunat gefährlich werden können.

5. Verschmelzung von Shintoismus und Buddhismus

In einem langwierigen Prozeß verschmolzen Shintoismus und Buddhismus ineinander. Im 8. Jahrhundert, als der Todaiji-Tempel in Nara erbaut wurde, gab es schon einige Annäherungsversuche von seiten der Shinto-Priester an den Buddhismus. Auf der Insel Kyushu gibt es einen alten Schrein (Usa-Hachiman-Jinja), der die Schutzgottheiten für Schmiede und Bergbau verehrt. Der Schrein meldete sich freiwillig für die Gußarbeit der riesengroßen Buddha-Statue im Todaiji-Tempel, und er erhielt für seine Leistung und Teilnahme am Staatsprojekt den Ehrentitel *„Daibosatsu"* (Großer Jünger Buddhas). Seitdem ist das Heiligtum dieses Schreins die Statue eines buddhistischen Priesters, der sich für den Tempelbau bemüht hatte.

Die Annäherungsversuche und die Tendenz der Schreine zur Aufnahme des Buddhismus wurden in den folgenden Jahrhunderten immer auffälliger, und die Schreine bauten auf ihrem Gelände einen Schrein-Tempel (*Jinguji*). Die buddhistischen Tempel hatten auch ihrerseits die örtlichen Schutzgottheiten nicht verneint, sondern als Vergegenwärtigung des Licht-Buddha ohne weiteres angenommen. Die Tendai-Schule und die Shingon-Schule gründeten auf dem Hieizan und Koyasan ihre Orden und nahmen die Schutzgottheiten der Gegend in ihre esoterischen Kulte auf. Der Hakone-Schrein, der Futarasan-Schrein und der Hakusan-Schrein wurden von buddhistischen Priestern errichtet. Diese Schreine stehen stellvertretend für die Verschmelzung von Shintoismus und Buddhismus.

Jinguji (Schrein-Tempel)

Gegen Ende des 8. Jahrhunderts feierten die Großlandwirte und Hauptpriester die traditionellen Jahresfeste nicht mehr. Sie stellten Unfreie aus anderen Provinzen in Dienst für die ganzjährige Feldarbeit. Diese Dienstleute wurden auch mit den Arbeiten für die Jahresfeste betraut. Nur einen kleinen Bruchteil der Ernte entrichteten die Großlandwirte an die Staatskasse, den größten Teil der Erträge behielten sie für sich. Dieses Verhalten verbreitete sich in den kleinen Dörfern. Die kleinen und großen Landwirte nutzten das Gemeingut als ihr Eigentum und allmählich wurden sie zu Grundbesitzern und Grundherren. Die abtrünnigen Großlandwirte und Hauptpriester fühlten aber stets ein Unbehagen wegen der Vernachlässigung ihres eigentlichen Berufes, wegen der Herkunft ihres Grundbesitzes und wegen des auf Kosten der Unfreien angesammelten Reichtums. So bot der Buddhismus für ihren Seelenfrieden eine Zuflucht. Seit dem 7. Jahrhundert entstanden auch auf dem Land zahlreiche buddhistische Tempel, die Großlandwirte für ihre Sippen errichteten, in Anlehnung an den Brauch des Hochadels in der Residenzstadt. Diese Tempel wurden meistens in der Nähe des Schreins, oder gar auf dem Gelände des Schreins gebaut. Daher werden diese Tempel Jinguji (Schrein-Tempel) genannt. Ein wesentlicher Charakter dieser Tempel besteht darin, daß der Tempel in einer ergänzenden Funktion zum Schrein steht. Hier suchte der abtrünnige Shinto-Priester und Dorfvorstand seinen Seelenfrieden, indem er um Vergebung seiner Habgier und Verfehlungen bat. Der Schrein ist ursprünglich eine Kultstätte, wo die Übergangsriten sowie die Jahresfeste gemeinschaftlich abgehalten wurden. Gemeinschaftliche und individuelle Wünsche und Bitten werden den Schutzgottheiten des Dorfes (*Ujigami*) kundgetan. Aber an wen soll man sich wenden, wenn man um die Vergebung einer Schuld gegen die Gemeinschaft und um Seelenfrieden bitten will? So entstanden zahlreiche Schrein-Tempel im ganzen Land.

Etliche Annalen der Schreine aus dem späten 8. Jahrhundert belegen, daß die angestammten Schutzgottheiten eben die innigen Wünsche hegten, welche die Shinto-Priester bei der Auslegung des Orakels kundgaben. Im Traum der Shinto-Priester erschienen die Vorfahrengottheiten und äußerten ihren Wunsch, zur Buße ihrer Sünden den Buddhismus zu übernehmen. Wie schon erwähnt, heißt Shinto-Priester, Kannushi, „Herr der Schutzgottheiten". Man kann sich leicht vorstellen, daß die Auslegung des Orakels die Wünsche des Kannushi äußerte.

Integrierung der Jinguji ins Tempelwesen

Die Großlandwirte und Hauptpriester, die bereits Grundherren wurden, wollten die Bindung an den Kaiserhof nicht ganz aufgeben, obwohl sie als Hauptpriester eines Schreins und Schrein-Tempels ihre Abgabenpflichten gröblich vernachlässigten. Sie trachteten danach, daß sowohl ihre Eigentumsrechte auf Grund und Boden, als auch ihre Schrein-Tempel als Filialtempel eines Amtstempels vom Kaiserhof anerkannt würden. Als Gegenleistung für die amtliche Anerkennung durch das Jingikan und den Amtstempel erboten sich die Grundherren, in ihrem Schrein sowie in ihrem Jinguji für das Wohlergehen von Kaiser und Reich unablässig zu beten. Obwohl es so mehr materielle Vorteile für die Grundherren als für den Kaiserhof gab, fand es der Kaiserhof dennoch für notwendig, die Bindung an diese abtrünnigen Untertanen nicht ganz zu verlieren. Ein Kaiserreich ohne Untertanen ist ein Phantom, und daher war es von Bedeutung, die abtrünnigen Untertanen wenigstens formal unter der Gewalt Kaisers zu halten. So verlief die Erosion der Kaisermacht und die Integrierung des Jinguji ins buddhistische Tempelwesen gleichzeitig.

Gegen die Esoterik

Mit der Förderung der Shingon-Schule und Tendai-Schule durch den Kaiserhof wurden die esoterischen Kulte für fast alle Angelegenheiten am Kaiserhof verwendet, sowohl für Krankenheilungen als auch für politische Entscheidungen. Seit dem 11. Jahrhundert war die Verschmelzung von Shintoismus und Buddhismus durch die Esoterik so weit gediehen, daß die seit dem Altertum verehrten Gottheiten in Japan allesamt als Verkörperung des Licht-Buddha betrachtet wurden. In Indien, dem Ursprungsland des Licht-Buddha, wurde fest geglaubt, daß der Buddha mit dem Antlitz eines Menschen in die Welt kommt, um die Leidenden zu retten.
Deshalb wurde die Gottheit des Kaiserhauses, Amaterasu Ohmikami, in den Zeiten der Esoterik dem Licht-Buddha gleichgesetzt. Amaterasu Ohmikami wurde in der buddhisti-

schen Auslegung von Zeit zu Zeit unterschiedlich interpretiert: sie war mal die Verkörperung des Birushana-Buddha, oder Kuze-Kannon, oder Dainichi-Nyorai. Vor allem die Shingon-Schule, die am Kaiserhof die esoterischen Kulte betrieb, deutete die Schreinanlage in Ise ganz nach dem esoterischen Kosmosbild um: der innere Schrein (Naiku) und der äußere Schrein (Geku) seien die veranschaulichten Welten der Vernunft und der Weisheit im Mandala-Kosmosbild. Diese Auslegung wurde als die Theorie des *Ryobu-shinto* (wörtlich: Shintoismus aus zwei Abteilungen) bezeichnet, die später zum Inbegriff für die Verschmelzung von Shintoismus und Buddhismus wurde. Gegen die anmaßende Lehre der esoterischen Schulen wehrte sich vor allem der Ise-Schrein vehement. Der Ise-Schrein und der Izumo-Schrein verbaten buddhistischen Priestern, Mönchen wie Nonnen den Zugang. Sie bezeichneten die buddhistischen Rituale, Texte und Geistlichen mit abwertenden Redensarten: die glatzköpfigen Mönche nannten sie „Langhaarige", die ebenfalls kahlgeschorenen Nonnen „weibliche Langhaarige" und die Sutren „buntes Papier". Am Eingang des Schreins hing der Ise-Schrein eine Tafel aus: *Zutrittsverbot für unreine buddhistische Geistliche. Wenn diese aber unbedingt das Gelände betreten wollen, müssen sie sich zuerst eine Perücke aufsetzen und zuvor Fische essen.*
Die Fischkost war im Priestergebot des Buddhismus streng untersagt, und der Verstoß gegen das Gebot bedeutete den Rückfall ins profane Leben. Durch diese Abwehr konnte der Ise-Schrein seine Identität und Souveränität gegenüber dem Buddhismus wahren. Er hat bis heute die ältesten Rituale der Jahresfeste in reinster Form überliefert. Sie sind das Vorbild für die meisten Schreine in Japan.
Die überwältigenden Einflüsse des Buddhismus ergriffen aber fast alle Schreine und Jinguji. Die meisten großen Schreine wurden vom Buddhismus übernommen, und sie standen unter seiner Kontrolle. Auf dem Dorffest, wie auf allen Jahresfesten dominierten nicht die Shinto-Priester, sondern die buddhistischen Priester. Sie begingen die Feste selbständig und lasen dabei die buddhistischen Sutren. Die Shinto-Priester standen

unter den buddhistischen Priestern. Dennoch tastete der Buddhismus das Gefüge und Wesen des Shintoismus im Kern nicht an. Bereits Ende des 9. Jahrhunderts wurden sowohl in den altehrwürdigen und schriftgläubigen Tempeln in Nara als auch in den Jinguji ausnahmslos die esoterischen Kulte getrieben. Im Laufe der Geschichte wurde es für den Shintoismus immer schwieriger, seinen Führungsanspruch gegenüber dem Buddhismus zu behaupten. Denn Kaiserhof und Hochadel förderten den Buddhismus, und so nahmen die Priester esoterischer Schulen immer öfter das kaiserliche Hofzeremoniell als ihren offiziellen Kult wahr. Es gab einige Kaiser, die als fromme Buddhisten ihre Kraft in den Dienst des Glaubens gestellt hatten. Im Großen und Ganzen hatte der kaiserliche Hof es dennoch nicht vernachlässigt, die wichtigste Tradition seines Hauses, den Ahnenkult, zu begehen.

Formalisierung der Riten im Shintoismus

Der Shintoismus ist ursprünglich ein Brauch aus der Reiskultur. Er ist keine Offenbarungsreligion, deren Lehre auf die heiligen Schriften oder Worte eines Religionsstifters zurückgeht. Unter dem Einfluß der buddhistischen Liturgie und der Esoterisierung der herkömmlichen Jahresfeste sah der Daigo-Tenno (885-930) im 10. Jahrhundert es als dringend notwendig an, die shintoistischen Riten zu formalisieren. In der Rivalität mit den mannigfaltigen Liturgien des Buddhismus hat der Shintoismus seine Rituale formalisiert und Elemente aus dem taoistischen und konfuzianischen Kult übernommen. Die Verfassung der Reichschroniken und der Engishiki erfolgte als Gegenreaktion auf die Esoterik der Tendai- und Shingon-Schule. Das wichtige Ritualbuch für die Auslegung der Liturgie ist die Schrift Engishiki (905), die nach dem kaiserlichen Dekret in 50 Bänden niedergeschrieben wurde. Die Schrift Engishiki legt fest, was das Unreine ist und vom Schrein fern bleiben soll. Die rituellen Reinigungszeremonien im Schrein erfolgen auch in der Gegenwart nach diesem Ritualbuch. Die Einzelheiten über das Unreine werden wir im Kapitel 12 näher betrachten.

Hierarchie im Schreinwesen

Das Engishiki belegt, daß es schon im 10. Jahrhundert 2861 Schreine und 3132 Shinto-Gemeinden gab und diese nach einer Rangordnung straff organisiert waren. An der Spitze der Hierarchie der Gottheiten stehen die Gottheiten des Kaiserhauses, gefolgt von den Schutzgottheiten der mächtigen Geschlechtern, deren Nachkommen die Hauptpriester waren, und dann die Schutzgottheiten des kleinen Dorfes. Zu den großen und angesehenen Schreinen zählten diejenige Schreine, die Vorfahren der mächtigen Geschlechter als Schutzgottheit des Dorfes (Ujigami) verehrten. Nicht nur die Größe und Geschichte des Schreins, sondern auch die darin zu verehrenden Gottheiten wurden nach Rang und Namen klassifiziert. Der Ise-Schrein untersagte bis in das späte Mittelalter hinein sowohl dem einfachen Volk als auch den buddhistischen Priestern, Mönchen und Nonnen den Zugang in den Schrein und die Darbringung von Opfergaben. Die alten und angesehenen Schreine durften am Hofzeremoniell teilnehmen, und dies bestimmte wiederum Ruhm und Ansehen des Schreins. Für Bau und Renovierung der großen Schreine wurden aus der Staatskasse reichlich Zuschüsse gespendet; die kleinen blieben auf den Wohlstand der Gemeinde angewiesen, deren Finanzen und Verwaltung den Dorfbewohnern überlassen wurde. Die Schreine in den Provinzen reproduzierten aber, in Anlehnung an die Rangordnung der großen Schreine, eine eigene Klassifizierung: *Soja* (Hauptschrein), *Ichi-no-miya* (erster Rang), *Ni-no-miya* (zweiter Rang) und *San-no-miya* (dritter Rang). Diese Rangbezeichnungen werden bis heute als Eigenname des Schreins benutzt. Und im 10. Jahrhundert wurde die Tendenz immer auffälliger, die Kulte des Onmyodo auf shintoistischen Festen zu feiern.

Der Kaiser als Schattenexistenz

Die absolutistische Kaiserherrschaft zerfiel im 9. Jahrhundert und die Feudalisierung schritt allmählich fort. Vom 9. Jahrhundert an wurde Stellung und Funktion des Kaisers unter der tatsächlichen Vorherrschaft wechselnder adliger Sippen auf eine zeremonielle und eher religiöse Rolle beschränkt. Durch die häufigen Wechsel der Kaiser (Ermordung oder Abdankung in oft noch jungen Jahren) stieg die Adelssippe der Fujiwara auf, zuerst als Großkanzler und dann als Vormund eines unmündigen Kaisers. Die Macht der Fujiwara-Familie begründete sich auf dem sich vererbenden, aber nie unumstrittenen Monopol, Regenten und Gemahlinnen für die Kaiser zu stellen.

Im ausgehenden 9. Jahrhundert wurden zahlreiche Güter des Kaisers, die in Wirklichkeit durch Hochadel und buddhistische Tempel betrieben wurden, von ihren Abgabenpflichten befreit. Die landsässigen mächtigen Belehnten stifteten nominell ihre Güter dem Hochadel, damit sie als Güter des Hochadels registriert und von Abgaben und Leistungen befreit wurden. Wegen der steuerlichen Vergünstigungen nahm die Pfründenhäufung drastisch zu. Dies bedeutete für den Hochadel mehr Einnahmen, aber für die Staatskasse Einbußen. Hochadel und Adel wurden im Laufe der Geschichte nur noch zu nominellen Belehnten. Sie lebten von den Abgaben aus dem Lehnswesen und führten am Kaiserhof mit Intrigen und Listen Machtkämpfe zwischen den rivalisierenden Sippen. Die Verwaltung des eigenen Lehnswesens sowie ihre Amtsverpflichtungen als höchste Beamte hatten Hochadel und Adel den landsässigen Grundherren oder von ihnen entsandten Beamten aus dem niederen Adel übertragen. Hochadel und Adel lebten in der Residenzstadt und zu ihren wichtigen Aufgaben zählten die Vergabe der Ämter und die Teilnahme an den Zeremonien am Kaiserhof. Der Hochadel hatte die Ermächtigung, Präfekten zu berufen, die als höchste Amtsträger in die Provinzen entsandt wurden. Zu den Amtspflichten der Präfekten zählten der Besuch der staatlichen Shinto-Schreine und die Abgabenerhebung am Dienstort. Die Präfekten hatten einen Anteil der Abgaben an die Staatskasse zu entrichten, und der Rest war ihre Besoldung. Um die Erträge zu erhöhen, hatten die Präfekten auch die Befugnis, sogar die freien Bauern zum Frondienst einzusetzen. Die Präfekten gaben einen gewissen Anteil des Jahresertrages dem Hochadel oder ihren Garanten als Provision für die Berufung, und dies führte zu weiteren Beförderungen. So höhlten sich die Finanzen des alten Kaisertums immer mehr aus. Die Vernachlässigung der Regionalpolitik und Korruption der Zentralregierung führten schließlich zum Aufkommen einer neuen Militäraristokratie (Shogunat). An der Spitze stand der Generalissimus (*Shogun*). Unter dem Shogun verblich die Macht des Kaisers erst recht zu einer Schattenexistenz. Die absolute Autorität der Kaiser als Nachkommen der Amaterasu Ohmikami büßte schon im 11. Jahrhundert an Gewicht ein. Weder die Autorität als Priesterkönig noch die Macht als weltlicher Herrscher hatte der Kaiser inne. Die Kaisermacht war in diesem Jahrhundert nur eines der politischen Gewichte.

Wie sehr das Leben des Hochadels im Frühmittelalter vom Onmyodo und vom Racheakt der Geister und dessen Besänftigungskult beherrscht worden war, sehen wir aus einer bezeichnenden Episode. Die Berufung zum Präfekten fand in der Regel im Frühling statt, aber die Präfekten trafen am Dienstort meistens erst zwischen Sommer und Herbst des Jahres ein. Für die neu berufenen Präfekten war der Kalender von höchstem Belang. Nach Ansichten der Esoteriker und Sterndeuter sind Charakter und Schicksal eines Menschen, das Geschick der Stunde, Tage, Monate und der Jahre durch 10 Kategorien und 12 Tierzeichen vorherbestimmt. Die Präfekten entschieden sowohl den Dienstantrittstag als auch die Reisewege zum Dienstort nach Horoskop und Wahrsagen, die Zeit und Himmelsrichtung nach Kategorien und Tierzeichen von guten oder bösen Energien. Nur in der Sternstunde und nicht aufs Geratewohl wollten die Präfekten aufbrechen. Vor diesem Hintergrund war die erhebliche Verspätung des Amtsantritts in jener Zeit verständlich. Die traditionelle Uhrzeit war bis zur Einführung des westlichen Kalenders im 19. Jahrhundert nach den 12 Tierzeichen benannt: in der „Mausstunde", in der „Tigerstunde". Wie sehr der alte Kalender und damit verbundener Aberglaube an gute und böse Tage heute noch bei wichtigen Entscheidungen von Bedeutung ist, werden wir im Kapitel 12 näher betrachten.

Es gibt einige bezeichnende Annalen, die über die Machtbalance zwischen dem etablierten Tempelwesen und dem Kaiser berichten. Das „Henjofu" beschreibt die gewandelte Stellung von Reichstempel und Kaiserhof. Im 11. Jahrhundert besaß der Kaiser noch die Autorität, Priester zu ordnieren und die Macht, den Reichstempel zu befehlen, für das Kaiserreich zu beten. Dennoch taugte die Göttlichkeit des Priesterkönigs in Bezug auf seine weltlichen Wünsche und Bitten immer weniger. Dem Kaiser sowie dem Kronprinzen und den Hochadeligen stand jeweils ein Priester aus dem Reichstempel zu Diensten. Vor allem wurde im 11. Jahrhundert die Gottheit, Aizenmyo-o des Jinguji als wirkungsvolle Gottheit vom Hochadel sehr verehrt. Diese Gottheit hat sechs Arme und Hände und erfüllt alle Wünsche des Menschen und bannt vor allem Unheil. Die Aizen-myo-o hat in fünf Händen ein kultisches Werkzeug. Eine Hand der rechten Seite ist aber eine leere Faust. In diese soll man den Wunschzettel hineinstecken und inständig zu Aizen-myo-o beten, daß die Wünsche in Erfüllung gehen. Ein Abt der Tendai-Schule beschrieb in den Tendai-Annalen verschiedene Begebenheiten der Kaiser-Geschichte. Hier ist auch eine Anekdote über den Shirakawa-Tenno aufgezeichnet. In diesem Fall ging es zugleich um Konflikte innerhalb der Tendai-Schule zwischen dem Haupttempel (Enryakuji) und dem Miidera-Tempel einer Splittergruppe.

Der Pakt mit den Magiern

Der Shirakawa-Tenno war als mächtiger Herrscher in der Politik bekannt. Dennoch plagte ihn ein großer Kummer. Die Kaiserin hatte ihm bislang keinen Sohn geboren. So klagte er einem Hauptpriester des Miidera-Tempels sein Leid und schlug einen Pakt vor: Wenn ihm durch die Zauberkulte ein Thronfolger geschenkt würde, dann würde er zur Belohnung dem Priester dessen innigsten Wunsch erfüllen.
Der Priester ging auf dieses Angebot ein und trieb Zauberkulte für den Kaiser. Zum Glück wurde dem Shirakawa-Tenno ein Sohn geboren. Daher kam der Priester zum Kaiser und trug

seinen Wunsch vor: er bat um die Ermächtigung zur Priesterweihe. Dieser Wunsch war für den Kaiser sehr schwierig zu erfüllen. Denn die Ermächtigung zur Priesterweihe hatten der Tempel Todaiji (Kegon-Schule) in Nara und der Tempel Enryakuji der Tendai-Schule in Kyoto inne. Der Kaiser lehnte den Wunsch des Priesters aus dem Tempel Miidera (einer Abzweigung der Tendai-Schule) mit der Begründung ab, der Haupttempel Enryakuji würde es sich nicht gefallen lassen, und die Beziehung zwischen dem Enryakuji und dem Miidera werde sich verschlechtern. Darauf sagte der tief enttäuschte Priester resignierend: Wenn Eure kaiserliche Majestät so meinen, bleibt mir nichts anderes übrig, als in vollem Groll zu sterben. Wenn ich aber sterbe, werde ich auch Euren Sohn, der durch meine Zauberkulte zur Welt gekommen ist, mit in den Tod nehmen. Dann ging der Priester in seinen Tempel zurück und starb bald darauf. Kurze Zeit später verschied auch der Sohn des Kaisers auf unerklärliche Weise.

Der bestürzte Shirakawa-Tenno bat daraufhin einen anderen Priester, nicht aus dem Miidera-Tempel, sondern aus dem Enryakuji-Tempel, darum, daß ihm wieder durch Zauberkulte ein Sohn geboren würde. Der Priester des Enryakuji-Tempel erwiderte, wie könnte ich Euren Wunsch ausschlagen. Und er versprach dem Kaiser, sich mit allen Kräften zu mühen. Und durch die Zauberkulte wurde ein Sohn geboren, der 73. Thronfolger, Horikawa-Tenno (1086-1107).

Der rachsüchtige, grollende Geist des Hauptpriesters aus dem Miidera, der zunächst durch Bannkulte von Enryakuji-Priestern besiegt zu sein schien, lebte jedoch wieder auf und befiel eine Prinzessin des Shirakawa-Tenno. Um die Prinzessin von dem rachsüchtigen Geist zu retten, bat der Shirakawa-Tenno einen Priester des Miidera, seinen Glaubensbruder zu besänftigen. Die Bannkulte blieben jedoch ohne Wirkung. Daraufhin beauftragte der Shirakawa-Tenno wiederum den Enryakuji-Tempel, und dieser bot eine 20 Mann tüchtige und mächtige Beschwörergruppe, die im Berg Hieizan in den 12-jährigen Bildungskursen okkulte Kräfte erworben hatte, zum Bannkult für die Prinzessin auf. Die 20 Beschwörer versuchten auf dem Kaiserhof, den rachsüchtigen Geist zu bannen, und der Zustand der Prinzessin schien sich vorübergehend zu bessern. Aber dann starb sie ganz plötzlich.

Aufgrund dieser außergewöhnlichen Begebenheiten dankte der Shirakawa-Tenno ab, trat in einen buddhistischen Tempel ein und verbrachte seinen Lebensabend als Abt. In der Geschichte des Kaiserhauses war der Shirakawa-Tenno nicht ein Einzelfall. Die Zauberkulte waren schon bei seinen Vorgängern weit verbreitet und beliebt. Es gibt tatsächlich verschiedene Anekdoten über diese Art unerhörter Vorfälle.

Die adelige Tempelherrschaft

Unter der Vorherrschaft der adeligen Familie Fujiwara (866-1160) war es die Regel, daß die unverheirateten Prinzen oder Prinzessinnen den Weg der geistlichen Berufe beschritten. Die Oberhäupter der shintoistischen Schreine und buddhistischen Tempel gaben dem Kaiser Rückhalt. Diese Tempel und Schreine heißen *Monzeki-jiin*, Tempel der kaiserlichen Nachkommen, und sie sind am Tempelgebäude mit dem Wappen des Kaiserhauses, der 16-blätterigen Chrysantheme, geschmückt. Die Prinzen wurden Äbte der Mönchsklöster, Tempel und Schreine, die Prinzessinnen die Äbtissinnen der Nonnenklöster. Seit dem 12. Jahrhundert stiegen die Tempel Monzeki-jiin zum höchsten Rang innerhalb des Tempelwesens auf, und dies wurde im 17. Jahrhundert durch das Tokugawa-Shogunat (1603-1867) offiziell bestätigt. Die Meiji-Restauration schaffte die Hierarchie der buddhistischen Tempel ab, und die Bezeichnung „Monzeki-jiin" ist heute mit keinerlei Privilegien verbunden. Sie erinnert nur noch an die altehrwürdige Tradition eines Tempels.

Nonnenklöster

Die Eheschließung im Hochadel fand unter den Familien statt. Das wichtigste Prinzip bei der Eheschließung war die Ebenbürtigkeit, und die unverheirateten Töchter des Hochadels lebten als Hofdamen am Kaiserhof. Einige konnten Konkubinen des Kaisers oder des Ex-Kaisers werden und Kinder gebären.

Es war möglich, daß der Sohn einer Hofdame oder einer Konkubine durch Machtkämpfe zum Kaiser wurde. Dennoch verbesserte sich dadurch der Status seiner leiblichen Mutter in der Öffentlichkeit nicht. Bei den Zeremonien der Thronbesteigung trat die Mutter nicht in Erscheinung. Bei der Inthronisierung eines Kaisers, der als Sohn einer Konkubine geboren und im Säuglingsalter zum Kaiser erwählt worden war, durfte nur eine der unverheirateten Prinzessinnen der Kaiserfamilie, eine Tante oder ältere Schwester dieses kaiserlichen Kindes, den Thron besteigen und das Kind auf ihren Schoß setzen. Diese Prinzessin wurde die offizielle Mutter des Kaiser-Kindes. Dem alten Brauchtum entsprechend mußte sie vor der Inthronisierung im Shinto-Schrein (oft im Ise-Schrein oder im Kamo-Schrein in Kyoto) rituell gereinigt werden. Nur dieser Prinzessin war es erlaubt, sich um das Kind zu kümmern, ihn bei kaiserlichen Zeremonien zu begleiten, oder bei Lebensgefahr, einer Feuersbrunst oder Erdbeben, in Sicherheit zu bringen. In späteren Jahren ging diese Prinzessin ins Nonnenkloster als Äbtissin. Ihre Stellung wurde nach ihrem Tod einer der Prinzessinnen der Kaiserfamilie vererbt. Die außerehelichen Kinder des Kaisers oder Ex-Kaisers, deren leibliche Mütter oft aus Gaukler- und Wandertheatergruppen stammten, gingen fast ausnahmslos ins Kloster. Seit Mitte des 14. Jahrhunderts stieg die Tendenz, daß auch Prinzessinnen und Prinzen der legitimen Ehe des Kaisers schon im Säuglingsalter für das Klosterleben bestimmt wurden. Zu dieser Zeit wurden zahlreiche Nonnenklöster und Stifte der Zen-Schulen errichtet.

Herkunft der Geistlichen

Die Familie eines amtierenden Shoguns im 16. Jahrhundert hatte 10 Prinzessinnen und nur drei von ihnen konnten ebenbürtig heiraten. Die anderen 7 Prinzessinnen des Shoguns gingen in verschiedene Nonnenklöster. Das Tokugawa-Shogunat im 17. Jahrhundert behielt das Ebenbürtigkeitsprinzip nicht bei. Prinzen und Prinzessinnen der Tokugawa-Familie, die sich wegen der Ebenbürtigkeit in Heiratsnot befanden, wurden un-

ter Stand und Würde verheiratet. Die Prinzen wurden oft von kinderlosen Fürstenfamilien adoptiert und heirateten Töchter aus dem Fürstenstand. Die Prinzessinnen wurden mit Söhnen der regionalen Fürstenfamilien verheiratet.
Im Mittelalter war es üblich, daß nur diejenigen Kinder heiraten konnten, die später als Familienvorstand für Haus und Hof bestimmt wurden. Heiraten und einen eigenen Herd zu haben, galt in jener Zeit als großes Privileg. Bei den Bauern setzte sich die Ehe als Lebensgemeinschaft von Mann und Frau unter einem Dach erst im Mittelalter durch. Die Söhne und Töchter, die aus finanziellen Gründen eine eigene Familie nicht gründen konnten, gingen ins Kloster. Der Ausbau der Nonnenklöster hängt eng mit diesem sozialen Notstand zusammen.

Nachahmung weltlicher Hierarchie im Klosterleben

Wenn die Prinzen und Prinzessinnen ins Kloster gingen, folgte ihnen ihre Dienerschaft. Im Kloster wurden so die weltlichen Standes- und Rangunterschiede ebenso reproduziert wie in der profanen Welt. Und nicht nur innerhalb eines Klosters war die Hierarchie streng geordnet, sondern auch zwischen den Klöstern. Im höchsten Rang stand der Monzeki-jiin gefolgt von den Haupttempeln der Provinzen und Filialtempeln der Dörfer. Auf die Monzeki-jiin, deren Äbte und Äbtissinnen aus dem Hochadel stammten, hatten Kaiserhaus und Hochadel großen Einfluß. Das Stammhaus der Äbte und Äbtissinnen versah den Tempel mit Pfründen, und es erhielt jährlich als Abgaben einen Teil der Reiserträge aus den Pfründen zurück. Im Prinzip waren die Pfründen nach dem Tod des Abtes oder der Äbtissin dem Stammhaus zurückzugeben. Im Laufe der Geschichte gewann der Tempel auf die Hälfte der Pfründen ein Anrecht, und das Stammhaus war privilegiert, das Amt des Abtes oder der Äbtissin zu besetzen. Dieser Kompromiß war für beide Seiten von Bedeutung, denn der Tempel hatte das Ansehen eines Monzeki-jiin und zugleich eine finanzielle Sicherung durch die Pfründen. Für das Kaiserhaus und den Hochadel war es von Belang, auf Personalfragen und Verwaltung der Tempel einwirken zu können. So wurden die Monzeki-jiin zum Rückhalt von Kaiserhaus und Hochadel.

Danichi-Nyorai

6. Anschauungen über den Tod und das Jenseits

Die Vorstellungen über das Jenseits im Altertum sind heute noch bei den Inselbewohnern in Okinawa und den Ainu (den Ureinwohnern der Insel Hokkaido) lebendig. Das Jenseits stellen sich die Bewohner der Insel-Okinawa als „jenseits des Meeres" und die Ainu als „jenseits der Berge" vor. Das Jenseits ist weder Hölle noch Paradies. Vor der Aufnahme ins Jenseits gibt es kein Jüngstes Gericht. Die Welt, in der wir leben, heißt im Japanischen „*Konoyo*". Das Jenseits ist „*Anoyo*", oder „*Tokoyo*". Fast alle Menschenseelen, unabhängig von ihren Tugenden und Sünden, werden hier aufgenommen.

Die uralte Vorstellung von Raum und Zeit meint, daß im Jenseits die Verhältnisse des Diesseits umgekehrt gelten: Für die Zeit wurde angenommen, wenn im Diesseits Morgen ist, ist es im Jenseits Abend. Der Mittag im Diesseits ist im Jenseits Nacht, und die Nacht im Diesseits ist im Jenseits Mittag. Die Jahreszeiten wurden auch so aufgefaßt, daß der Sommer im Diesseits Winter im Jenseits und der Winter im Diesseits Sommer im Jenseits ist. Für den Raum gilt, daß oben, unten, links und rechts im Jenseits umgekehrt sind: Oben ist im Jenseits unten, oder rechts ist links. Das Unvollkommene im Diesseits ist im Jenseits vollkommen.

Die Totenwache (*O-tsuya*) wird heute noch am Abend gehalten, denn diese Uhrzeit ist im Jenseits die Morgenstunde. Die Menschen im Altertum glaubten, daß der Tote im Jenseits in der hellen Morgenstunde sicher bei seinen Vorfahren ankommen würde. In diesem Glauben wurde in früheren Zeiten die Trauerfeier in der Nacht begangen.

Empfinden von Tod und Sterben

Wandgemälde innerhalb eines Grabhügels stellten den Tod und die Welt der Toten als etwas schrecklich Dunkles und Furchterregendes dar. Alles, was an den Tod erinnert, wurde verdrängt. Vom Tod und vom Sterben zu sprechen, war seit alters tabu. Dieses uralte Empfinden des Todes ist heute noch

im Denken und Verhalten der modernen Japaner stark ausgeprägt. Eine Unzahl von Verboten oder Tabus belegt diese Scheu. Die Angst, vom Tod und Sterben zu sprechen, geht über eine normale Abneigung weit hinaus.
Wenn ein Kind sein Hemd versehentlich umgekehrt (die Innenseite nach außen) anzieht oder seinen Kimono links und rechts verkehrt herum gürtet, wird es von seiner Mutter streng getadelt. Denn die umgekehrte Form der normalen Kleidungsregel gilt für die Toten. Wenn ein Ausländer in einem japanischen Gasthaus oder Hotel den *Yukata* (einen Kimono aus Baumwolle), die rechte Seite über die linke Seite anhat, dann empfinden die meisten Japaner dies als etwas Entsetzliches. Diese Art der Bekleidung erinnert Japaner an das Totengewand und den Tod. Die meisten Japaner möchten die ahnungslosen ausländischen Gäste am liebsten „richtig" kleiden, aber sie können es ihnen in einer Fremdsprache nicht erklären, was und warum diese Kleidung so „falsch" und „unheilvoll" sitzt. „Richtig" kleiden, heißt in diesem Fall die linke Seite über die rechte legen und darüber den Gürtel binden.

Grollende und rachsüchtige Geister

Im Altertum wurde geglaubt, daß die Seele im Tod den Körper verläßt und im Jenseits von den Vorfahren empfangen wird. Die Seelen leben auch im Jenseits als eine Familie zusammen. Aber eine Seele, die im Diesseits den Mitmenschen Böses angetan hat oder nach dem Tod einen starken Groll (*Urami*) auf die Lebenden hegt, wird nicht sofort ins Jenseits aufgenommen. Im Altertum mußte deshalb ein Schamane bei der Trauerfeier für diese Seele sprechen: einmal zu den Vorfahrenseelen des Toten, daß der gerade aus dem Leben Geschiedene keineswegs ein sehr böser Mensch war, und die Vorfahren darum nicht nur auf seine bösen Taten schauen und ihn nicht zurückweisen sollten. Der Schamane besänftigte auch den Toten, daß er keinen Groll auf die Lebenden hegen und bald ins Jenseits hinübergehen sollte. Auch heute gibt es noch Schamanen und Seelenvermittler, die diese Aufgabe bei besonderen Anlässen wahrnehmen. Auf Einzelheiten werden wir im Kapitel 13 eingehen.

Der bodenständige Volksglaube nahm an, daß die vom Leib entfernte Seele des Toten für eine gewisse Zeit noch im Diesseits verweilt und den Hinterbliebenen Unglück bringt. Vor allem die Seelen der kürzlich Verstorbenen (*Onryo* bzw. *Goryo*) gelten als tobend und rachsüchtig. Diese Seelen sind durch Kulte zu besänftigen. Die besänftigten Seelen bringen dann den Hinterbliebenen Segen. Die Kulte und Gedenkfeier für die Toten wurden ursprünglich zur möglichst baldigen Verwandlung der tobenden Seelen in sanfte und segnende begangen. Die Seelen der Vorfahren sind zunächst für etwa drei Jahre noch tobend und rachsüchtig, aber wenn sie in den ersten drei Jahren mit Kulten und Gedenkfeiern gebührend verehrt werden, wandeln sie sich in segnende Seelen. In Gedenkfeiern und Kulten wird um die Vergebung der Sünden der Verstorbenen sowie um Nachlassen der Rache gebetet. Die Beerdigungszeremonie ist der erste Kult der Besänftigung für die tobende Seele.

Die Seelen ohne Hinterbliebene sowie die Seelen der Kriegsgefallenen und der unschuldig Ermordeten sind nach mehreren Jahren immer noch rachsüchtig und grollend auf die Lebenden. Denn den Seelen ohne Hinterbliebene werden weder Fürbitten noch Gedenkfeier dargeboten, und die Seelen der Kriegsgefallenen werden vernachlässigt, weil meist ihr Leichnam nicht in die Heimat überführt werden konnte. Die in Unschuld Ermordeten sind besonders lange rachsüchtig. Diese Seelen schweben frei in der Luft und verursachen Dürre, Überflutung, Epidemie und andere Katastrophen.

Ein bekannter rachsüchtiger Geist ist der Gelehrte und Minister aus dem 9. Jahrhundert Sugawara Michizane (845-903). Er war durch Machtkämpfe und Intrigen am Kaiserhof ungerecht aus dem Amt vertrieben worden und starb in der Verbannung. Im 10. Jahrhundert, als nach einem Gewitter ein Großbrand die Residenzstadt fast vernichtete, und mehrere Adelige der mächtigen Fujiwara-Familie, die Michizane in die Verbannung geschickt hatten, auf unerklärliche Weise plötzlich starben, glaubten die Bewohner in der Residenz- und Hauptstadt fest daran, all dieses Unheil sei von der rachsüchtigen Seele Michizanes verursacht worden.

Tatari

Die Seelen, die zu Lebzeiten einflußreich und mächtig in der Gesellschaft wirkten und in Ungnade sterben mußten, werden, so der Onmyodo und die Esoterik, nach dem Tod den Lebenden folgenschweres Unheil und Rache bringen. Dieser Vorstellung zufolge hatten die in die Machtkämpfe verwickelten aber überlebenden Adeligen am meisten die Verfluchung derer zu fürchten, die durch verhängnisvolle Verschwörungen und Intrigen in den Tod getrieben worden waren. Der Racheakt der heraufbeschworenen Geister heißt im Japanischen *Tatari*. Manche rational unerklärliche Phänomene werden gerne als Tatari erklärt. Die Bewohner der Kaiserstadt errichteten im Jahre 947 einen Schrein zur Besänftigung der wütenden Seele Michizanes, und er wurde als „Gottheit für Donner und Blitz" (*Tenjin*) verehrt. Seit dem Mittelalter wurde Tenjin als Schutzgottheit der Gelehrsamkeit und Wissenschaft verehrt. Später wurden landesweit Schreine mit dem Namen „Tenjin" oder „Temman" errichtet und hier wird die Seele Michizanes als Schutzgottheit der Wissenschaft verehrt. Zur Zeit der Aufnahmeprüfungen für Schulen und Firmen drängen sich die Kandidaten in diese Schreine, um Gnade und Hilfen zu erbitten, damit sie die Prüfungen bestehen.

Tempel und Schreine für Kriegsgefallene

Aus dem Glauben an die rachsüchtigen Geister, die nach dem Tod im Diesseits Unheil zu bewirken vermögen, entstand der Brauch, die Kriegsgefallenen, seien es Feinde oder Verbündete, mit Ehren zu bestatten und ihrer zu gedenken. In den kriegerischen Jahrhunderten im Mittelalter wurden zahlreiche Schreine und Tempel der Zen-Schulen für die Kriegsgefallenen errichtet.

In dieser Tradition wurden nach der Niederschlagung des Katholikenaufstandes in Shimabara (1630) drei Denkmäler gebaut. Diese dienen nicht dem Andenken an den Sieg, sondern dem Seelenfrieden und dem Seelenheil der Toten sowie der zwangsweise zum Buddhismus Konvertierten. Im 19. Jahrhundert wurde in diesem Sinn der „Yasukuni-Schrein" in Tokyo errichtet, und die Gedenkfeier für die Seelen der Kriegsgefallenen im Chinesisch-japanischen Krieg (1894-95), im Russisch-japanischen Krieg (1904-05) und im Pazifischen Krieg (1941-1945) wird jährlich begangen. Die Geschichte der Gedenkfeiern im Yasukuni-Jinja wird im Kapitel 14 näher betrachtet.

Wiedergeburt im Volksglauben

Die Seelen verweilen im Jenseits nicht ununterbrochen, sondern sie kommen zuzeiten ins Diesseits zurück. An den Tagundnachtgleichen im Frühling und Herbst, zu Neujahr sowie zum Obon-Fest im Juli (nach dem Mondkalender) und auch zu Gedenkfeiern kehren die Seelen ins Diesseits zurück, um mit ihren Nachkommen zu feiern.
Im Jenseits lebt die Seele des Menschen nicht für immer. Sie wird im Diesseits wiedergeboren als Kind ihrer Nachkommen-Familie. Wenn sich ein Ehepaar im Diesseits ein Kind wünscht, dann beraten die Vorfahrenseelen im Jenseits darüber, wer von ihnen wiedergeboren werden soll. Wenn sie sich entschieden haben, wird die Seele im Mutterleib empfangen. Das Leben beginnt mit der Empfängnis. In früheren Zeiten war ein Kind schon bei der Geburt ein Jahr alt. Ein Kind wird in der Vorstellung der Japaner als Wiedergeburt einer Vorfahrenseele verstanden. Dies bezeugt die auch heute noch sehr verbreitete Ansicht, daß ein Kind das Anvertraute vom Himmel ist (*kodomo wa ten kara no sazukari mono*).
Ins Jenseits fahren nicht nur die Seelen der Menschen, sondern die Seelen aller Lebewesen, die Seelen der Tiere, Pflanzen und Fische. Auch die Seelen der belebten Natur werden wiedergeboren. So befinden sich die Lebewesen immer im unendlichen Kreislauf von Tod und Wiedergeburt. Das Leben des Men-

schen ist ein Teil der großen Natur und von vielen anderen Lebewesen abhängig. Darum sollen auch für die Seelen der belebten Natur, die zum Erhalt des Menschenlebens aufgeopfert wurden, ehrfürchtige Trauerfeiern gehalten werden.
Diese Anschauungen haben sich nach der Übernahme des Buddhismus im Grunde nicht geändert. Sie leben im Brauchtum auch heute noch fort (die Gedenkfeier für die Aale, Kugelfische, Walfische werden wir im Kapitel 14 näher betrachten).

Wiedergeburt im Buddhismus

Die Jodo-Schule lehrt, daß das Diesseits eine Welt voller Leiden (*Edo*) und das Jenseits eine Welt des Friedens und der Reinheit (*Jodo*), das Land des Amida-Buddha ist. Der Weltanschauung der Jodo-Schule nach werden alle Lebewesen gemäß der zu ihren Lebenszeiten begangenen Sünden ununterbrochen in eine der sechs Welten wiedergeboren (*Rokudo-rinne*). Ein Mensch ohne Glauben an den Buddhismus wird nach dem Tod wieder in eine dieser sechs Welten inkarniert. Man kann dem Kreislauf der sechs Welten nicht entkommen. Das ist das dem Menschen bestimmte Schicksal, das Karma. Das Leben in diesen sechs Welten ist ohne Ausnahme leid- und qualvoll. Den Kreislauf der Wiedergeburt in eine dieser sechs Welten zu durchbrechen, war das Ziel der Erleuchtung.
In der Glaubensvorstellung des indischen Buddhismus ist die Erlösung sehr exklusiv: wer sich im Leben als frommer Buddhist an die strengen Gebote und Verbote gehalten und sie durch Meditation und Askese unerläßlich geübt hat, wird in die Welt des Buddha (Nirvana) aufgenommen und dort weiter leben, ohne in eine der sechs Welten wiedergeboren zu werden.

Die sechs Welten

Das Universum des Buddhismus besteht aus sechs Welten (*Rokudo*). 1. die Welt der Hölle (*Jigoku*), 2. die Welt der Hungrigen und Gierigen (*Gaki*), 3. die Welt der dummen Tiere (*Chi*

Kusho), 4. die Welt der Streitsüchtigen (*Shura*), 5. die Welt der Menschen (*Jinkai*), 6. die Welt der Gottheiten (*Tenjo*).
Die buddhistische Glaubensvorstellung nahm an, daß auch die Welt der Gottheiten voll Leiden ist, und über die Welt der Gottheiten wurde die Welt des Erleuchteten (Buddha) gestellt, der über Begierde und Leiden erhaben ist. Die Lehre des historischen Buddha setzt es sich zum Ziel, durch die Erleuchtung endgültig der Wiedergeburt in diese sechs Welten zu entkommen. Die Menschenwelt ist in dieser Rangordnung eine gehobene Welt, aber wo und wann der Mensch wiedergeboren werden wird, hängt, so die Jodo-Lehre, von seinem vorangegangenen Leben ab. Wer in einem früheren Leben tugendhaft und fromm gelebt hat, wird in einer guten Familie wiedergeboren. Der von Geburt an Kranke oder Behinderte ist dies aufgrund seines vorangegangenen Lebens. Alles nicht von selbst verursachte Unglück, sowie das nicht selbst verdiente Glück wird als Ergebnis des vorangegangenen Lebens ausgelegt. Daß ein gütiger und fleißiger Mensch früh stirbt, und ein Bösewicht und Schurke, der den Mitmenschen nur Schlimmes zugefügt hat, unbestraft lange lebt, daran ist letztendlich das vorangegangene Leben schuld. Also die ganze Rechnung der bösen Menschen ist, im kausalistischem Denken der Wiedergeburt, nicht im Hier und Jetzt, sondern erst im nächsten Leben, bei der neuen Wiedergeburt zu begleichen.

Der Glaube an die Reine Welt

Als in Japan im 11. Jahrhundert Machtkämpfe und Naturkatastrophen andauerten, war der Gedanke verbreitet, daß das Ende der Welt nahe sei. Angesichts des sozialen Elends und der Unruhen verbreitete sich der Glaube an die Reine Welt, der eigentlich im 2. Jahrhundert n. Chr. in Indien entstanden und über China erstmals im 7. Jahrhundert in Japan bekannt wurde. Der Glaube an die Jodo ist ursprünglich ein Glaube an das nächste Leben im Jenseits.
Ein Priester der Tendai-Schule, Genshin (942-1017), der noch der exklusiven Erlösungslehre aus Indien treu war, verfaßte

985 die Schrift „Ojoyoshu" (Katechismus für die Aufnahme in die Reine Welt). Damals war es üblich, daß die Priester verschiedene Lehren des Buddhismus eingehend studierten. Darum befaßte sich der Priester der Tendai-Schule mit der Systematisierung und Theoretisierung der Reinen Welt (Jodo), und er wollte damit die Notwendigkeit des Glaubens an den Buddhismus, insbesondere an den Amida-Buddha begründen. In seiner Schrift predigt Genshin den Glauben an den Amida-Buddha. Er zeichnet aber ein sehr konkretes Höllenbild, und sagt nur wenig zum Paradies. Er beschrieb in „Ojoyoshu" ausführlich die verschiedenen Höllen und ihre Qualen.

Die Reine Welt des Amida-Buddha

Die Weltanschauung Genshins geht davon aus, daß es im Universum nicht nur die schrecklich leidvollen 6 Welten gibt, sondern auch eine Welt des Amida-Buddha, die jenseits des Westens liegt. Sie ist eine Welt des unermeßlichen Lichtes und ewigen Lebens. Hier verweilt der Amida-Buddha und auch der Mensch kann nach seinem Tod in diese Reine Welt (Gokuraku-jodo) kommen. Aber Menschen ohne Glauben an Buddha können dem Karma, dem Kreislauf der Wiedergeburt, nicht entrinnen. Der Mensch, der an Buddha glaubt, wird durch die Gnade des Amida-Buddha in die Reine Welt aufgenommen. Wie aber der Mensch in die Reine Welt (Jodo) kommen kann, dafür formuliert Genshin eine einfache Methode: mit Liebe und Inbrunst die Bekehrungsformel beten, das *Namu-Amida-Butsu* (bekehre mich zu Amida-Buddha). Die Rezitation der Bekehrungsformel darf aber kein Lippenbekenntnis, sondern muß eine Methode der Meditation sein, in der man sich inniglich die Reine Welt bildlich vorstellt. Neben der Bekehrungsformel (*Nembutsu*) darf man Askese und Almosen nicht vernachlässigen. Primär wichtig ist die Meditation. In der Erlösungslehre der Jodo-Schule sind Askese und Almosen sekundär erforderlich. Wer im Leben diese Frömmigkeitsübungen praktiziert hat, wird nach dem Tod in die Reine Welt (Gokuraku-jodo) aufgenommen. Das „Ojoyoshu" des Priesters Genshin hat die Entfaltung der Paradiesvorstellung in Japan nachhaltig beeinflußt. Genshin betonte, daß der Amida-Buddha vom Himmel des Westens mit seinen Jüngern (Bosatsu) hinabsteigen wird, um den frommen Gläubigen von seinem Sterbebett in sein Paradies (Gokuraku-jodo) zu geleiten.

Jedoch war die Methode des Priesters Genshin zur Aufnahme in die Reine Welt nicht für jedermann praktizierbar. Wer kann schon ohne Sorge um das tägliche Brot und frei von ermüdender Feldarbeit nur die Reine Welt vorstellend meditieren, sich um Askese bemühen und für Tempel und Arme großzügig Almosen spenden? Der Glaube an das Jodo war eine Sache für die Geistlichen und den Adel. Die Adeligen bauten Tempel für den Amida-Buddha auf ihrem Anwesen. Einer der Reichsverweser der Fujiwara-Familie hatte 1053 in Uji bei Kyoto seine Villa und einen Haustempel bauen lassen, um das Gokuraku-jodo im Diesseits zu veranschaulichen. Die Villa und Kapelle sind berühmt wegen ihrer symmetrischen und harmonischen Architektur als Sinnbild für das Paradies des Amida-Buddha. Auf den Wandgemälden der Villa und Kapelle sind Szenen des vom Himmel herabsteigenden Amida-Buddha mit seinen Jüngern (Bosatsu) dargestellt. Das vergegenwärtigte Paradies ist heute auf der 10-Yen-Münze der japanischen Währung abgebildet. In jener Zeit war es unter den Adeligen Brauch, das Sterbebett kurz vor der Todesstunde nach Westen zu richten und eine Hand des Sterbenden an dem Gemälde des herabsteigenden Amida-Buddha anzubinden. Dann baten die Angehörigen, andächtig die Bekehrungsformel rezitierend, um die Aufnahme des Sterbenden ins Paradies.

Verschiedene Paradiese

In der Reinen Welt (Jodo) wird das Paradies wiederum in Klassen differenziert: *Ryozen-jodo* ist das Paradies des Shaka, des historischen Buddha. Im *Tosotsu-jodo* wohnt der Miroku-Bosatsu, der am Ende dieses Weltzeitalters in die Welt zur Rettung der Menschen kommt. Im *Fudaraku-jodo* wohnt der Kannon-Bosatsu, die Verkörperung der Gnade des Amida-Buddha. *Jo-*

ruri ist das kristallklare Paradies von Yakushi-Nyorai, der Krankenheiler und Herr des östlichen Paradieses, und das *Gokuraku-jodo* ist das Paradies des Amida-Buddha, Herr über die Reine Welt im Westen. In welches dieser Paradiese der Tote kommen wird, so die Glaubenslehre des Buddhismus, hängt vom Glauben des Einzelnen im Diesseits ab. Wer im Diesseits an den Amida-Buddha geglaubt hat, kommt in das Gokuraku-jodo, und derjenige, der an den historischen Buddha geglaubt hat, kommt in das Ryozen-jodo. In Japan ist der Glaube an die Reine Welt des Amida-Buddha sehr verbreitet, und daher hört man im Alltagsleben oft den Ausdruck „Gokuraku-jodo". Wenn man sich zum Beispiel im heißen Bad (*Onsen*) wohlfühlt, ruft man aus „Gokuraku, Gokuraku!". In der Paradiesvorstellung der Japaner wohl am bekanntesten ist das Gokuraku-jodo.

Jünger und Helfer des Buddha

Die Voraussetzung zur Aufnahme in die Reine Welt ist der Glaube an Buddha. Der Gläubige muß nicht schon vor dem Tod die Buddhaschaft erlangt haben. Die Lehre der Erlösung im Buddhismus sieht noch andere Möglichkeiten vor, um in die Reine Welt aufgenommen zu werden. Der Mensch ohne die Buddhaschaft wird durch rettende Heilige in die Reine Welt getragen und dort leben. Heilig werden die Menschen durch die Barmherzigkeit des Buddha und nicht durch angestrengte Frömmigkeit im Leben. Der Heilslehre des Jodo-Glaubens nach gibt es Heilige, die neben Amida-Buddha die armen Seelen retten.

Die Heiligen und Freunde Buddhas heißen *Bosatsu*. Diese Heiligen (Bosatsu) besitzen eine zweifache Bedeutung: Sie sind zum einen Vorbilder des buddhistischen Glaubens und Lebens, die zur Nachahmung auffordern und anleiten. Sie gelten zum anderen in besonderer Weise als „Freunde des Buddha". Man kann sie deshalb anrufen und um ihre Fürsprache bei Buddha bitten. Unter den einfachen Menschen besonders bekannt sind der *Miroku*-Bosatsu, *Jizo*-Bosatsu und *Kannon*-Bosatsu. Der Miroku-Bosatsu lebt in der Reinen Welt des „Tosotsu" und kommt in 56,7 Millionen Jahren nach dem Tod des historischen Buddha in die Welt, um die Menschen zu erlösen. Erst nach der Erlösung der Menschen auf der Erde kann er selbst die Buddhaschaft erlangen.

Der Jizo-Bosatsu ist ursprünglich eine Gottheit für Grund und Boden in Indien und wurde in den Buddhismus übernommen. Der Jizo-Bosatsu ist in Gestalt eines Mönches auf der Erde für Arme und Kranke tätig, bis der Miroku-Bosatsu zur Erlösung auf die Erde kommt. Im Volksglauben steht der Jizo-Bosatsu an der Grenze zwischen Diesseits und Hölle, um die Seelen zu retten, die wegen ihrer Sünden in die Hölle gefallen sind und von den Feuerqualen zu entfliehen suchen. Daher wurde der Jizo-Bosatsu seit dem Mittelalter in Japan als Schutzgottheit der Landgrenzen verehrt. Er hat ein rundes kindliches Gesicht und ist auch die Schutzgottheit der Kinderseelen, die im Kindesalter ohne festen Glauben an Amida-Buddha gestorben sind. Für die Kinderseelen wirkt der Jizo-Bosatsu, damit sie nicht in die Hölle fallen.

Im Altertum glaubte man, daß jedem Menschen ein Pensum für sein Leben aufgegeben sei. Der natürliche Tod bedeutet, daß er sein Pensum im Diesseits erledigt hat. Wer aber an Krankheit oder durch einen Unfall stirbt, der hat sein Pensum noch nicht erledigt. Nach dem Tod kehren die Seelen, die eines nicht natürlichen Todes gestorben sind, in diese Welt zurück, um ihr unvollkommenes Pensum zu erledigen. Die in der Luft frei schwebenden Seelen, Geister (*Yurei*), werden nicht in die Reine Welt aufgenommen. Der Jizo-Bosatsu wirkt für diese Geister, damit sie in die Reine Welt gelangen.

Der Kannon-Bosatsu ist ein Helfer und Retter, der ein immer sehendes Auge hat und daher imstande ist, die leidenden Seelen jederzeit und überall ohne Übersehen zu retten. Der Glaube an den Kannon-Bosatsu hatte sich im 12. und 13. Jahrhundert verbreitet. Der Kannon verwandelt sich in verschiedene Gestalten, um die Seelen zu retten. Der Sensoji-Tempel in Asakusa/Tokyo und der Kiyomizudera in Kyoto verehren den Kannon als Haupttheiligen. Im 13. Jahrhundert begann man nach 33 Heiligen Stätten zu wallfahren, um den Kannon-

Bosatsu zu verehren. Auch heute noch gehen Menschen mit großen Problemen auf die Wallfahrt nach den 33 Heiligen Stätten. Der Glaube an den Kannon-Bosatsu und dessen Reine Welt, „Fudaraku-jodo", fand neben dem Glauben an den Amida-Buddha und das „Gokuraku-jodo" in Japan große Verbreitung.

Das siebenfache Gericht im Reich des Todes

Nach dem Tod muß sich der Tote im Jenseits einem großen Tribunal stellen, wo seine Vergangenheit und Sünden untersucht und verurteilt werden. Von dem Gericht im Todesreich war im „Ojoyoshu" des Genshin nicht die Rede. Die Quelle dieser Gerichts-Vorstellung scheint in chinesischen Überlieferungen zu liegen. Die Richter im Reich des Todes tragen alle chinesische Namen, außer dem König *„Emma"*, dessen Name eine Lehnbildung aus dem Indischen ist. Wie auf Rollbildern und Wandgemälden in buddhistischen Tempeln zu sehen ist, tragen die Richter der Toten eine chinesische Robe.

Das siebenfache Gericht eines Toten verläuft folgendermaßen: Innerhalb der ersten sieben Tage werden die Unterlagen des Toten von Richtern untersucht. Im zweiten Prozeß nach vierzehn Tagen muß der Angeklagte über eine Brücke einen Fluß (*Sanzu-no-kawa*) überqueren, die einem sündigen Angeklagten so schmal wie ein dünner Faden erscheint, und er fällt unvermeidlich in den Fluß. Im dritten Prozeß, der nach einundzwanzig Tagen abgehalten wird, warten Katzen und Schlangen auf den Angeklagten: wenn dieser zu Lebzeiten lüstern war, wird er von den Katzen zerbissen und von den Schlangen erdrückt. Im vierten Prozeß wiegt der Richter die Sünden und Schulden des Angeklagten in einer Waagschale auf. Der fünfte Prozeß, der vom König Emma selbst durchgeführt wird, wird nach fünfunddreißig Tagen eröffnet, und bei diesem Prozeß werden in einem kristallenen Spiegel alle Sünden des Angeklagten widergespiegelt. Auf dem sechsten Prozeß werden die Urteile aus dem 4. und 5. Prozess revidiert. Der siebte Prozeß (zwischen der 6. und 7. Woche) spricht das Urteil. Der Tote wird einer der oben genannten sechs Welten zugewiesen.

Der unterirdische Kerker

Die Hölle hat einen dreifachen Modus: die Hölle der Flammen und Gluten, die der Kälte und die Hölle der Einsamkeit. Allgemein gefürchtet ist die Hölle der Flammen und Gluten. Über die Hölle der Kälte und die Hölle der Einsamkeit ist fast nichts bekannt.
Welche Laster und Sünden im Wertbewußtsein der Japaner als besonders verwerflich bewertet wurden, beschreiben die Elemente der Höllen. Die Hölle der Flammen und Gluten besteht aus 8 Ebenen. Jede hat einen eigenen Namen. Je tiefer die Ebene, umso schwerer die Sünde und umso härter die Strafe. Die erste Ebene der Hölle befindet sich unter der Erde. Hier werden die Mörder eingekerkert (nicht nur Mörder im strafrechtlichen Sinne, sondern auch die Schlachter, Fischer und andere Menschen, die Lebewesen berufsmäßig umbringen). Die Mörder schlagen einander zu Tode und fallen vor unermeßlichen Qualen in Ohnmacht. Wenn sie nach einer Weile wieder zu sich kommen, quälen sie sich erneut bis zur nächsten Ohnmacht. Diese Qual dauert ewig. Die Hölle 2 liegt unter der Hölle 1 und hier erleiden die Diebe, Mörder und Selbstmörder ihre Strafe. Sie werden auf einer heißen Eisenplatte gebraten und in einem glühenden Kessel gesiedet. Die Qual hier ist zehnfach grausamer als in der Hölle 1. Die Hölle 3 liegt unter der Hölle 2 und hier werden außer Dieben und Mördern die Lüsternen gequält. Die Lüsternen sehen eine schöne Gestalt auf einem Baum, und sobald sie gierig auf den Baum hinaufklettern, verwandeln sich alle Blätter in scharfe Messer. Hölle 4 liegt unter der Hölle 3. Neben den Mördern, Dieben und Lüsternen werden hier die Trinker und Säufer gefoltert. Aus einem Schmelzofen fließt heißes Kupfer in ihren Mund. Hölle 5 ist neben den obengenannten Sündern für die Lügner bestimmt. Ihre Zunge wird ausgerissen und der Mund mit einer heißen Nadel zugenäht. Für Japaner ist das Lügen seit eh und je eine

Sünde, die schwerer als Mord wiegt, und es gibt viele Sprichwörter, die vor Lügen warnen. In Hölle 6 werden außer den obengenannten Sündern die Starrsinnigen geworfen, die an falschem Glauben unbelehrbar festhalten. Die Qual in Hölle 6 ist abertausendmal größer als die Schmerzen der ersten 5 Höllen zusammen. Die Starrsinnigen werden mit Eisenstangen weich geschlagen. In Hölle 7 leiden Mörder und Verführer, die buddhistische Priester und Nonnen verführten. Sie werden mit flüssigem Kupfer begossen. Die Hölle 8, *Mugen-jigoku* (die Hölle der unendlichen Qualen), liegt auf der untersten Ebene. Ihre Strafen und Qualen sind unvorstellbar. Sie ist der Ort für Mönche und Geistliche, die eine der obengenannten Sünden begangen haben. Diese Hölle ist voller Flammen. Ihr Name Mugen-jigoku ist auch im Volksmund geläufig. Mugen-jigoku heißt die allerschlimmste Sünde, und das böse Wort wird zum Verfluchen gebraucht.

Fürbitten

Im Altertum und im Mittelalter suchten viele Menschen in einem klösterlichen Leben die Erlösung von Altersschwäche, Krankheit und Leiden jeder Art. Vom 13. Jahrhundert an verbreitete sich der Glaube an die Reine Welt (Jodo) unter der Bevölkerung. Die Menschen glaubten damals, daß sie nach dem Tod in die Hölle fallen und dort Feuerqualen zu erleiden hätten. Um die Seele vor dem höllischen Feuer zu retten, bereiteten sie sich im Kloster auf den Tod vor. Der Tod im Kloster sollte garantieren, daß die Fürbitten rechtzeitig dargebracht würden. Die Hofdamen gingen mit ihrer Herrin ins Kloster, und die einfachen Frauen aus dem Bauernstand gingen nach dem Tod ihrer Männer ins Kloster und beteten für sie, damit ihre Seelen die Feuerproben bestehen und in die Reine Welt aufgenommen würden. Eine Schule des Zen-Buddhismus, Risshu, hatte sich für die Gründung von Spitälern und Stiften für Hofdamen eingesetzt. Die wichtigste Aufgabe der Mönche und Nonnen in diesen Einrichtungen war die Fürbitte für ihre verstorbenen Vorgesetzten, Eltern und Ehemänner.

Die Frauen hatten spezifische Gründe, sich einem klösterlichen Leben zu widmen: Tod des Ehemannes, Ehescheidung oder Buße für Verbrechen. Die Witwen mußten an ihrem Lebensabend für ihre verstorbenen Ehemänner Fürbitten darbringen. Geschiedene Frauen durften damals nicht ins Elternhaus zurückkehren. Verbrecherinnen wurden auch nach Verbüßen der Strafe vom normalen Alltagsleben ausgeschlossen. Außerdem gab es Frauen, die von Kindheit an von den Eltern für das Kloster bestimmt worden waren. Die Nonnenklöster und Stifte fungierten als Fürsorgeeinrichtung der Gesellschaft. Der gesetzliche Familienstand einer im Kloster lebenden Witwe wurde noch im 13. Jahrhundert als zum Haus des Ehemannes gehörig bestimmt, aber im Laufe der Zeit erlosch mit dem Eintritt ins Kloster die juristische Zugehörigkeit zum Haus des Ehemannes. Dadurch nahm die Zahl der Nonnenklöster erheblich zu.

Wenn die Hinterbliebenen für den Verstorbenen neunundvierzig Tage lang gebetet und eine Gedenkfeier im Tempel begangen haben, wird ein mildes Urteil für den Verstorbenen gefällt. Auch wenn der Tote bei den ersten Prüfungen schon in die Hölle gefallen wäre, bekam er durch die inständigen Fürbitten der Hinterbliebenen noch eine Chance, im Revisionsverfahren ein milderes Urteil zu erhalten. Dadurch gewannen die Fürbitten im Tempel immer mehr an Bedeutung. Ferner war es geboten, für die weiteren Prüfungen nach 100 Tagen, einem Jahr und drei Jahren nach dem Tod unablässig Fürbitten aufzuopfern. Die Angehörigen mußten mindestens drei Jahre lang mit dem Tempel in enger Verbindung bleiben, um die arme Seele zu retten. Ursprünglich war die Gedenkzeit nach drei Jahren zu Ende, aber im Laufe der Geschichte wurden die Vorschriften über Fürbitten und Gedenkfeiern erweitert: Außer den großen Gedenkfeiern bis zum dritten Jahr sind im 7., 13., 17., 33. und 50. Jahr noch Feiern im Tempel zu begehen. In manchen Gegenden, wo die Jodo-Schule einen starken Einfluß hatte, wird noch bis zum 100. Todesjahr eine Gedenkfeier gehalten.

7. Religiöse Bewegungen im 12. und 13. Jahrhundert

Die neuen Bewegungen des Buddhismus im 12. und 13. Jahrhundert entstanden als Reaktion gegen die Verschmelzung von Buddhismus und Shintoismus. Die Tempel der alten Zeit, die in esoterischen Kulten für Kaiser, Reich und Regierung beteten, dienten den exklusiven Interessen der Aristokratie. Ein wesentlicher Unterschied der neuen religiösen Bewegungen liegt darin, daß sie zwar aus der Schule der Amtstempel, der Tendai-Schule, stammten, aber in der Auslegung der Glaubenslehre und Dogmen einen neuen Weg erschlossen: sie vereinfachten die Methode zur Erlösung und verallgemeinerten den Kreis der Heilsbotschaft. Durch ihre Hinwendung zum Volk verbreiteten sich die neuen Schulen rasch. Die religiösen Erneurer lehnten die bisherigen Formalismen ab und betonten die innere Frömmigkeit. Aus diesen religiösen Bewegungen gingen drei wichtige Schulen hervor: die Jodo-Shinshu-Schule, die Zen-Schule und die Nichiren-Schule. Die gemeinsame Wiege ihrer Glaubenslehre war die Tendai-Schule. Ihre Verkündigung richtete sich an alle Menschen. Jedem Menschen ist die Buddhaschaft angeboren, und deshalb kann jeder durch die Gnade Buddhas gerettet werden.

Die drei Schulen verfolgten aber verschiedene Methoden zur Erleuchtung und Erlösung. Die Jodo-Schule betrachtete die Rezitation ihrer Bekehrungsformel (Nembutsu) als genügend. Die Zen-Schule propagierte die Meditation und die Nichiren-Schule verlangte das intensive Studium der Hoke-Sutren. Die neuen Bewegungen wandten sich direkt an das Volk. Ihre Lehre war leicht zu verstehen, denn sie lehnten die formalistischen Riten und metaphysischen Lehren der früheren Schulen ab.

Der Jodo-Glaube von Honen und Shinran

Von entscheidender Bedeutung für die Aufnahme in die Reine Welt (Jodo), die Genshin (942-1017) in seiner Lehre beschrieben hatte, waren unablässige Rezitation der Bekehrungsformel, reichliche Almosen und unermüdliche Selbstbildung. Der

Wunsch nach Aufnahme in die Reine Welt war das Ideal der Herrschenden, die imstande waren, den aufwendigen kultischen und asketischen Übungen nachzukommen. Die einfachen Menschen hatten dagegen die alltäglichen Sorgen zu meistern. Der bisherige Jodo-Glaube bot dem einfachen Volk keinen Halt. Honen (1133-1212) lehnte die formalistischen Riten der Jodo-Schule ab und interpretierte auch die Bedingungen für die Errettung. Die Erlösung wird nur durch die inbrünstige Rezitation der Bekehrungsformel bewirkt. Honen kritisierte die Lebensformen der Mönche seiner Zeit, von denen viele ihr Gelübde der Keuschheit immer wieder gebrochen hatten. Das etablierte Tempelwesen, das unter der Obhut des Hochadels und der Grundherren stand, reagierte darauf heftig. Die Tempel in Nara, die Tendai-Schule auf dem Hieizan, die Shingon-Schule in Kyoto, aber auch die Shinto-Schreine fanden es sehr bedrohlich, wie rasch die neue Bewegung von Honen sich ausweitete.

Honen lehrte, daß nicht nur die einfachen Bauern, sondern sogar Verbrecher durch die Rezitation der Bekehrungsformel von ihren Sünden erlöst und in die Reine Welt aufgenommen würden. Diese Glaubenslehre fand bei der breiten Bevölkerung großen Zuspruch. Aber die traditionellen Institutionen prangerten Honen an, daß er selbst gegen die Gelübde und den wahren Glauben verstoßen habe. Die militanten Mönche der Tendai-Schule auf dem Hieizan drohten, die Jodo-Schule Honens mit Gewalt niederzuschlagen. Auf den massiven Druck von Kaiserhof, Tempeln und Shinto-Schreinen hin verhängte im Jahre 1200 das Shogunat in Kamakura landesweit das Verbot der Rezitation *„Namu-amida-butsu"*. Vier Schüler von Honen wurden festgenommen und in Kyoto enthauptet. Honen und 8 Schüler wurden in die Verbannung geschickt. Honen, der von der Tendai-Schule exkommuniziert worden war, starb im Alter von 80 Jahren in Kyoto. Nach seinem Tod ließ die Verfolgung und Unterdrückung der Jodo-Schule keineswegs nach, sondern die militanten Mönche des Hieizan wollten sogar das Grab von Honen schänden. Um die schlimmste Erniedrigung zu vermeiden, gaben treue Schüler Honens seine

Gebeine zur Feuerbestattung. Ein Teil der Asche wurde im Tempel Chion-in in Kyoto aufbewahrt. Seitdem ist hier der Haupttempel und die Verwaltungszentrale der Jodo-Schule.

Shinran, der Laienmönch

Ein Schüler von Honen, Shinran (1173-1262), war auf dem Hieizan als Mönch niederen Ranges tätig. Während der Verfolgung der Jodo-Schule wurde er mit seinem Meister Honen exkommuniziert und lebte 4 Jahre lang in der Verbannung. Nach dem Tod seines Lehrers heiratete Shinran eine Nonne und zeugte mehrere Kinder. Shinran verband in seinem Leben und Wirken als Laienmönch die Religion mit dem Leben eines einfachen Bauers. Nach der Feldarbeit vertiefte er sich in die Lehre über die Erlösung. Er blieb im großen und ganzen der Glaubenslehre seines Meisters treu und hat in seinem Leben keine neue Bildungsstätte errichtet, denn er war der Überzeugung, daß alle Menschen vor dem Amida-Buddha gleich sind. Darum lehnte er auch die strikte Hierarchie von Lehrer-Schüler ab. Shinran betonte, daß er weder für seine eigenen Eltern, noch für den Kaiser beten könne, um deren Wünsche und Bitten im Diesseits zu erfüllen. Ferner stellte er die Legitimität der Herrschaft von Feudalherren über das einfache Volk in Frage und rief den von Abgaben und Leistungen geplagten Bauernstand auf, sich gegen Tribute und Frondienste zu wehren. Wie sein Meister verneinte er die Gebote und Verbote für Priester, die das etablierte Tempelwesen beschäftigten. Mit seiner Lebensweise, ein frommes Leben in weltlichen Lebensverhältnissen zu verwirklichen, legte Shinran schon den Ansatz für die Lebensform der Priester und Mönche, die sich erst nach dem Zweiten Weltkrieg allmählich durchsetzte.
Als Bauer wußte er aus eigener Erfahrung, daß die von Abgaben und Leistungen gequälten Bauern weder Zeit noch Kraft hatten, von Herzen die Rezitation der Bekehrungsformel unermüdlich zu wiederholen. Seine wegweisende Lehre ist, daß in dem Moment, wo sich ein Mensch zur Umkehr entschlossen hat, der Buddha ihm die Erlösung verheißt. Die tägliche Rezi-

tation der Bekehrungsformel ist daher mehr ein Ausdruck der Dankbarkeit für den Buddha. Die Zahl der Rezitationen und Almosen ist für die Erlösung nicht ausschlaggebend, sondern die innere Frömmigkeit. Shinran entfaltete aus dieser Überzeugung die Lehre, die Erlösung eines Menschen hänge nicht davon ab, ob er im Diesseits gut oder schlecht gelebt habe. Was gut oder schlecht ist, darüber fällt der Buddha selbst das Urteil und nicht die Menschen. Die Glaubenslehre von Shinran fand unter dem einfachen Volk großen Zuspruch und die Zahl der Gläubigen vermehrte sich gewaltig. Shinran verneinte aber auch die Existenz böser Geister (Yurei), und die esoterischen Kulte der etablierten Tempel, Tendai- und Shingon-Schule. Er betonte die innere Buße des Sünders. Er negierte auch die alte Lehre der Jodo-Schule, daß der Amida-Buddha vom westlichen Himmel zu den Sterbenden hinabsteige, um sie in die Reine Welt hinauf zu führen. Shinran lehnte auch das asketische Üben der Mönche ab. Er ermutigte die Laienbrüder zu Ehe, Arbeit und gesellschaftlicher Aktivität, damit sie dem einfachen Volk und nicht den Herrschenden dienten. Shinran gründete in seinem Leben weder Orden noch Tempel. Er wirkte als Laienmönch in der profanen Welt. Von Kyoto kam er nach Ostjapan. In der heutigen Ibaraki-Präfektur bei Tokyo predigte er zwanzig Jahre lang seine Glaubenslehre. Als die neue Gemeinde herangereift war, kehrte er wieder nach Kyoto zu seiner Familie zurück. Zur Betreuung der Gemeinde in Ostjapan wurde sein Sohn, Zenran, entsandt. Aber dieser geriet mit den Gemeindemitgliedern in Konflikt. Der Sohn hatte angesichts der Alltagssorgen der einfachen Bauern, die ihn wegen Krankenheilung und praktischer Weisung aufsuchten, die herkömmlichen esoterischen Praktiken getrieben. Dies führte zur radikalen Auseinandersetzung zwischen Vater und Sohn, und Shinran brach jede Beziehung zu seinem Sohn ab. Er starb im Alter von 90 Jahren. In seinen letzten Jahren betrachtete Shinran sein ganzes Leben als sündhaft und bat darum, seine Leiche zur Feuerbestattung zu geben und die Asche in einen Fluß zu streuen. Seine Tochter (Kakushin-ni), eine Nonne, baute nach seinem Tod in Kyoto eine Gedenkstätte. Kameyama-

Tenno (1259-1274) schenkte diesem Tempel in Gedenken an Shinran den Namen Honganji. Für die Verwaltung und Leitung dieses Tempels entstand eine Organisation, die schon Ende des 13. Jahrhunderts einen sehr hohen Rang erlangte, einer der exklusiven Tempel, die zum Gebet für Kaiser und Reich legitimiert waren. In den folgenden Jahrhunderten entwickelte sich der Honganji zum mächtigen Haupttempel der Jodo-Shinshu-Schule und führte, ganz gegen die Intentionen von Shinran, eine straff organisierte Hierarchie zwischen dem Haupttempel Honganji und seinen Filialtempeln ein. Diese Hierarchie besteht heute noch.

Reine Welt und Wiedergeburt bei Shinran

Nach Shinran nimmt der Buddha in seiner Gnade alle Lebewesen nach ihrem Tod in die Reine Welt auf. Die Menschen werden dort für eine Weile verweilen, und dann werden sie erneut in diese Welt wiedergeboren, um die Nachkommen zum Glauben an den Buddha zu führen.

Die Reine Welt bei Shinran ist zweigeteilt: in die *Jippo-jodo* kommen die Gläubigen, die durch fremde Hinführung zum Glauben kamen, in die *Geshindo-jodo* gelangen die Gläubigen, die von selbst zum Glauben kamen. Diese Reine Welt sei schöner und vornehmer als die Jippo-jodo. Die Menschen, die durch Andere zum Glauben kamen und in der Jippo-jodo verweilen, werden nach einer „kurzen Weile" in die irdische Welt wiedergeboren. Die von selbst zum Glauben kamen, werden in der Geshindo-jodo lange oder ewig bleiben. Eventuell werden sie in die Jippo-jodo hinunter steigen und nach einer Weile in der irdischen Welt wiedergeboren.

Der indische Grundgedanke über die Wiedergeburt ist hier noch vorhanden: den Kreislauf der Wiedergeburt in eine der sechs Welten zu durchbrechen, ist Sinn und Zweck der Erleuchtung und sie ist das Höchste im Buddhismus. Der zeitliche Unterschied der Wiedergeburt beruht, so Shinran, auf der Anstrengung des einzelnen um Glauben im Diesseits. Interessant ist, daß sich der Wiedergeburtsgedanke im Buddhismus der bodenständigen Glaubensvorstellung über Jenseits und Diesseits annäherte. Die Menschen werden nicht wie im indischen Buddhismus als Tiere wiedergeboren, sondern nur als Kinder der Menschen in dieser Menschenwelt.

Verwandlung der Seelen in Gottheiten

Seit dem Altertum glaubte man, daß die Menschenseele im Tod vom Leib getrennt wird und eine gewisse Zeit lang in der Luft frei schwebt. Die Menschenseele ist im Volksglauben gleich nach dem Tod immer wütend und rachsüchtig. In diesem Zeitraum kehren die Seelen bei Gelegenheit ins Diesseits zurück, vor allem solche, die abrupt aus dem Leben gerissen wurden, um ihre Arbeit, unerfüllten Lebensträume oder sogar eine Vergeltung auszuführen. Von diesem Glauben gehen die Kulte der Besänftigung aus (*Goryo-e*). Aber die Seele wird durch gebührende Gedenkfeiern, nach 33 Jahren oder nach 49 Jahren, in eine segnende und schützende Gottheit verwandelt. Durch diese Verwandlung geht die Identität der einzelnen Menschenseele verloren. Sie wird zu einer Schutzgottheit für alle Nachkommen, die in der Dorfgemeinde leben. Die Gottheiten in Japan sind grundsätzlich die Seelen der Vorfahren. Daher sind sie weder absolut einzig noch allmächtig. In den Übergangsriten und Dorffesten steigen sie auf die Erde hinab. Sie sind präsent und schenken den Nachkommen Segen und Lebensfülle. Nach dem Fest kehren sie in die andere Welt zurück. Auf der Grundlage dieser Glaubensvorstellung wurde der Buddhismus aufgenommen, und seine Lehre über das Jenseits, die Reine Welt (Jodo), hat sich im Laufe der Zeit mit dem Jenseitsbild (Anoyo) des bodenständigen Glaubens überlagert. Die buddhistischen Lehren über das Paradies und die Wiedergeburt mußten sich dem bodenständigen Volksglauben anpassen. Diese Tendenz zeigt sich in den Ansichten Shinrans über die zwei Jodo-Welten, die bis heute die Lehre der Jodo-shinshu-Schule, der größten und bedeutendsten buddhistischen Gemeinde Japans, prägt. Seelen (*Tamashii*) der Gestorbenen, Geister (*Yurei*) oder die zum Buddha Gewordenen (*Hotoke*) werden in Japan fast synonym verwendet. Bei genauerem Hinsehen gibt es aber feine Unterschiede: Im Tod verläßt die Seele den Leib und sie schwebt frei in der Luft und kehrt bei Gelegenheit wieder ins Diesseits zurück. Der noch im Diesseits verweilende Geist heißt Yurei. Geister werden durch Fürbitten und Gedenkfeiern der Hinterbliebenen nach langen Jahren ins Jenseits aufgenommen. Die Geister im Jenseits heißen im Buddhismus Hotoke. Die Verwandlung von Geistern in Hotoke dauert viele Jahre. Der nötige Zeitraum wurde im Buddhismus als Gedenkzeit festgelegt. In der buddhistischen Glaubensvorstellung verwandeln sich alle Menschenseelen nach 33 oder 49 Jahren in Hotoke. Im Shintoismus verwandeln sich die Vorfahrenseelen in „Kami". Diese sind im wesentlichen immer segnende Gottheiten.

Zen-Schulen

Der Ursprung des Zen liegt in Indien. Hier wurde Yoga als eine Methode zur Konzentration entwickelt. Der Yoga sollte einen Ausgleich von Körper und Seele bewirken. Der historische Buddha hatte auch versucht, durch die komplizierte Körperhaltung des Yoga die Erleuchtung zu erlangen. Aber er habe erkannt, daß die Stellung des Körpers zu Nichts nütze sei und habe die Yoga-Übungen aufgegeben. So saß Buddha einfach auf dem Boden aufrecht und erfuhr in dieser Stellung unter einem Lindenbaum die Erleuchtung (*Satori*). Seitdem ist das Aufrechtsitzen auf dem Boden die Körperhaltung der Zen-Übungen. Das meditative Sitzen (*Zazen*) ist eine Methode, um die Erleuchtung zu erlangen. Das Haupheiligtum des Zen-Tempels ist die Statue des historischen Buddha. Die Zen-Schulen haben keine Heiligen Schriften, die ihre Glaubensinhalte erläutern. In Japan verbreitete sich Zen erst Anfang des 12.Jahrhunderts. Die führenden Zen-Schulen sind der Rinzai-Zen und der Soto-Zen.

Rinzai-Zen

Der Gründer und Meister des Rinzai-Zen, Eisai (1141-1215), war Priester der Tendai-Schule auf dem Hieizan. Nachdem er die esoterischen Lehren der Tendai-Schule erforscht hatte, ging er nach China, um dort Zen zu studieren. Nach der Rückkehr versuchte er in Kyoto, Zen am Kaiserhof zu verbreiten. Er propagierte Zen als Glaubenslehre der Endzeit und zum Schutz des Reiches. Der Kaiserhof und der Haupttempel der Tendai auf dem Hieizan verleumdeten Eisai als Ketzer und verfolgten ihn. Die Äbte der Tendai-Schule waren traditionell Prinzen aus dem Kaiserhaus. Eisai wurde schikaniert und ging 1199 auf Einladung des Shogunats nach Kamakura. Die alten Tempel standen mit dem Kaiserhof und Hochadel in enger Beziehung und waren seine politischen Verbündeten. Die neue Herrenschicht, das Shogunat, das aus regionalen Feudalherren und dem Kriegerstand bestand, warb um neue religiöse Schulen, um das Shogunat zu verankern. So konnte die neue Führung mit dem Kaiserhof und den Tempeln in Kyoto wetteifern. Vor diesem Hintergrund hieß das Shogunat den Zen-Stifter Eisai willkommen, und der erste Zen-Tempel in Japan wurde in Kamakura errichtet. Unter dem Schutz des Shogunats konnte Eisai nach einigen Jahren auch in Kyoto einen Zen-Tempel, den Kenninji, stiften. Der Name des Tempels, Ken-Nin, ist eine Jahresdevise. In jener Zeit hatte alleine der Enryakuji der Tendai-Schule eine Jahresdevise als Tempelnamen. Daß einem Ketzer-Abt die Jahresdevise als Tempelnamen verliehen wurde, mißfiel natürlich den Priestern und Mönchen der etablierten Tempel. Eisai selbst ahnte schon, daß die militanten Mönche auf dem Hieizan seine Auszeichnung nicht dulden würden. Um vorauszusehende Schikanen abzuwenden, hatte Eisai seinen Tempel formell der Tendai-Schule unterstellen lassen, und er unterrichtete nicht nur die Zen-Meditation, sondern auch die Esoterik der Tendai-Schule. So konnte sich im Laufe der Zeit der Tempel als Hauptsitz der Rinzai-Zen-Schule behaupten. Das Shogunat propagierte den Rinzai-Zen auch nach dem Tod des Meisters. Der Shogun Ashikaga Takauji

(1305-1358), der seinen Regierungssitz in Kyoto hatte, bestimmte dort einen Zen-Tempel zu seinem Familientempel. Der Abt dieses Tempels hatte dem Shogun empfohlen, für die armen Seelen der im Bürgerkrieg Gefallenen einen Tempel zu errichten, damit die rachsüchtigen Seelen besänftigt würden. Auf diesen Rat hin wurde im 14. Jahrhundert in jeder Provinz ein Zen-Tempel mit einer Pagode, *Ankoku-zenji* (Zen-Tempel für das Wohlergehen des Reiches), errichtet. Jeder Ankoku-Zenji in der Provinz wurde zum Haustempel des Feudalherrn bestimmt, wo für die Seelen seiner Vorfahren sowie der Kriegsgefallenen Gedenkfeiern begangen wurden. So weiteten sich die Rinzai-Zen-Tempel über das ganze Land aus, und an manchen Orten wurden die Tempel der Tendai-Schule und der Shingon-Schule in Ankoku-Zenji umgewandelt. Auch wenn sich der Rinzai-Zen von seinem ursprünglichen Sinn weit entfernte und dem Seelenfrieden des Kriegerstandes dienen mußte, wurde er zur kulturellen Wiege für den Krieger- und Gelehrtenstand.

Zen-Tempel als Kulturwiege des Kriegerstandes

Die Tempel des Rinzai-Zen konnten im folgenden Jahrhundert durch die Förderung des Kamakura-Shogunats (1192-1333) gedeihen. Das Shogunat hatte fünf große Zen-Tempel (*Gozan*) in Kamakura und in Kyoto zu Amtstempel ernannt. Der Kinkakuji (Goldener Tempel) und der Ginkakuji (Silberner Tempel) in Kyoto sind Zen-Tempel und gehören zu den Gozan. Die fünf großen Tempel in Kamakura und in Kyoto wurden Zentren der Wissenschaft und Kunst, die von hochgelehrten Zen-Priestern hervorgebracht wurde. Unter den Zen-Priestern gab es überragende Künstler (Tuschmalerei und Dichtung), deren Kultur *Gozan-bunka* heißt. Die chinesischen Zen-Priester, die damals nach Japan kamen, waren Schriftgelehrte des Konfuzianismus. Ihre Wertorientierung und ihre Verhaltensmuster übten einen großen Einfluß auf den Kriegerstand und die Gelehrten in Japan aus. Die älteste Schule für das ästhetische Zeremoniell des Kriegerstandes, *Ogasawararyu*, ist entstanden in

Anlehnung an die Handlungsweisen dieser chinesischen Zen-Priester. Im Rahmen des Gozan-bunka erlebte die darstellende und bildende Kunst eine Blütezeit. In den Künsten, Maskentheater (*Noh*), Teezeremonie (*Sado*), Dichtung (*Renga*), Blumenarrangement (*Rikka*) und in anderen ist der Geist des Zen verborgen. Der Kriegerstand befaßte sich mit diesen Künsten eingehend und förderte die Künstler. Der Zen-Meister Eisai brachte aus China den grünen Tee mit, der zum beliebtesten Getränk der Japaner wurde. Dieser Tee wurde damals als Medizin von den Kriegern gekostet. Zen und Teezeremonie übten einen großen Einfluß auf die Lebensform und Geisteshaltung des Kriegerstandes aus. Gegen Ende des 16. Jahrhunderts, als das Muromachi-Shogunat (1136-1573) in Kyoto verfiel, verlor die Zen-Kultur ihre Ausstrahlung.

Soto-Zen

Im Gegensatz zum Rinzai-Zen, der in der Ausbildung der Priester die Beziehung von Meister und Schüler als wichtige Methode zur Meditation bewertet, stellt der Soto-Zen ausschließlich die Meditation in den Mittelpunkt, die in vollkommener Stille auf die Befreiung von Gedanken und Begierden zielt. Der Meister des Soto-Zen, Dogen (1200-1253), studierte auch auf dem Hieizan die Lehre der Tendai-Schule und dann in China. Ihn plagten Zweifel, warum man sich überhaupt durch strenge Askese und Selbstbildung um die Erleuchtung bemühen müsse, wenn allen Menschen, wie die herkömmlichen Schulen lehrten, die Buddhaschaft von Geburt an mitgegeben sei. Dogen begreift, daß die Buddhaschaft zwar angeboren ist, aber ohne religiöse Übungen (Meditationen) sich nicht äußert. Die Meditation ist für Dogen kein Mittel zum Zweck, sondern ein Selbstzweck. So lehrte er es zu vergessen, daß es das Ich gibt, das meditiert. Die Selbst-Vergessenheit in der Meditation ist die Äußerung der angeborenen Buddhaschaft.
Nach der Rückkehr aus China lehrte Dogen in dem Rinzai-Tempel Kenninji, daß Zen die einzig wahre Glaubenslehre sei, die der Buddha den Menschen zu verkünden suchte. Der Stif-

ter des Rinzai-Zen, Eisai, hatte Zen als Reichsreligion propagiert. Dogen suchte die enge Bindung der buddhistischen Schulen an Kaiserhof, Hochadel und Shogun zu lösen. Er betrachtete den Buddhismus als allgemeingültige Philosophie und befaßte sich eingehend mit der Theorie der buddhistischen Weltanschauung. Wegen seiner verneinenden Haltung gegenüber den etablierten Schulen wurde er aus dem Kenninji entlassen. In Uji bei Kyoto errichtete er im Jahre 1233 einen Tempel des Soto-Zen, der bald von militanten Mönchen des Hieizan in Brand gesteckt wurde. Dogen fand außerhalb der Einflußsphäre Kyotos einen Schirmherrn (Hatano Yoshishige) in der heutigen Fukui-Präfektur und errichtete dort den Zen-Tempel „Eiheiji", in dem er seine Schüler in aller Strenge ausbildete. Dem Zenmeister Dogen lag es fern, eine neue Schule zu gründen. In seinem Tempel verbat er strikt die sonst in allen Schulen üblichen und unentbehrlichen Utensilien, wie etwa Räucherstäbchen oder Rezitation der Sutren. Er lehrte, daß inbrünstige Rezitation für die Aufnahme in die Reine Welt, sowie der Wunsch nach der Einigung mit dem Buddha eine Begierde seien, und deshalb die wahre Befreiung von den Begierden so nicht zu erlangen sei. Dogen kritisierte auch, auf eine bessere Zukunft zu hoffen. Denn er hielt die Hoffnung auf die Zukunft für eine Flucht aus dem Hier und Jetzt. Man müsse die Wirklichkeit bewußt leben. Tag für Tag gewissenhaft zu leben und die Meditation nicht zu vernachlässigen, das lehrte der Meister seine Schüler und legte strenge Regeln fest für das Zusammenleben im Kloster.

Der strenge und einsame Dogen starb im Alter von 54 Jahren. Nach dem Tod des Meisters gründeten seine Schüler die Soto-Schule, die sich in den Küstenprovinzen am Japanischen Meer ausbreitete. Zwischen dem 14. und 17. Jahrhundert wuchs der Soto-Zen unter dem niederen Krieger- und Bauernstand im Nordosten Japans. Im ausgehenden 16. Jahrhundert waren in diesen Regionen zahlreiche Tempel der esoterischen Schulen verfallen. In diese Tempel kamen die Priester der Soto-Schule und kümmerten sich um die Seelsorge der einfachen Bauern und Fischer. Sie konnten die Bedürfnisse der Bevölkerung, für ihre verstorbenen Vorfahren Gedenkfeiern abzuhalten und für Kranke zu beten, nicht übersehen. Die Soto-Schule ließ sich im Laufe der Geschichte auf esoterische Zauberkulte ein und feierte die Gedenkfeiern. Allein mit den strengen Lehren des Meister Dogen hätte die Soto-Schule unter dem einfachen Volk keinen Fuß gefaßt. Nur durch die Übernahme der esoterischen Kulte konnte sie bestehen, und so wurde auf Dauer der Tempel der Soto-Zen-Schule für die einfachen Bauern und Fischer ein Tempel wie jeder andere. Daß der Soto-Zen der Tempel des einfachen Volkes wurde, belegt der Spruch: *Für Shogun und Feudalherren ist Rinzai-Zen, für das einfache Volk steht Soto-Zen.* Heute gibt es ungefähr 15.000 Tempel der Soto-Schule in Japan. Nur eine kleine Anzahl behalten die Tradition des Zen-Tempels als Ort strenger Meditation bei. Die angehenden Priester der Soto-Schule müssen nach wie vor verpflichtende Meditationsübungen absolvieren. Als amtierende Priester des Soto-Tempels aber beschäftigen sie sich meist mit den Gedenkfeiern. Obwohl sie die Anschauungen der Jodo-Schule über die Reine Welt nicht teilen, begehen sie die Toten- und Gedenkfeiern.

Die Nichiren-Schule und die Heiligen Hoke-Sutren

Nichiren (1222-1282) stammte aus den bescheidenen Verhältnissen eines Fischerdorfes in Ostjapan (heute Chiba-Präfektur). Er ging zum Hieizan und trat in die Tendai-Schule ein. Dort lernte er die Glaubenslehren verschiedener Schulen, die der esoterischen Tendai- und Shingon-Schule, der Jodo-Schule und des Zen. All diese Lehren hielt er aber für Irrglauben und betrachtete die Lehre der Hoke-Sutren als die einzig wahre. Sie waren einst die wichtigsten der fünf Schriften der Tendai-Schule, bevor sich diese mit esoterischen Praktiken befaßte. Nichiren wertete alle anderen Lehren der bestehenden Schulen ab. Die höchste Lehre des Buddha enthalten die Hoke-Sutren, die das Reich vor Unheil bewahren und den Menschen das wahre Glück bringen. Er wollte gegen die Verweltlichung der angepaßten Tempel eine geistige Erneuerung durchführen. Die verheerenden Naturkatastrophen und Hungersnöte seiner Zeit betrachtete Nichiren als Folge der Irrlehren der esoterischen Tendai-Schule, Shingon-Schule und Jodo-Schule. Als 1260 Epidemien und Hungersnöte Japan heimsuchten, predigte Nichiren, daß die Endzeit gekommen sei, und ohne den wahren Glauben das Land und Volk zugrunde gehen würden. In seinen Thesen „die wahre Herrschaft und das Wohlergehen des Reiches" lehrte er, daß die Lehre der Hoke-Sutren eine tugendhafte Politik ermögliche, die ein guter Herrscher in die Tat umzusetzen hätte. Nichiren war davon überzeugt, daß die Hoke-Sutren übernatürliche Kräfte zum Schutz des Reiches in sich schlossen. Die Schüler des Nichiren verlangten fanatisch, mit anderen Schulen zu debattieren, um die Überlegenheit der Lehre der Hoke-Sutren zu beweisen. Aber das Shogunat wollte keinen Religionsstreit im Lande und schickte Nichiren und seine Schüler in die Verbannung. Nach der Rückkehr aus der Verbannung verzichtete Nichiren jedoch darauf, die Unterstützung der Herrschenden zu gewinnen. Er beschäftigte sich nur noch mit dem Studium der Hoke-Sutren und mit der Ausbildung seiner Schüler. In späteren Jahren lehrte er, daß er selbst die Wiedergeburt eines Bosatsu sei, der die Lehre des historischen Buddha in Indien in dessen unmittelbarer Nähe erhalten habe. Seine Hauptlehre ist, die einfache Bekehrungsformel zum Hoke-Glauben, *namu-myoho-rengekyo* (bekehre mich zum Hoke-Glauben), fleißig zu rezitieren.

Kamikaze

Das Shogunat und der Kaiserhof befanden sich damals in größter Not, denn die Mongolen wollten Japan unterwerfen und unternahmen zweimal (1274/81) eine Landung in Südwestjapan. In dieser Gefahr beteten die abgedankten Kaiser Kameyama und Gouda (1274-1287) auf dem Berg Kumano, der heiligen Stätte des Shugendo, und baten die Schutzgottheiten um Beistand und Hilfe. Die beiden Landungsversuche der Mongolen scheiterten wegen orkanartiger Stürme, dem sogenannten „Götter-Wind" (*Kamikaze*). In Erzählungen und den

Annalen des Reiches wird berichtet, daß das Gebet der Kaiser erhört wurde. Darum brachte der Kaiser als Zeichen seines Dankes dem Kumano-jinja (einem der drei wichtigsten Tempel des Shugendo) ein Gemälde dar, das seitdem ein Heiligtum des Schreins ist. In Lebensgefahr und höchster Not des Reiches beteten der Kaiser und die Mönche nach esoterischen Kulten für Schutz und Heil. Esoterische Praktiken prägten Leben und Glauben am Kaiserhof.

Jizo-Bosatsu (Schutzgottheit für die Kinderseelen)

8. Kaiserhof, Tempel und Schreine zwischen dem 14. und 16. Jahrhundert

Mit dem Zerfall der kaiserlichen Macht und mit der Aushöhlung des Steuersystems war der Kaiser im Frühmittelalter nur noch einer von mehreren Machtfaktoren: Hochadel, buddhistisches Tempelwesen und Kriegerstand kämpften jeweils um ihre Interessen. Der Ise-Schrein büßte seinen politischen Einfluß ein, als das erste Shogunat in Kamakura im Jahre 1192 gegründet wurde. Mit dem Aufkommen des Shogunats wurde die politische sowie die wirtschaftliche Macht der Protektoren des Ise-Schreins, Kaiserhof und Hochadel, geschwächt. Der Ise-Schrein war fortan auf finanzielle Unterstützung von regionalen Großgrundbesitzern, Kaufleuten und Bauern angewiesen. Der Shintoismus im 14. und 15. Jahrhundert versuchte sich von der Verschmelzung mit dem Buddhismus zu trennen und zu seinen Ursprüngen zurückzukehren. Eine neue Bewegung im Shintoismus brachte der Ise-Schrein hervor, um seine Souveränität und seinen Führungsanspruch gegenüber dem Buddhismus zu behaupten.

Zwei Kaiserhöfe

Anfang des 14. Jahrhunderts verschärfte sich der Streit um den Thronerben am Kaiserhof. In diese Angelegenheit griff das Kamakura-Shogunat ein, und dies erregte das Mißfallen des Godaigo-Tenno (1318-1339). Er beauftragte einen Shinto-Priester des Ise-Schreins, das Shogunat mit Hilfe einer schwarzen Magie zu stürzen. Das Vorhaben scheiterte durch Verrat. Das Shogunat schickte Godaigo-Tenno in die Verbannung und inthronisierte einen Gegenkaiser, Kogon-Tenno (1332-1333). Der verbannte Kaiser rief alle ihm treuen Krieger, Tempel und Schreine zum Sturz des Shogunats auf und dieser zweite Coup gelang. 1333 stürzte das Kamakura-Shogunat. Der in die Residenzstadt zurückgekehrte Godaigo-Tenno begann mit der Restauration eines zentralistisch organisierten Machtsystems. Wie im Altertum wollte er der absolute Herr-

scher über Land und Volk sein. Der Kaiser verteilte die beschlagnahmten Ländereien an seine Helfer. Er ließ in der Residenzstadt einen prächtigen Palast bauen und zur Finanzierung der Bauprojekte die Steuern drastisch erhöhen. Dies lastete schwer auf den Schultern der Bauern, und der Unmut der Bauern und der bei der Verteilung der Ländereien übergangenen Krieger unteren Ranges wuchs von Tag zu Tag. Die von der Kaiserherrschaft enttäuschten Krieger und Bauern begehrten auf. Ein Gegenkaiser wurde von den Kriegern inthronisiert. Der Gegenkaiser, Komei-Tenno (1336-1348), verlieh dem obersten Feldherrn die Shogun-Würde, und darauf entstand das Muromachi-Shogunat (1336-1573).
Godaigo-Tenno floh in die Yoshino-Berge bei Nara. Sein kaiserlicher Hof bestand überwiegend aus Hochadel, hohen Geistlichen der Tempel und Schreine, deren Äbte aus dem kaiserlichen Haus stammten. So regierten zwei Kaiser zur gleichen Zeit, der eine in Nara (Kaiserhof im Süden) und der andere in Kyoto (Kaiserhof im Norden). Die beiden Höfe stritten erbittert um die Legitimität ihres Kaisers. Ein dem Godaigo-Tenno nahestehender Philosoph plädierte für die Legitimität des Godaigo-Tenno, denn dieser sei im Besitz der drei heiligen Reichskleinodien. Der Ise-Schrein ergriff die Partei des Godaigo-Tenno und mobilisierte 1347 Soldaten und kämpfte gegen das Shogunat. In diesen Kriegen mußten sich die etablierten Tempel und Schreine mit ihren Truppen entscheiden für oder gegen Shogunat oder Hochadel.
Das Muromachi-Shogunat setzte den Ise-Schrein unter massiven Druck und dieser mußte nachgeben. Auch starb Godaigo-Tenno an einer Krankheit in Nara. Sein Hof ernannte einen Nachfolger, Gokameyama-Tenno (1383-1392), der aber 1392 vom Shogunat in Kyoto zum Abdanken gezwungen wurde. Seitdem ist der legitime Thronfolger ein Nachkomme aus der Kaiserfamilie in Kyoto. Mit diesem Vorfall verlor der Ise-Schrein seinen politischen Einfluß endgültig.
Im Mittelalter spielten der Onmyodo und die esoterischen Kulte bei wichtigen Entscheidungen nach wie vor eine entscheidende Rolle. Vor allem bei den Kriegen im 14. Jahrhun-

dert zwischen den beiden Kaiserhöfen wurden immer wieder Priester und Magier berufen, die durch okkulte Praktiken die Orakel auslegten, nach der günstigen Richtung für die Kampfhandlungen suchten und Tag und Stunde für Glück oder Unglück herausfinden sollten.

Der wahre Shintoismus des Ise-Schrein

Als die Kaiserherrschaft durch Godaigo-Tenno restauriert wurde, vertrat der Ise-Schrein seine Lehre des göttlichen Landes, um die Legitimität der kaiserlichen Herrschaft zu fundieren. Der Vordenker des sogenannten *Junsui-shinto* (echten Shintoismus) plädierte, Japan sei ein Land der Gottheiten, über das nur der Kaiser als Priesterkönig herrschen dürfe. Diese Ansicht zielte darauf ab, einerseits den Führungsanspruch des Shintoismus gegenüber anderen Religionen, wie etwa dem Buddhismus oder Taoismus zu behaupten. Sie richtete sich andererseits gegen die politische Herrschaft des Shogunats.
Die Verschmelzung von Shintoismus und Buddhismus schritt schon im 14. Jahrhundert so weit fort, daß die meisten Schreine in buddhistische Tempel verwandelt wurden und die bodenständigen Gottheiten der Reiskultur als Verkörperungen der Lichtgottheit (Dainichi-Nyorai) interpretiert und verehrt wurden.
Um dem Führungsanspruch des Shintoismus insbesondere gegenüber dem Buddhismus Geltung zu verschaffen, griff ein Priester des Ise-Schreins auf die Fünf-Schriften des Shintoismus (Shinto-Gobu-sho) zurück, die im 8. Jahrhundert verfaßt worden waren. In diesen Fünf-Schriften handelt es sich um Schöpfungsgeschichten: die Gottheit des Geku (Toyo-uke-no-kami) herrsche über Wasser und Nahrungsmittel, und die Gottheit des Naiku, Amaterasu Ohmikami, über die Sonne und das Feuer. Die beiden Gottheiten des Naiku und Geku ergänzen sich. Im Ise-Schrein wird sowohl auf innere als auch äußere Reinheit geachtet: die äußere Reinheit bezieht sich auf die rituelle Waschung (Misogi, Harai) und die innere auf die tugendhafte und fromme Geisteshaltung. Der Ise-Shintoismus,

der sogenannte Junsui-Shinto, hatte nachhaltige Auswirkungen auf die folgenden Erneuerungsbewegungen im Shintoismus im 15. und 16. Jahrhundert. Innerhalb des Shintoismus gab es aber auch mehrere Strömungen, die miteinander wetteiferten, indem sie den Anforderungen der einfachen Menschen nachkamen, mit Zauberkulten die Kranken zu heilen und gute Ernten zu verheißen.

Der Yoshida-Shintoismus

Der Gründer des Yoshida-Shintoismus, Yoshida Kanemoto (1435-1511), stammte aus einer Shinto-Priesterfamilie. Ihr Erbberuf war seit dem Altertum die Auslegung des Orakels mit Hilfe des Knorpels einer Schildkröte. Die Familie Yoshida hatte im Shintoismus die zweithöchste Stellung inne. Die höchste Stellung hieß *Jingihaku*. Dies war der Erbberuf der Familie Shirakawa, die eine Zweigfamilie des Kaiserhauses war. Im 15. Jahrhundert versuchte die Familie Yoshida, die Shirakawas in den Schatten zu stellen und alle Schreine im Lande zu beherrschen. Im 15. Jahrhundert waren zahlreiche Schreine durch die vorangegangenen Kriege verarmt. Nach dem Krieg waren sich Kaiserhof, Hochadel und Shogunat darin einig, die Schreine unter einer führenden Hand zu vereinigen und die traditionellen Feste und Bräuche wieder zu beleben. Ein Priester des Yoshida-Schreins entwarf dafür einen Plan, um seinen Schrein in die führende Position zu rücken. Der Versuch Yoshidas scheiterte zunächst an Widerständen des Ise-Schreins und des Hochadels. Trotz mancher Niederlagen gelang es dem Yoshida-Schrein mit Hilfe des Shogunats dennoch, sich gegenüber der Shirakawa-Familie zu behaupten. Dem Shogunat war es willkommen, die Macht des Kaiserhofes und Hochadels zu schwächen, und der Yoshida-Schrein erfüllte die Erwartung des Shogunats, die verwahrlosten Schreine wieder zu vereinigen und unter Kontrolle zu bringen.
Im religiösen Disput mit der Nichiren-Schule behauptete der Yoshida-Schrein, daß der Yoshida-Shintoismus die höchste Wahrheit im Vergleich mit dem Buddhismus, Konfuzianismus

und Taoismus sei, und all diese Schulen nur ein Mittel für den Yoshida-Shintoismus seien. Die Nichiren-Schule mußte in diesem Disput eine Niederlage hinnehmen und sogar die Behauptung des Yoshida-Schreins als Wahrheit akzeptieren, daß ein Priester des Yoshida-Schreins den Stifter Nichiren in die Hoke-Lehre eingewiesen habe. Durch dieses Zugeständnis der Nichiren-Schule wurde die Beziehung zwischen dem Yoshida-Schrein und der Nichiren-Schule normalisiert, das heißt, der Yoshida-Shintoismus konnte sich in den Gegenden ausbreiten, wo die Hochburgen der Nichiren-Schule waren. Der Yoshida-Shintoismus betonte seine Einzigartigkeit. Daher wurde seine Weltansicht als *Yuitsu-shinto* (der einzige wahre Shintoismus) bezeichnet. Er nahm Momente aus dem Onmyodo in seine Riten auf und beging esoterische Kulte. Wegen der esoterischen Kulte und Praktiken wurde der Yoshida-Shintoismus von dem einfachen Volk gut aufgenommen. So verbreitete sich der Yoshida-Shintoismus vor allem unter den Bauern. Die Familie Yoshida wurde im 17. Jahrhundert durch das Tokugawa-Shogunat als erbliches Oberhaupt des Yoshida-Shintoismus anerkannt. Mit diesem Rang verbanden sich Privilegien und Dienstleistungen. Durch ihre Monopolstellung hatte die Familie Yoshida absolute Macht und Einfluß auf die Schreine in den Provinzen.

Tempel im späten Mittelalter

Im 13. und 14. Jahrhundert nahm die Tendai-Schule die Glaubenslehre der Jodo-Schule aktiv auf. Gegen die anderen religiösen Bewegungen jedoch, vor allem die Jodo-Shinshu von Shinran, die Zen-Schulen sowie die Hoke-Lehre von Nichiren ging sie mit Härte vor. Aber mit der Zeit mußten die neuen Schulen die Forderungen der einfachen Bevölkerung erfüllen, für die Verstorbenen die Gedenkfeiern zu begehen und ihre Alltagssorgen mit esoterischen Zauberkulten zu lindern. Im späten Mittelalter des 15. und 16. Jahrhunderts praktizierten auch die neuen Schulen, die einst als Erneurer der Religion aufgetreten waren, die esoterischen Kulte.

Die verschiedenen Schulen kämpften im 15. und 16. Jahrhundert erbittert um eine bessere Position in der Politik und Gesellschaft. Die Jodo-Shinshu von Shinran und die Nichiren-Schule weiteten sich aus und gewannen zahlreiche Gläubige, indem sie sich den Bedürfnissen der Bevölkerung anpaßten. Ihre Bilder über die Reine Welt (Jodo) und Hölle (Jigoku) prägten das Bewußtsein der einfachen Menschen und vergrößerten die Bedürfnisse nach Gedenkfeiern und Fürbitten für die verstorbenen Familienangehörigen. So entstanden auf dem Land und in entlegenen Gegenden die Tempel dieser Schulen. Gegen die ausdrückliche Lehre ihres Stifters Shinran übernahm die Jodo-Shinshu-Schule im 14. Jahrhundert die Ansicht, daß die bodenständigen Gottheiten die Vergegenwärtigung der buddhistischen Lichtgottheit Dainichi-Nyorai seien und dazu noch den Glauben an das Land der Götter, dessen göttlicher Repräsentant der Kaiser sei, wie der Junsui-Shinto lehrte. Im 15. Jahrhundert, zur Zeit blutiger Bürgerkriege, verbündete sich der Haupttempel der Jodo-Shinshu-Schule mit dem Kriegerstand und schickte seine Gläubigen in die Schlacht mit dem Versprechen, daß der Tod im Kampf gegen die dem Honganji feindlich gesinnten Feudalherren die Erlösung bewirke.

Im 16. Jahrhundert verbreitete sich der Hoke-Glaube der Nichiren-Schule unter den Hofdamen in Kyoto und unter der einfachen Bevölkerung in Westjapan. Die Tendai-Schule sah nicht tatenlos zu, daß die Aktivitäten der Nichiren-Schule in der Residenzstadt immer stärker wurden. Die militanten Mönche der Tendai-Schule überfielen einen Tempel der Nichiren-Schule.

Der mächtige Feldherr Oda Nobunaga (1534-1582) merkte auch, daß die Nichiren-Schule an Macht zunahm. So veranstaltete er 1579 in seinem Schloß einen Religionsdisput zwischen der Jodo-Shinshu-Schule und der Nichiren-Schule. Die Nichiren-Schule verlor diese Disputation, und sie mußte den Feldherrn auf der Stelle schriftlich um Entschuldigung und Gnade bitten und schwören, die Lehren der anderen Schulen nicht mehr aggressiv zu negieren.

Entmachtung der Tempel durch die Feldherren

Die endgültige Säkularisierung der Reichstempel, die durch ihren Landbesitz seit dem Altertum wirtschaftlich und militärisch eine große Macht innehatten und die Stellung von Kaiser und Hochadel über Jahrhunderte gestärkt hatten, erfolgte im ausgehenden 15. Jahrhundert. Ein Streit über die Kontrolle des Shogunats in Kyoto stürzte das Land in Bürgerkriege, das sogenannte „Kriegerische Zeitalter" (1467-1573). In diesen Bürgerkriegen wurden erstmals Feuerwaffen eingesetzt, die von den Portugiesen 1543 eingeführt und später von Japanern selbst hergestellt wurden. Die Portugiesen brachten nicht nur Feuerwaffen, sondern auch moderne Kriegstechnik nach Japan. In diesem Jahrhundert der Kriege profilierten sich drei Feldherren, mit denen die Neuzeit in Japan begann: Oda Nobunaga (1534-1582), Toyotomi Hideyoshi (1536-1598) und Tokugawa Ieyasu (1542-1616).

Diese Generalissimi im 16. Jahrhundert gewannen schließlich die Oberhand über die religiösen Institutionen, die für das Erringen der absoluten Herrschaft das größte Problem darstellten. Oda Nobunaga eroberte Kyoto, die Haupt- und Residenzstadt des Kaisers 1568 und vertrieb den Shogun aus Kyoto (1573). Er wurde der erste Machthaber im Kriegerischen Zeitalter. Um die Alleinherrschaft zu erringen, hatte Oda mächtige Reichs-tempel, wie den Enryakuji auf dem Hieizan (1571) und den Honganji der Jodo-Shinshu-Schule (1576) in Brand gesteckt, weil sie ihm Widerstand geleistet hatten.

Toyotomi Hideyoshi schlug die rivalisierenden Feldherren und widerspenstigen Tempel mit Gewalt nieder und beschlagnahmte ihre Ländereien und Pfründen. 1584 ließ er das Land neu vermessen und zwang alle Wehrbauern dazu, ihre Waffen abzugeben. Bis dahin hatten die Wehrbauern in Zeiten des Friedens ihr Feld bestellt und in Zeiten des Krieges die Waffen in die Hand genommen. In diesem Kriegerischen Zeitalter wurde das jährliche Erntedankfest Niinamesai nicht gefeiert. Das höchste Fest des neu inthronisierten Kaisers, das Daijosai, fand von 1460 bis 1688 nicht statt.

Erwerbstätigkeit der Tempel

Seit dem Mittelalter übernahmen die Tempel gegen Bezahlung die Bestattungszeremonien. Als Hospiz beherbergten die Klöster Alte und Kranke und diese wurden von Nonnen gepflegt. Die Nonnen des Kumano-Tempels gingen Spenden sammeln, um sich die Mittel für ihre sozial-karitativen Werke zu verschaffen. Sie malten Rollbilder von Hölle und Paradies aus der Jodo-Lehre, predigten auf Märkten und an Wegkreuzungen mit Hilfe dieser Bilder über die Bedeutung der praktizierten Güte und Barmherzigkeit im Diesseits und baten um Almosen als Zeichen des Glaubens.

Um den großen Haushalt der Tempel oder der Laienorden zu finanzieren, wurden Handel und handwerkliche Gewerbe von den Tempeln und Klöstern gefördert. Die Familien des Hochadels beauftragten ihre Monzeki-jiin zur Herstellung der Geräte für Feierlichkeiten bei Hof, wie etwa Fächer und Brauthauben, deren Gebrauch nur dem Hochadel zustand. Für das gemeine Volk betrieben die Tempel Gewerbe und Pfandleihe. Die Klöster und Tempel produzierten Reisgebäck als Proviant für Krieger, Reiswein (Sake) und andere Lebensmittel. Obwohl Alkohol im Kloster oder Tempel streng untersagt worden war, pflegte die Tempelstadt Nara eine über Jahrhunderte alte Tradition zur Herstellung von in Sake eingelegten Pickles.

Die ersten Christen

Im 16. Jahrhundert trieben japanische Seeräuber in Südostasien Freibeuterei. Dies war ein Grund für die mißlichen Beziehungen zwischen China und Japan, und es bestanden zwischen den beiden Ländern keine offiziellen Handelsbeziehungen. Der Außenhandel mit China und den ostasiatischen Ländern war für Japan jedoch unentbehrlich. Die portugiesischen Handelsschiffe profitierten vom Zwischenhandel zwischen China und Japan. Von China brachten sie Medikamente, Rohseide und Kolonialwaren nach Japan und von Japan Gold und Silber nach China. Auf einem dieser Handelsschiffe kam im Juli 1549 der Jesuit Franz Xavier (1506-1552), der päpstliche Legat in

Goa/Ostindien, nach Japan. Er wurde in Kagoshima von dem Feudalherrn Shimazu freundlich empfangen und erhielt die Genehmigung für die Mission. So entstand die erste christliche Gemeinde auf der Insel Kyushu. Der Feudalherr Shimazu hoffte, daß wegen der Missionare portugiesische Handelsschiffe regelmäßig Kagoshima anlaufen würden, und so ein reger Handel entstände. Die portugiesischen Handelsschiffe erschienen jedoch nicht, und der Widerstand von Seiten der Tempel und ungehaltenen Feudalherren wuchs von Tag zu Tag. Unter diesen Umständen brach 1551 Franz Xavier nach Kyoto auf, um dort vom Kaiser oder Shogun die Erlaubnis zur Mission zu erhalten. Der Kaiserhof wies Franz Xavier ab, weil er ohne Gastgeschenke um Audienz gebeten hatte, und ein Besuch beim Shogun war auch unmöglich, weil dieser wegen des Krieges auf der Flucht war. Franz Xavier bat um ein religiöses Gespräch mit den Mönchen der Tendai-Schule auf dem Hieizan, aber seine Bitte wurde mit der Begründung zurückgewiesen, die Tendai-Schule erlaube es prinzipiell nicht, daß ein Geistlicher fremden Glaubens den heiligen Berg betrete.

Widerstände der Reichstempel

Nach der Rückkehr von Kyoto begann Xavier seine Arbeit in der Provinzstadt Yamaguchi. Hier hatte er die Unterstützung des regionalen Feudalherrn Ouchi. In Yamaguchi wurde die erste christliche Kirche, Daijoji, errichtet, und Franz Xavier predigte an den Wegkreuzungen. Die Japaner hielten den europäischen Missionar für einen Priester aus Indien und glaubten, daß er die neue Lehre einer buddhistischen Schule verkünden wollte. Allmählich begriffen die Japaner, was er lehrte. Franz Xavier wollte den Buddhismus kennenlernen. Vor allem befaßte er sich mit der Lehre über die Lichtgottheit, den Dainichi-Nyorai der Shingon-Schule, und versuchte, den Begriff „Deus" in die Landessprache zu übertragen. Er fand aber keine Entsprechung für „Gott" in der Umgangssprache und verwandte daher das lateinische Fremdwort. Angesichts der Verweltlichung der buddhistischen Priester und Mönche übte Xavier Kritik an dem Tempelwesen. Die Reichstempel reagierten heftig auf diese Herausforderung. Sie verhöhnten das komische Wort „*Deus*" und verspotteten die Missionsarbeit. Das Lateinische „Deus"klang ähnlich wie das japanische Wort *Dai-uso* (große Lüge). Trotz heftiger Attacken und Schikanen der Reichstempel vermehrten sich aber die Christen. Zu ihnen gehörten Feudalherren und ihre Gefolgsleute sowie einfache Bauern. Die ersten Christen im 16. Jahrhundert wurden in der Landessprache „*Kirishitan*" (ein Lehnwort für „Christen") genannt.

Christliche Feudalherren

Auf der Insel Kyushu ließen sich mehrere Feudalherren (*Daimyo*) taufen. Die sogenannten Kirishitan-Daimyo waren Arima, Otomo, Omura und in Kyoto Takayama. In Kyoto wurde 1560 die Missionierung vom Shogun erlaubt und unter dem Hochadel und den Feudalherren gab es viele Christen. Der Feldherr Oda erlaubte den Missionaren in Kyoto, die Missionsarbeit aufzunehmen und Kirchen und Kapellen zu errichten. Oda versprach den Missionaren, sie auch vor den buddhistischen Reichstempeln zu schützen. In Kyoto wurde eine christliche Kirche mit drei Stockwerken erbaut. Der Feudalherr Omura stiftete 1579 dem Jesuitenorden Ländereien.
Die Missionare waren Vermittler der europäischen Kultur in Japan und der japanischen in Europa. Sie errichteten Seminare, Kollegien, Schulen und Krankenhäuser, sie förderten begabte Kinder und küm-merten sich um Kranke und Armen. Sie achteten die Sitten und Gebräuche des Landes.
Der Anfangserfolg der Missionsarbeit verdankt sich zum Teil der Aufgeschlossenheit des Feldherrn Oda für die westliche Kultur. Oda Nobunaga interessierte sich weniger für die christliche Glaubenslehre, sondern mehr für die Kultur und die technischen Produkte Europas. Die Missionare machten dem Feldherrn auch Geschenke, wie Uhren, Musikinstrumente und Seidentücher, die unter dem Hochadel sehr begehrt waren. Dazu war es für Oda von Bedeutung, die Missionare als Ge-

gengewicht zu den machtversessenen Tempeln und Schreinen zu installieren, die politisch Verbündete des Kaisers sowie des Shoguns waren. Oda veranstaltete in seinem Schloß religiöse Disputationen zwischen buddhistischen Priestern und christlichen Missionaren, die in der Dialektik gut ausgebildet waren.

Der Feldherr Toyotomi

Im Gegensatz zu seinem Vorgänger wollte der Feldherr Toyotomi die religiösen Institutionen nicht ganz zerschlagen, denn er brauchte sie als Quelle seiner Legitimation. Toyotomi gab der Nichiren-Schule den „Entschuldigungsbrief" zurück, den sie an Oda Nobunaga geschrieben hatten. Das war ein Zeichen des Friedens, und die Nichren-Schule nahm diese Geste des neuen Feldherrn dankbar an. Als Toyotomi für die Geistlichen eine Gedenkfeier veranstaltete, stand die Nichiren-Schule dem Feldherrn zur Seite. In der Nichiren-Schule gab es aber innere Konflikte wegen Spenden und Fürbitten: die eine Gruppe nahm alle Spenden an, die andere nur Spenden von Gläubigen der Hoke-Lehre. Diese Gruppe heißt *Fuju-fuseha* (weder Spenden von noch Fürbitten für Ungläubige). Die Fuju-Fuseha weigerte sich, Spenden des Feldherrn Toyotomi anzunehmen, weil er kein Gläubiger der Hoke-Lehre war. Der Fuju-Fuseha-Gruppe ging es um ihr Prinzip, weder für den Kaiser noch für das Reich zu beten. Sie wollten so die Reinheit des Glaubens und ihre Freiheit wahren.

Toyotomi unterstützte zunächst auch die christlichen Missionare, und unter seiner Gefolgschaft gab es viele, die sich taufen ließen. Die christlichen Werte, die Nächstenliebe, Demut, Brüderlichkeit und Menschlichkeit, wurden von den Feudalherren, Kriegern und Bauern hoch geschätzt. Die Missionare verkündeten die Erlösung durch den Glauben an den allmächtigen Gott und lehrten eheliche Treue und gegenseitige Achtung.

1587 zog Toyotomi nach Kyushu, um die noch nicht abhängigen Feudalherren endlich zu unterwerfen. Sie waren durch den Außenhandel mit den Portugiesen wirtschaftlich besser gestellt und wollten ihre Selbständigkeit unbedingt wahren. Die Unterwerfung dieser Feudalherren sollte Toyotomi die wirtschaftliche und politische Vorherrschaft sichern. Auf dem Feldzug aber erlebte der Feldherr den unerschütterlichen Zusammenhalt der Inselbewohner mit ihren Feudalherren. Die meisten von ihnen waren Christen und kämpften tapfer gegen die Soldaten Toyotomis.

Nach sehr mühsamen und aufwendigen Kämpfen besiegte Toyotomi die rivalisierenden Feudalherren in Kyushu und enteignete die Ländereien der Jesuiten, die der Christen-Daimyo Omura gestiftet hatte. Auf den Feldzügen in Kyushu änderte Toyotomi seine Einstellung zu Christen und Missionaren. 1587 verhängte er das Verbot des christlichen Glaubens. Er sah in den Christen ein großes Hindernis gegen die Vereinigung des Landes. Denn die christliche Lehre, daß Gott allein der Allmächtige ist und keiner der weltlichen Herrscher, und daß alle Menschen Kinder Gottes sind, verneinte die Legitimation seiner absoluten Herrschaft über Land und Volk. Der Erlaß zum Verbot der Missionierung wurde mit dem Argument untermauert, daß Japan das Land der Götter sei, und die christlichen Missionare im Lande einen unerträglichen Aberglauben verbreiteten. Die Missionare wurden aus dem Land ausgewiesen, und die Kirchen und Kapellen zerstört.

Die ersten christlichen Märtyrer

Toyotomi Hideyoshi, der aus dem Bauernstand stammte, wurde 1590 Alleinherrscher, Reichsverweser und Stellvertreter des Kaisers. Durch seine Machtergreifung stieg er in den Hochadel auf. Er stand über dem Shogun und nur noch unter dem Kaiser. 1593 kamen die Franziskaner nach Japan. Obwohl das Verbot der Missionierung noch in Kraft war, hatte Toyotomi den Franziskanern die Genehmigung für die Landung erteilt. Darüber hinaus schenkte er ihnen ein Grundstück. Die Missionare bauten darauf eine Kirche und Häuser für Leprakranke. Auch die Augustiner und Dominikaner kamen nach Japan. Toyotomi aber argwöhnte, daß die ausländischen Missionare das Land erobern wollten. 1597 wurden 26 Christen (einschließlich der Missionare aus Europa) in Osaka und in Kyoto festgenommen und in einem Käfig durch die Stadt geführt. Die 26 Christen wurden im Februar 1597 in Nagasaki zu Tode gefoltert und auf einem Scheiterhaufen verbrannt. Von der Katholischen Kirche wurden diese 26 Märtyrer 1627 und 1629 seliggesprochen und 1862 kanonisiert. Das Christentum zählte am Anfang des 17. Jahrhunderts etwa 700.000 Gläubige und überall, sogar auf der entlegenen Insel Hokkaido, entstanden zahlreiche Kirchen.

Toyotomi starb 1598 im Alter von 63 Jahren. Nach seinem Tod kam der Feldherr Tokugawa Ieyasu an die Macht und bildete das Tokugawa-Shogunat, das ganz Japan unter seiner Herrschaft vereinigte.

Gedenkstätte für die ersten christlichen Märtyrer (Nagasaki)

9. Herrschaftsordnung in der Neuzeit

Das Tokugawa-Shogunat entstand 1603 und hatte seinen Regierungssitz in Edo (später Tokyo). Es errang die Herrschaft über die bestehenden Institutionen, den Kaiserhof, die Shinto-Schreine und die buddhistischen Tempel und bestand bis zur Restauration der Kaisermacht 1868.

Der Tenno war immer der Garant für die Legitimation eines weltlichen Machthabers gewesen. Der Kaiser verlieh dem höchsten Heeresführer die Shogun-Würde, dieser aber verbürgte die materielle Sicherung des Kaiserhauses. Jeder Shogun, der nach zahlreichen Machtkämpfen zum höchsten Machthaber emporgestiegen war, verlangte von den Untergebenen absoluten Gehorsam. Der gesamte Kriegerstand mit etwa 270 Feudalherren (Daimyo) schwor dem Shogun den Treueid. Der Shogun selbst leistete dem Kaiser seinen Treueid. So war der Kaiser nominell der höchste Herrscher über Land und Volk.

Anfang des 17. Jahrhunderts wurde im Shogunat die Abschaffung des Kaisertums erwogen. Ein Abt der Tendai-Schule schlug dem Shogunat vor, den Kaiser und seinen Hof mit Ämtern und Funktionen des obersten Shinto-Priesters zu bekleiden und ihm jede politische Einflußmöglichkeit zu nehmen. Der Shogun wäre nominell und praktisch der höchste Machthaber geworden. Der Vorschlag stieß auf vehementen Widerstand. Die Gegner argumentierten: wenn der Shogun den Kaiser hintergeht, könnten auch die Feudalherren dem Shogun den Rücken zukehren. Für den Shogun war es nach den langwierigen Kriegen die oberste Priorität, das vereinte Land in Frieden zu halten und seine Herrschaft zu sichern. Das verlockende Ziel, das Kaisertum abzuschaffen, wurde deshalb niemals in die Tat umgesetzt.

Vorschriften für den Kaiser und Kaiserhof

Das Shogunat veröffentlichte 1615 den Erlaß für den Kaiser und Kaiserhof (*Kuge shohatto*), in dem Stellung und Funktion des Kaisers sowie des kaiserlichen Hofes erstmals in der Geschichte in 17 Artikeln festgelegt wurde. Artikel 1 schrieb vor, daß sich der Kaiser in erster Linie mit Kultur und Wissenschaft zu befassen habe: Der Kaiser ist Verkörperung der kulturellen Tradition des Landes. Kultur und Wissenschaft beziehen sich auf die Dichtkunst und Wehrkunde sowie die Jahresfeste und Riten für den Reisanbau. Das bedeutete, der Kaiser sowie der Hof durften sich nicht mehr in die politischen Angelegenheiten einmischen. Zu einer der wichtigen Aufgaben Kaisers zählte die Bestimmung der Jahresdevise und Zusammenstellung des Kalenders. Seit alters wurde geglaubt, daß Glück und Unglück des Reiches von der Bedeutung der Jahresdevise abhänge. Den Schriftzeichen der Jahresdevise wurde eine magische Kraft zugesprochen. Wenn Dürre, Hochwasser, Epidemie und Erdbeben das Land heimsuchten, wurde das Unheil auf die unglückliche Bedeutung der Schriftzeichen der Jahresdevise zurückgeführt. In der Tat haben einige Kaiser während ihrer Regentschaft die Jahresdevise mehrmals erneuert. Die Jahresdevise wurde erst Mitte des 7. Jahrhunderts seit dem 42. Thronfolger gebraucht. Die Geschichte des Kaiserhauses zählt insgesamt 124 Thronfolger bis zum Showa-Tenno (1928-1989), aber es gab seit dem 7. Jahrhundert 248 Jahresdevisen. Der Erlaß des Shogunats schrieb genau vor, daß die Änderung der Jahresdevise nur im Einvernehmen mit dem Shogunat erfolgen durfte. Eine weitere Einflußnahme des Shoguns auf das Kaiserhaus waren politisch motivierte Heiraten mit den Angehörigen der kaiserlichen Familie. Solche Ehebündnisse verliehen dem Haus des Shoguns Ansehen und versprachen dem Kaiserhaus materielle Sicherung. Als Bedienstete für Prinzen und Prinzessinnen drangen die Gesandten des Shogunats tief in den Kaiserhof ein und spionierten und überwachten jede Bewegung bei Hofe und berichteten dem Shogunat darüber. Auf diese Weise beherrschte das Shogunat den Kaiserhof. Aus Protest gegen allerlei Bevormundung dankte zum Beispiel der Gomizuno-o-Tenno (1611-1629) ab. Im Erlaß für den kaiserlichen Hof wurden auch das Protokoll, wie etwa die Kleider- und Sitzordnung des Hochadels, minutiös festgelegt. Die Berufung der Reichsminister hatte bis dahin allein der Kaiser inne, aber das Shogunat beschränkte dieses Recht. Der Kaiser durfte die Minister für den Kaiserhof aus dem altehrwürdigen Hochadel ernennen; der Shogun aber errang das Recht, Mitglieder des Kriegerstandes für sein eigenes Kabinett zu berufen. Damit wurde das Herrschaftssystem auf zwei verschiedene Gruppen verteilt. Die Teilung der Gewalten folgte machtpolitisch einem ausgedachten Plan. Annäherungen der Feudalherren an den Kaiser wollte das Shogunat von vornherein eindämmen. Hätten sich die Feudalherren mit dem Kaiser verbündet, wäre die Herrschaft des Shogun wieder ins Wanken geraten. Die Berufung der Minister im Shogunat wurde jedoch auf Empfehlung des Shoguns formell durch den Kaiser hin vollzogen. So blieb der Kaiser nominell der höchste Herrscher im Reich. Und jeder neue Shogun aus der Familie Tokugawa wurde vom Kaiser zum höchsten Befehlshaber über den Kriegerstand ernannt und erhielt die Ernennungsurkunde und Shogun-Würde (*Seii taishogun*) ausgehändigt. Seit der Gründung des Tokugawa-Shogunats in Edo mußte der neue Shogun zur Audienz nach Kyoto reisen. Als die politische Macht des Shogunats gefestigt war, verweigerten die Shogune dem Kaiser diese Ehre.

Wiederbelebung des Kaiser-Festes

Nach der strikten Einschränkung der politischen Macht des Kaisers begann das Shogunat 1687 seine Beziehungen mit dem Kaiserhof wieder versöhnlicher zu gestalten. Der Kaiserhof war schon im 15. Jahrhundert politisch wie finanziell so geschwächt, daß er das jährliche Erntedankfest und die wichtigste Zeremonie im Rahmen der Inthronisierung, das Daijosai, bis gegen Ende des 17. Jahrhunderts nicht begehen konnte. Seit dem Ausbruch des Bürgerkrieges 1467 gab es über 220 Jahre lang keine protokollarische Niederschrift der begangenen Feste und Zeremonien am Kaiserhof. Das Shogunat stellte dem Kaiserhof die finanziellen Mittel für die Zeremonien im Rahmen der Inthronisierung bereit, und für das erste Erntedankfest nach der Inthronisierung wurden vom Shogunat die

Aufwendungen erstattet. So wurden die traditionellen Jahresfeste am Kaiserhof wieder gefeiert. Das Daijosai wurde durch einen Priester der Familie Yoshida (Yoshida-Shintoismus) begangen. Ende des 18. Jahrhunderts wurde innerhalb des Shintoismus die Tendenz der Kaiserverehrung immer stärker, und die altehrwürdige Shinto-Familie Shirakawa versuchte, sich gegen den Führungsanspruch der Yoshida-Familie durchzusetzen. Erst ab 1740 wurde das Daijosai wieder getreu der alten Tradition, vom Kaiser selbst am Kaiserhof begangen.

Vorschriften über die Vergabe der Purpurrobe für Priester

Es war Tradition, daß der Kaiser den ranghöchsten Priestern als höchste Auszeichnung eine purpurne Robe verlieh. Wem und wie oft die purpurne Robe verliehen wurde, war allein die Sache des Kaisers. Im Erlaß für den Kaiser verwies das Shogunat auf die unregelmäßigen und unüberlegten Vergabepraktiken. In bezug auf die Kandidaten und Schulen für die Auszeichnung verordnete das Shogunat dem Kaiserhof, bei der Vergabe der purpurnen Robe bestimmte Auswahlkriterien streng einzuhalten. Die Vergabe durfte nur noch mit Einverständnis des Shogunats erfolgen. Die Verordnung wurde ebenfalls im Erlaß über den Tempel und das Priestertum wiederholt. In Wirklichkeit hielten sich weder der Kaiser noch die Tempel an diese Weisung. Das Shogunat wies 1627 die altehrwürdigen Reichstempel im Raum von Kyoto und Nara an, die Praktiken in bezug auf die Vergabe der Roben sowie der Priesterweihe einzustellen und zu überprüfen. Die Reichstempel fürchteten, daß sie unter die Kontrolle des Shogunats geraten und ihre Anrechte verlieren würden. Mehrmals reichten sie ein Gesuch ein, das immer wieder abgewiesen wurde, und die Antragsteller wurden in die Verbannung geschickt. Das Shogunat entkleidete höhere Geistliche ihres Amtes und demonstrierte exemplarisch, wer im Reich die alleinige Machtbefugnis ausübte.

Die Christen und das Tokugawa-Shogunat

Das Tokugawa-Shogunat errang über die bestehenden religiösen Institutionen, über das buddhistische Tempelwesen und die Shinto-Schreine die Oberherrschaft. In Bezug auf die Religionspolitik ergriff das Shogunat zwei wichtige Maßnahmen: Buddhismus und Shintoismus waren in das feudale Herrschaftssystem einzugliedern; die wenigen Christen sollten radikal aus der Gesellschaft entfernt werden. Anfang des 17. Jahrhunderts lag der Außenhandel mit Europa überwiegend in den Händen der in Westjapan regierenden 10 Feudalherren und einiger Kaufmannsfamilien. Der Handel brachte viel Gewinn, und deshalb ignorierten die Feudalherren das Landungsverbot für ausländische Missionare, die mit den europäischen Handelsschiffen an Land kamen. Das Tokugawa-Shogunat zwang die regionalen Feudalherren dazu, die Handelsrechte abzutreten und bestimmte eigenständig die Handelspartner. Das Shogunat monopolisierte den Außenhandel und gewährte dann einigen Feudalherren Privilegien. Die christlichen Missionare behandelte das Shogunat anfangs recht wohlwollend, aber bald änderte es seine Einstellung.

1613 wurde ein Skandal unter den christlichen Feudalherren bekannt: Der Samurai Okamoto dessen Feudalherr ein enger Vertrauter von Shogun Tokugawa war und ein hohes Amt im Shogunat bekleidete und der Daimyo Arima hatten ein Geschäft abgesprochen. Okamoto und Arima waren Christen. Okamoto hatte Arima versprochen, diesem über seine guten Beziehungen zum Shogunat ein neues Lehnsgut zukommen zu lassen. Dafür verlangte Okamoto eine Anzahlung, die Arima entrichtete. Danach aber ließ Okamoto nichts mehr von sich hören. Darum fragte Arima bei dem Feudalherrn von Okamoto an, wie es mit der Sache stehe. Der Feudalherr meldete diese Sache seinem Dienstherrn, dem Shogun. Der Fall wurde im Gerichtshof des Shogunats behandelt. Das Urteil: Okamoto, der Betrüger, wurde auf dem Scheiterhaufen verbrannt und der Christen-Daimyo, Arima, wurde zunächst enteignet und dann in die Verbannung geschickt. In der Verbannung wurde Arima schließlich zum Tode verurteilt. Anläßlich dieses Vorfalls verhängte das Shogunat 1613 das Verbot der Missionierung, und die Verfolgung der Missionare und Gläubigen begann. Selbst im Shogunat wurden 14 Christen-Daimyo entdeckt und unter den Hofdamen drei Christinnen. Die Christen-Daimyo wurden aus ihren Ämtern und Funktionen entfernt, ihre Lehnsgüter enteignet, und sie wurden zum Bauernstand degradiert. Enteignung und Degradierung galten für den Kriegerstand (Feudalherren und Samurai) als milde Strafe für geringere Verbrechen. Eine härtere aber nur auf den Kriegerstand eingeschränkte ehrenvolle Strafe war das Bauchaufschlitzen (*Seppuku*), die härteste Strafe war das Enthaupten. Im Jahre 1614 mußten mit dem Christen-Daimyo Takayama 148 Christen nach Manila in die Verbannung gehen.

Außer diesem Vorfall zwischen den Christen-Daimyo gab es für das Shogunat noch einen wichtigen Anlaß, die Missionierung und Verbreitung der christlichen Lehre zu verbieten. Als Handelspartner fuhren die Schiffe aus protestantischen Ländern, aus den Niederlanden und England, in Japan ein. Die Kaufleute aus diesen Ländern trugen dem Shogunat ihre Verdächtigungen zu, daß die katholischen Missionare aus Spanien und Portugal Japan erobern wollten. Mit diesen Unterstellungen versuchten die protestantischen Länder ihre katholischen Konkurrenten auszuschalten. So gab es für das Shogunat Gründe genug, die Verfolgung der Christen und Missionare weit bis in die Mitte des 17. Jahrhunderts fortzusetzen. Nach der groß angelegten Verfolgung der Christen und Missionare im Jahre 1622, bei der 25 Gefangene in Nagasaki auf dem Scheiterhaufen langsam verbrannt und 30 enthauptet wurden, ließ das Shogunat in seiner Christenverfolgung nicht nach. Bis zum Aufstand von 1638 bemühte sich das Shogunat im Prinzip um die Umkehr der Christen zum Buddhismus und wollte vor allem den Märtyrertod vermeiden.

Fumie, die Gesinnungsprüfung der Christen

1637 ereignete sich ein bewaffneter Bauernaufstand in Shimabara und Amakusa auf der Insel Kyushu. An diesen beiden Orten lebten etwa 40.000 Bauern und Fischer. Sie waren fast alle Christen. Obwohl diese Landstriche an chronischer Dürre litten, forderten die Feudalherren hohe Abgaben und Leistungen. Gegen die Feudalherren begehrten die Bewohner beider Orte auf. Der Aufstand war für das Shogunat ein Schock, weil es seit der Gründung des Tokugawa-Shogunat 1603 die erste Rebellion war. Es wurden 124.000 Soldaten zur Niederschlagung des Aufstandes von nur 40.000 Bauern und Fischer aufgeboten. Dies zeigt schon die Entschlossenheit des Shogunats zum Erhalt der Herrschaft. Das Heer schloß die Inseln von der Außenwelt ab. Bei den langwierigen Kämpfen wurden 37.000 Inselbewohner getötet. 8.000 Soldaten kamen ums Leben, und dies war eine böse Erfahrung für das Shogunat. Die Feudalherren beider Orte wurden vor Gericht gestellt. Der Feudalherr von Shimabara wurde zum Tode verurteilt, weil er die Bauern grausam ausgebeutet und gefoltert hatte. Der Feudalherr von Amakusa wurde enteignet. Diesen Bauernaufstand auf der Insel Kyushu betrachtete das Shogunat als Aufstand der Christen und es änderte darum seine Politik gegenüber den Christen grundsätzlich. Zunächst förderte es Denunziationen und dann setzte es sich zum Ziel, die Christen zum Buddhismus zu bekehren. Zur Auffindung der Christen wurde eine Gesinnungsprüfung der Verdächtigen durchgeführt. Eine Tafel, auf der die Gottesmutter Maria mit dem Jesuskind abgebildet ist, wurde vor die Verdächtigen gelegt, und sie wurden gezwungen, auf dieses Heiligenbild zu treten. Diejenige, die es ohne Zögern tun konnten, erwiesen sich als Nichtchristen. Wer das Treten aus Ehrfurcht verweigerte, wurde auf der Stelle verhaftet. Diese Tafel zur Gesinnungsprüfung heißt *Fumie*. Das Wort „Fumie" wird heute noch in der Umgangssprache verwendet, wenn es um Gewissensfragen geht.

Schließung des Landes

Um die europäischen Missionare nicht mehr ins Land zu lassen, verhängte das Shogunat erneut das Verbot der Einfahrt europäischer Handelsschiffe (1639). Dieses Verbot brachte dem Shogunat zwar wirtschaftlich große Nachteile, aber es schien für die Festigung der Herrschaft und die Wahrung des Friedens notwendig. Einfuhren von Rohgarn für die Seidenherstellung und einige andere Produkte waren nach wie vor unentbehrlich. Um die wirtschaftlichen Nachteile zu kompensieren, machte das Shogunat die Niederländer zum Handelspartner, weil sie keine missionarischen Absichten verfolgten, sondern sich nur für Handel und Geschäfte interessierten. Die geschäftstüchtige holländische Handelsvertretung beteuerte, daß sie dreimal so viel Rohgarn wie die Portugiesen liefern könnte. Die Holländer unterhielten eine Handelsvertretung in Formosa (Taiwan) und enge Beziehungen mit China. Daher konnten sie ihre Versprechungen einhalten. Das Shogunat errichtete 1641 eine holländische Faktorei auf der Insel Dejima/Nagasaki. Der Zugang zu der Insel wurde streng bewacht, und die Holländer lebten in Dejima von der Außenwelt völlig isoliert. Ein Kapitän der holländischen Faktorei charakterisierte das Leben auf Dejima als „Gefangenschaft in einem Staatsgefängnis". Die Unfreiheiten eines Ghettos mußte er ertragen, aber der Handel war für die Niederlande ein lukratives Geschäft. Der Kapitän begab sich jedes Jahr nach Edo und beschenkte den Shogun und seine Minister mit exotischen Produkten aus Europa: kristallene Deckenleuchter, Globusse, die Pflanzenzeichnungen von Rembertus Dodonaeus (1516/17-1585) oder tropische Vögel, Kamele und Papageien. Das Shogunat konnte so den Überseehandel kontrollieren und die Einreise christlicher Missionare fast gänzlich verhindern. Die Schließung aller Häfen außer der holländischen Faktorei für europäische Handelsschiffe währte über 200 Jahre. Nach der Schließung des Landes unterhielt das Shogunat nur noch mit China und Korea diplomatische und wirtschaftliche Beziehungen. Erst 1853/4 erzwangen die USA die Öffnung Japans.

Pflichtzugehörigkeit zu einem buddhistischen Tempel

Die vermeintliche Gefahr der Christianisierung und Eroberung durch den Westen, vor der einst Handelsleute aus Holland und England das Shogunat gewarnt hatten, war nicht akut gegeben, als die Häfen geschlossen wurden. 1640 befahl das Shogunat die Registrierung der gesamten Bevölkerung bei einem buddhistischen Tempel. Ausgerechnet ein ehemaliger Christen-Daimyo wurde zum Leiter der Zentrale für die Meldepflicht berufen. Dieses Amt war dem Shogunat unmittelbar unterstellt und hatte das Verfahren der Eintragung zu überwachen. Die Eintragung in die Listen der Gemeindemitglieder eines buddhistischen Tempels erfolgte im Prinzip jedes Jahr. Zusätzlich mußte jeder Dorftempel nachweisen, daß unter den Mitgliedern seines Tempels und im Dorf niemand Christ war. Der Dorftempel nahm somit die Aufgaben eines Meldeamtes wahr. Die zur Kontrolle vom Shogunat entsandten Kommissare ermöglichten die Einmischung in die Innenpolitik der regionalen Feudalherrschaft, die traditionell im großen und ganzen föderalistisch und autonom war. 1665 legte das Shogunat erneut die allgemeinen Verordnungen für die gesamten Tempel und Schreine fest, die alle Aufgaben und Befugnisse in Einzelheiten vorschrieben. Der Dorftempel herrschte über das geistige Leben jedes Einzelnen von der Geburt bis nach dem Tod. Der Priester des Dorftempels stellte die Beglaubigung des Tempels aus, die für Umzug, Pilgerreise oder Stellensuche als Lehrling in einem anderen Dorf zusammen mit dem Ausweis der Behörden vorzulegen war. Mit der Durchführung der zwangsmäßigen Eintragung in die Gemeindelisten konnten die buddhistischen Tempel in den jeweiligen Bezirken ihre Präsenz stärken. Der Priester des Dorftempels gab einem Verstorbenen seinen buddhistischen Namen, der im alten Glauben und Brauchtum für die Aufnahme in die Reine Welt (Jodo) als unabdingbar betrachtet wurde.

Tempel in der Neuzeit

Das Shogunat erklärte den Buddhismus zur Staatsreligion und dies bedeutete, daß alle Tempel für das Wohlergehen des Reiches und des Shogunats zu beten hatten. Die Tendai-Schule bemühte sich während des Tokugawa-Shogunats stärker um ihre Präsenz in Edo. Sie baute in Anlehnung an den Tempel Enryakuji auf dem Hieizan, der mit magischen Kräften die Residenz vor bösen Geistern schützen sollte, den Tempel Kaneiji in Edo zum Schutz des Shogunats. So konnte die Tendai-Schule ihre politische Stellung wieder verbessern.

Das Shogun-Haus gehörte zur Jodo-Schule, weil der Gründervater Tokugawa Ieyasu selbst ein frommer Gläubiger der Jodo-Schule gewesen war. Der Tempel Zojoji in Edo wurde der Haustempel der Familie Tokugawa und wurde großzügig gefördert. Aber als Ieyasu starb, wurde die Trauerfeier gemäß seinem letzten Willen nach dem shintoistischen Ritual abgehalten. Der Kaiserhof verlieh Ieyasu die heilige Würde des „*Tosho daigongen*" (die Erscheinung des erleuchtenden Buddha in Ostjapan). Ieyasu wurde zur Schutzgottheit des Shogunats erhoben und in den Nikko-Bergen (etwa 110 km nördlich von Tokyo) verehrt. Die heilige Stätte des Toshogu-Schreins in Nikko wurde 1617 von einem Priester der Tendai-Schule errichtet, der dem Shogun nahe stand. Der Toshogu blieb die offizielle Pilgerstätte des Shogunats bis zum Ende der Tokugawa-Zeit im 19. Jahrhundert.

Die Nichiren-Schule

Die Fuju-Fuseha (weder Spendenannahme noch Fürbitten für Ungläubige) der Nichiren-Schule gab ihre Grundhaltung nicht auf, als Tokugawa Ieyasu sie 1599 auf den Staatskurs zwang. Ein Priester dieser Gruppe wurde verbannt, aber nach 12 Jahren wurde die Verbannung aufgehoben. Anläßlich der Beerdigung der Shogun-Gattin wurden der Nichiren-Schule vom Shogunat Pfründen verliehen. Das Shogunat veranstaltete 1630 eine Anhörung der Nichiren-Priester beider Gruppen und wollte wissen, ob sie die Pfründen annehmen würden oder nicht. Die strenge Fuju-Fuseha verstand die Pfründe als einmalige Vergütung für die Trauerfeierlichkeiten und betrachte deshalb die Fürbitten für die Shogun-Gattin als unverbindlich. Die andere Gruppe der Nichiren-Schule meinte, daß mit der Annahme der Pfründe auch die Fürbitten verbindlich seien. Die Einzelheiten dieser Anhörung wurden dem Shogun ausführlich berichtet, und das Shogunat schickte den Priester der Fuju-Fuseha in die Verbannung und besetzte eigenmächtig die Ämter dieser Gruppe mit Priestern der rivalisierenden Gruppe. Allen buddhistischen Schulen machte das Shogunat unmißverständlich deutlich, daß es selbst die Besetzung der Priesterstellen in der Hand hatte. Die Nichiren-Schule, vor allem die dem Shogunat gehorsame Gruppe, konnte gedeihen und die Fuse-Fujuha mußte wegen der Verfolgung in den Untergrund gehen. Die Gläubigen der Nichiren-Schule zählen heute rund 20,5 Millionen Mitglieder und sind die größte Schule im Buddhismus.

Die Jodo-Shinshu-Schule, die mit der einfachen Rezitationsformel „bekehre mich zum Amida-Buddha" viele Gläubige gewann, spaltete sich in zwei Gruppen. Bis zum 19. Jahrhundert gehörte die Jodo-Shinshu-Schule zu den reichsten Schulen. Die Gläubigen der Jodo-Shinshu-Schule zählen heute knapp 20 Millionen und sind neben der Nichiren-Schule eine der größten Gemeinden in Japan.

Das Shogunat versicherte andererseits, daß die bestehenden Schulen wie bisher agieren könnten, solange sie sich dem Shogunat fügten. Die Pfründen und Ländereien aller Schulen wurden grundsätzlich anerkannt und blieben unangetastet. Das Shogunat verordnete aber, daß alle Tempel an der Hierarchie zwischen Haupttempel (*Honzan*) und Filialtempel im Dorf (*Matsuji*) festhalten sollten. Der Haupttempel übte stets die Aufsicht über die Aktivitäten seiner Filialtempel aus, so daß keine neuen Auslegungen der überlieferten Glaubenslehren versucht wurden. In der Geschichte brachten die neuen Auslegungen in der Regel die Neubildung einer Schule hervor, und die Zersplitterung der Schule führte oft zu sozialen Unruhen oder zum Widerstand gegen die bestehende Herrschaft. 1631 unterband das Shogunat eine Neugründung der Tempel. Andererseits wurde begrüßt, daß die Tempel ihre Glaubenslehren als Wissenschaft vertieften und systematisierten. In der Tat wurden unter dem Tokugawa-Shogunat wichtige Texte und Schriften des Buddhismus neu ediert.

Aufgaben der Priester

Die Priester der Dorftempel hatten die Aufgaben neben der Aufsicht über das Glaubensleben der Bewohner durch Predigten die Gläubigen zu belehren, über Alltagssorgen und Leiden im Diesseits nicht zu klagen, sondern für die Erlösung im Jenseits zu beten. In der Neuzeit wurden Trauerfeierlichkeiten und Gedenkfeiern immer mehr zum bestimmenden Inhalt des Tempelwesens. Die monopolisierte Durchführung der Trauer- und Gedenkfeiern garantierte dem Tempel solide Finanzen. Die „Stammmitglieder des Tempels" (*Danka*) mußten bei den Gedenkfeiern ihrem Haustempel spenden. Vor diesem Hintergrund wurde die Frist der Gedenkjahre für einen Verstorbenen im Laufe der Neuzeit im extremen Fall auf 500 Jahre oder 800 Jahre verlängert. Vor der Neuzeit war es Brauch gewesen, nur am 49. Tag nach dem Tod und am ersten Todestag die Gedenkfeier zu begehen. Im Laufe der Neuzeit hatte sich die ungeschriebene Regel festgelegt: nach 49 Tagen, 100 Tagen, einem Jahr, drei Jahren, sieben Jahren, 13 Jahren, 17 Jahren, 25 Jahren, 33 Jahren; und endlich nach 50 Jahren war die Verpflichtung zu Gedenkfeiern erfüllt.

Der Haupttempel jeder Schule erhielt von seinen Filialtempeln Abgaben. Die Hierarchie und Ordnung im Tempelwesen war dem Militärwesen vergleichbar. Die buddhistischen Priester brauchten sich nicht mehr um die Ausweitung ihrer Schule oder Anwerbung der Gläubigen zu kümmern. Denn Missionierung und Neugründungen waren strikt verboten, und zudem waren die Finanzen des Tempels für immer gesichert. Die Tempel und Bildungsstätten fungierten in der Neuzeit buchstäblich wie eine Akademie und die Geschichte aller buddhistischen Hochschulen und Akademien, die als buddhistische Bildungseinrichtungen in der Gegenwart noch vorhanden sind, reicht in die Neuzeit zurück.

Tempel als Instanz der Moral

Die Shingon-Schule, die einst von den Feldherren Oda und Toyotomi brutal niedergeschlagen und völlig entmachtet worden war, konnte sich unter der Obhut des Tokugawa-Shogunats neu organisieren. Die Shingon-Schule in der späten Neuzeit bemühte sich im Gegensatz zu ihrer Tradition der rituellen Esoterik mehr um die Morallehre der Zehn Gebote, die der Priester Jiun (1718-1804) im späten 18. Jahrhundert den Tempelmitgliedern predigte. Die Zehn Gebote heißen: 1. Nicht töten 2. nicht stehlen 3. keinen Ehebruch begehen 4. nicht lügen 5. keine lockeren Reden führen 6. keine Verleumdungen verbreiten 7. nicht mit doppelter Zunge reden 8. sich vor jeglicher Begierde hüten 9. den Zorn meiden 10. sich vor Häresie hüten. Einige Zen-Meister der Neuzeit lehnten die Meditation ab, obwohl deren Ausübung eigentlich das Wesen ihrer Tradition ausmacht. So riet Suzuki Shosan (1579-1655) den Gläubigen seines Tempels, statt zu meditieren, ihren alltäglichen Pflichten gewissenhaft nachzugehen, was an die Lehre des Soto-Zen Meisters Dogen aus dem 13. Jahrhundert erinnert: ein Mensch, der seinem weltlichen Beruf mit ganzem Herzen nachgeht, vollzieht damit eben die Meditation, mit der man sich von Begierden zu befreien sucht. Diese Lehre war hilfreich, die bestehende Ordnung und die Standesschranken als solche zu akzeptieren.

Schreine in der Neuzeit

Gegen die Shinto-Schreine ging das Shogunat genau so streng wie gegen die Tempel vor. Neben dem Buddhismus wurde auch der Shintoismus zur Reichsreligion bestimmt. Das Hauptamt der Schreine übernahm die Familie Yoshida (vom Yoshida-Shintoismus) und sie fungierte als Aufseher über die gesamten Schreine, die analog der Hierarchie im Tempelwesen nach Haupt- und Filialschreinen straff gegliedert wurden. Die Pfründen der Schreine blieben unangetastet.

Die Führungsstellung des Buddhismus gegenüber dem Shintoismus hielt sich bis zum ausgehenden 19. Jahrhundert unverändert. Die Schreine hatten in Wirklichkeit die Weisungen der Tempel zu befolgen. Wegen der Verwaltungsautonomie eines Schreins entstand oft Streit zwischen dem Schrein und Tempel. Die Shinto-Priester der Schreine mußten sich ausnahmslos als Gemeindemitglieder eines buddhistischen Tempels registrieren lassen. In diesem Machtverhältnis lag schon der Keim des Bildersturms, der Mitte des 19. Jahrhunderts wütete. Die große Mehrheit der Schreine befand sich auf dem Dorf, verehrte die Schutzgottheiten der Dorfgemeinde (Bodengottheit, Wassergottheit und auch die Vorfahrengottheiten der Bauern) und hielt Jahresfeste bezüglich des Reisanbaus ab. Die mit der Reiskultur zusammenhängenden Riten wurden die Hauptaufgaben des Shinto-Schreins, und die Trauer- und Gedenkfeier der einzelnen Familien waren die Hauptaufgaben des buddhistischen Tempels. Im Laufe der Geschichte festigte sich die Zuständigkeit der Feste und Feiern nach diesem Muster. Diese Tradition lebt bis heute fort.

Der Onmyodo unter Aufsicht des Schreins

Seit dem Altertum bis in die Neuzeit umgaben sich sowohl der Hochadel als auch der Kriegerstand mit Magiern und Beschwörern des Onmyodo. Diese standen ihnen bei wichtigen Entscheidungen oder bei Krankenheilung mit Rat und Tat bei. In der Neuzeit war der Onmyodo unter dem Bauernstand weit verbreitet. Für die Bauern waren nicht nur die Magier, sondern auch die Priester der esoterischen Schulen, der Nichiren-Schule und auch die Shinto-Priester tätig, die Beschwörungen der bösen Geister und Wahrsagung neben ihrem Beruf betrieben hatten. Das Tokugawa-Shogunat bestimmte die Familie Tsuchimikado als Erbberuf für das Hauptamt des Onmyodo. Diese Familie wurde vom Shogunat dazu berufen, den Kalender des Onmyodo zusammenzustellen. Außerdem wurde sie ermächtigt, den Magiern und Beschwörern Gewerbelizenzen auszustellen. Die okkulten Bergasketen des Shugendo und die Shinto-Priester, die selbst Bannkulte für das einfache Volk trieben, wurden unter die Aufsicht der Familie Tsuchimikado gestellt. Für das Tokugawa-Shogunat blieben die zahllosen Magier und Beschwörer im Lande ein beunruhigender Faktor, der in die etablierten Organisationen nicht zu integrieren war. Durch die Familie Tsuchimikado gelang es dem Shogunat, die Tätigkeiten der Magier und Beschwörer auf indirekte Weise zu kontrollieren.

Zusammenstellung von Kalender und Horoskop

Das Kalenderamt im Shogunat stellte zunächst die Vorlage für den Kalender des Jahres zusammen, und diese wurde an die Familie Tsuchimikado zur Ergänzung und Korrektur weiter geleitet. In diese Vorlage wurde das Glück und Unglück für den einzelnen Tag eingeschrieben, und dann wurde die Vorlage an das Kalenderamt zurückgeschickt. Das Shogunat fertigte aus der Vorlage eine Endfassung des Kalenders an und schickte diese wiederum an die Familie Tsuchimikado. Diese präsentierte den neuen Kalender dem Kaiserhof und verteilte ihn dann an die untergebenen Magier und Beschwörer. Diese gaben die Kalender den Bauern. Das Tages-Horoskop im Kalender bestimmte nicht nur das Leben am Kaiserhof, sondern auch das Verhalten des Bauernstandes grundlegend.
Die Annalen berichten, daß Diebe für ihren Erfolg bei Einbrüchen den Tag sowie die Richtung oder Uhrzeit nach dem Horoskop bestimmt hätten. Einfache Menschen, die zu Hause einen Kranken hatten, hätten nach der Weisung des Wahrsagers einen Arzt in einer glückbringenden Himmelsrichtung aufgesucht, damit der Kranke durch ihn mit Sicherheit geheilt würde.

Konfuzianismus in der Neuzeit

Der Konfuzianismus im 15. und 16. Jahrhundert wurde überwiegend von den Gelehrten und Zen-Priestern gepflegt. Seit dem Altertum wurden Konfuzianismus und Shintoismus als geistige Zwillinge der Moralphilosophie aufgefaßt. Ein Zen-Priester aus dem 16. Jahrhundert, Fujiwara Seika (1561-1619), versuchte vergeblich dem Konfuzianismus eine liturgisch-religiöse Gestaltung zu verleihen und den Konfuzianismus als Religion zu etablieren. Der Konfuzianismus ist keine religiöse Heilslehre. Er bietet weder Bilder des Jenseits, noch eine Methode zur Erlösung aus dieser Welt. Er befaßt sich ausschließlich mit Morallehren. Der Grundgedanke des Konfuzianismus geht davon aus, daß sowohl in der belebten Natur als auch in der menschlichen Gesellschaft eine übernatürliche Kraft (Ri) wirkt. Die Ordnung der menschlichen Gesellschaft entsteht durch die Kraft dieses Ri und das Ri bringt den Wandel der Naturphänomene, wie Wechsel des Klimas, der Jahreszeiten und den Wandel der Gesellschaftsordnung hervor.

Die Ordnung des Kosmos, der die Ordnung der menschlichen Gesellschaft analog ist, erhält der Mensch, sich ihr anpassend, aufrecht, indem er seinen Ahnen, den lebenden Mitgliedern seines Clans und dem Kaiser, als dem Zentrum ritueller Ordnung, Ehrfurcht erweist. Das Menschenverständnis der konfuzianischen Weltansicht beruht darauf, daß ein Mensch nicht als Individuum, sondern als Mitmensch geboren wird. Nur in der zwischenmenschlichen Beziehung wird die Identität eines Menschen verwirklicht. Diese Weltansicht des Konfuzianismus im 17. Jahrhundert heißt *Shushigaku*. Sie lehrte vor allem die Wertvorstellungen der feudalen Gesellschaft, Gehorsam, Ehrfurcht, Pflichtbewußtsein oder Loyalität gegenüber dem Dienstherrn hoch zu achten. Die Morallehre der Shushigaku war der Herrscherschicht sehr willkommen, denn sie rechtfertigte ihre Herrschaft und die bestehende Hierarchie der Gesellschaft als Ordnung des Kosmos. Das Tokugawa-Shogunat hatte Anfang des 17. Jahrhunderts die konfuzianische Lehre des Shushigaku als zu fördernde Wissenschaft bestimmt. Ende des

17. Jahrhunderts wurde die erste offizielle Schule für Konfuzianismus in Edo gebaut. Später entstanden ähnliche Einrichtungen in den Provinzen.

Annäherung von Konfuzianismus und Shintoismus

Die Gelehrtenfamilie Hayashi übte die Wissenschaft Shushigaku als Erbberuf aus und versuchte einen sehr konfuzianisch gefärbten Shintoismus zu verbreiten. Hayashi Razan (1583-1657) betonte, der Shintoismus sei der Weg des Kaisers, den dieser zu beschreiten habe, und der Konfuzianismus sei der Weg der Untertanen, die dem Kaiser die höchste Verehrung erweisen müßten. Die Tendenz, den Konfuzianismus mit dem Shintoismus zu vereinen, wurde durch die Verbreitung der Shushigaku im 18. Jahrhundert verstärkt.

Von seiten des Shintoismus wurden auch Annäherungen an den Konfuzianismus unternommen. Ein Shinto-Priester aus dem Ise-Schrein Watarai Nobuyoshi (1615-1690), der das Shinto-Priesteramt als Erbberuf ausübte, bemühte sich ernsthaft, den Ise-Shintoismus vor buddhistischen Einflüssen abzuschirmen und eine neue Auslegung des Shinto-Glaubens unter der Bevölkerung zu verbreiten. Für diese Auslegung des Shintoismus bediente sich Watarai der Grundbegriffe des Konfuzianismus „Ri" und „Ki", und aus dem Onmyodo verwendete er „*Eki*" (Wahrsagerei). Die Verschmelzung von Shintoismus und Konfuzianismus ist in der Lehre des Yamazaki Ansai (1618-1682) am deutlichsten festzustellen: Yamazaki war Zen-Priester in Kyoto, befaßte sich mit dem Konfuzianismus und wechselte schließlich zum Shintoismus. Mitte des 17. Jahrhunderts eröffnete er in Kyoto eine Privatschule für die Verbreitung seiner Lehre. Es ging darum, den Kaiser über alles zu verehren, die Grundwerte der konfuzianischen Morallehren zu achten und sich an die bestehende Gesellschaftsordnung zu halten. Ein Schüler von Yamazaki, Shibukawa Harumi (1639-1715), war der erste Beamte des Kalenderamtes im Tokugawa-Shogunat. Shibukawa stellte 1684 einen Kalender zusammen, der besser dem japanischen Klima entsprach. Seine rechnerische Grundlage war die alte Lehre des Onmyodo. Shibukawa hatte aus der Lehre des Onmyodo-Meisters (Tsuchimikado) eine neue shintoistische Schule hervorgebracht.

Nationalbewußte Philologie und Kaiserverehrung

Mit der Wiederbelebung der traditionellen Feste am Kaiserhof im ausgehenden 17. Jahrhundert wurde die Aufgabe des Kaisers als oberster Priester herausgestellt. Als theoretische Grundlage zur Kaiserverehrung dienten die moralphilosophischen Schriften des Konfuzianismus und das Gedankengut der nationalbewußten Philologen. Als Stellvertreter der nationalbewußten Philologie (*Kokugaku*) war die Mito-Schule bekannt, die mit der Herausgabe einer Nationalchronik die zwingenden Gründe für die Kaiserverehrung darlegte. Für die Mito-Schule war die ungebrochene Tradition der Dynastie das ausreichende Argument für die Kaiserverehrung.

Von der Belebung der konfuzianischen Philosophie angeregt befaßten sich die Gelehrten eingehend mit Geschichte und Philologie im 19. Jahrhundert. Sie kritisierten vehement die herkömmliche Auslegung der japanischen Klassiker durch den Buddhismus und Konfuzianismus einerseits und unterstrichen die Eigentümlichkeit der japanischen Kultur andererseits. Die nationalbewußten Gelehrten, insbesondere Motoori Norinaga (1730-1801) und Hirata Atsutane (1776-1843), zählten zu den Vorreitern der Wiederbelebungsbewegung im Shintoismus (*Fukko-shinto*), die den Shintoismus zu seinen Ursprüngen zurückzuführen vermochten. Motoori faßte seine religiösen Überzeugungen so zusammen: Dem Kaiser gegenüber demütig und absolut gehorsam sein und ihm die höchste Ehrfurcht erweisen, ist der Weg eines guten Menschen.

Ein selbsternannter Schüler von Motoori, Hirata Atsutane, hatte die nationalistische Philologie und die Morallehre im Dienst der Kaiserverehrung weiter ausgearbeitet, und in seinen Seminaren versammelten sich hunderte von Schülern. Die moralischen Grundwerte (Ahnenverehrung, Ehrfurcht und Loyalität zum Kaiser) müssen die Menschen im Alltag streng achten.

Zur unanfechtbaren Argumentation für die Kaiserverehrung stützte sich Hirata auf die alten Chroniken, wie das Kojiki und Nihonshoki. Die Chroniken sollten, so Hirata, belegen, daß Japan ein Kaiserreich ist, und das Kaisertum an sich seit dem Altertum das unveränderte Reichswesen ausmacht. Ferner versuchte Hirata shintoistische Riten zu formalisieren und eine Trauerfeier im shintoistischen Stil einzuführen.
Hirata studierte im Geheimen die Lehre des Christentums, und in Anlehnung an das Christentum wollte er eine Heilslehre in seine Auslegung des wiederbelebten Shintoismus aufnehmen. Hirata formulierte erstmals im Shintoismus eine Theorie von Leib und Seele. Er vertrat die Ansicht, daß die Seele nach dem Tod von einer Gottheit, „Ookuni Nushi-no Mikoto", im Jüngsten Gericht gerichtet wird, und die guten Seelen ins Paradies aufgenommen werden und mit der Gottheit zusammen ewig leben. Seine Auffassung von jüngstem Gericht und ewigem Leben scheint teils von der buddhistischen und teils von der christlichen Glaubenslehre beeinflußt zu sein. Außerdem griff Hirata die zwei führenden Schulen des Buddhismus, die Jodo-Shinshu und Nichiren, massiv an und bezeichnete sie als Feinde des Shintoismus. In harschem Ton kritisierte er die Verschmelzung von Buddhismus, Shintoismus und Konfuzianismus. Er lehnte auch Studium und Aufnahme der westlichen Kultur und Wissenschaft strikt ab. Mit dieser Haltung schaffte sich Hirata viele Feinde im Gelehrtenstand und Priestertum. So wurde er von Edo in seine Heimat, die Akita-Präfektur, ausgewiesen und seine Bücher wurden verboten. Zwei Jahre nach der Ausweisung starb er. Seine Trauerfeier wurde dem gängigen Brauchtum zufolge buddhistisch begangen. Seine Kritik gegen die Verschmelzung von Buddhismus, Shintoismus und Konfuzianismus verhallte vor dem Brauchtum. Nach dem Tod Hiratas wurde der Hirata-Shintoismus, der die Rückkehr zum ursprünglichen Shintoismus und die Kaiserverehrung forderte, von den unteren Rängen der Krieger, den Shinto-Priestern und Großgrundbesitzern sowie Kaufleuten wohlwollend aufgenommen und landesweit verbreitet. Diese Schicht und die Mito-Schule betrieben später den Sturz des Shogunats,

sie setzten sich für die Wiederherstellung der Kaisermacht ein und sind ein Grund für den Bildersturm im 19. Jahrhundert. Die Lehre des Hirata-Shintoismus war die ideologische Stütze für die Wiederherstellung der Kaisermacht und Gründung des Staatsshintoismus im Jahre 1870.

Eine Zeremonie am Ise-Schrein

10. Vom Bildersturm zum Staatsshintoismus

Führungskräfte der Meiji-Revolution

In der zweiten Hälfte des 19. Jahrhunderts befand sich das Tokugawa-Shogunat in schweren Krisen. Aufgrund von Geldmangel und Bürgerkriegen sowie dem militärischen Druck westlicher Mächte, das Land zu öffnen, war das Shogunat nicht mehr regierungsfähig. Nach 200 Jahren Abschließung gegen den Westen erzwangen die USA die Öffnung des Landes (1858). Die Macht des Shogun zerfiel. Ein Bürgerkrieg bereitete den Sturz des Shogunats (1867) vor. Im folgenden Jahr (1868) wurde die Kaisermacht wiederhergestellt.

Nach dem Bürgerkrieg (1866-68) traten Samurai unteren Ranges aus den Provinzen als politische Führungskräfte hervor. Sie versuchten, gleichzeitig mit der Restauration der Kaisermacht durch verschiedene Reformen das Land rasch zu modernisieren. Dies ist die Zeit der Meiji-Restauration.

Für den Aufbau eines modernen Staates dienten die Strukturen der europäischen und amerikanischen Institutionen als Vorbild. Die Marine orientierte sich an England; die Armee folgte zunächst Frankreich, seit dem deutsch-französischen Krieg (1870/71) Preußen-Deutschland, das auch für den Verfassungsentwurf einer konstitutionellen Monarchie mit schwachem Reichstag das passende Modell anbot. Auf erste Reformen - Umwandlung der Fürstentümer (*Han*) in Präfekturen (1871), Änderungen des Grundsteuerwesens (1871/73), Einführung des Gregorianischen Kalenders (1873) und der allgemeinen Schul- und Wehrpflicht (1872), Umwandlung der Pensionen für Krieger auf Naturalienbasis (Reislieferungen) in Rentenpapiere (1876) - folgte eine Verfassung (1889) nach deutschem Vorbild mit einem Reichstag (*Teikoku gikai*). Die politische Macht lag in den Händen einiger Adligen, die einem neuen Adelsstand (1884) mit fünf Rängen angehörten. Der Ältestenrat übte hinter den Kulissen der wechselnden Kabinette einen großen Einfluß aus (1890-1918).

Wiederherstellung der Kaisermacht

Der 15. und letzte Shogun, Tokugawa Yoshinobu (1866-1867), verließ seine Residenz, das „Schloß Edo", und in dieses zog der im Alter von 16 Jahren inthronisierte Meiji-Tenno (geboren1852; 1868-1912) ein. Er verließ mit dem ganzen Hochadel die über tausend Jahre alte Residenzstadt Kyoto. Der Meiji-Tenno war der erste Kaiser in der japanischen Geschichte, der mit westlicher Haartracht und westlich gekleidet seine Dienstzeit von 10 Uhr bis 16 Uhr vorbildlich ausübte, wie ihm die Meiji-Regierung auferlegt hatte. Diese Regeln gelten seitdem auch für seine Nachfolger. Die Wiederherstellung der Kaisermacht wurde mit der Restitution des obersten Shintoamtes (Jingikan) begonnen. Das Jingikan war höchstes Shintoamt und heilige Stätte in einem. Es rangierte über allen Ministerien der Regierung und hatte zum Ziel, den bodenständigen Glauben und das Brauchtum zur Staatsreligion zu erhöhen und das ganze Volk in diesem Glauben zu festigen. Im Mittelpunkt des Staatsshintoismus standen die Kaiserverehrung und der Glaube an die Göttlichkeit des Kaisers.

Auf dem Weg nach Edo machte der junge Meiji-Tenno eine Visite beim Ise-Schrein, um dort den Vorfahrengottheiten des Kaiserhauses den Umzug des Kaiserhofes zu melden. Im gleichen Jahr beging der Meiji-Tenno selbst auf dem Jingikan das Hochfest für die Schutzgottheiten des Kaiserhauses. Mit diesem Akt offenbarte er die Wiederbelebung der Theokratie. Die zwei heiligen Stätten im Jingikan, Shinden (Heilige Stätte der Gottheiten), Koreiden (Heilige Stätte der kaiserlichen Vorfahren), wurden in den Kaiserpalast verlegt und zählen heute zusammen mit dem Kashikodokoro (Heilige Stätte der Weisheit) zu den drei Heiligen Stätten im Palast (Kyuchusanden).

Bildersturm

Das Edikt über den Shintoismus als Staatsreligion führte praktisch zur Unterdrückung des Buddhismus. Dem Erlaß zufolge wurden die buddhistischen Priester, die in der langen Geschichte die Führung der Shinto-Schreine in der Hand gehabt hatten, gezwungen, ihren Stand als Geistliche aufzugeben und fortan die Aufgabe eines Shinto-Priesters wahrzunehmen. Wer dies verweigerte, ging des geistlichen Standes verlustig und wurde laisiert. Um den Führungsanspruch des Shintoismus gegenüber dem Buddhismus, der im Tokugawa-Shogunat als Reichsreligion bevorzugt worden war, zu verdeutlichen und die Souveränität des Shintoismus zu verkünden, ordnete die Meiji-Regierung den Bildersturm an.

Zu den Führern des Bildersturms gehörten die Shinto-Priester des Fukko-Shintoismus, nationalistische Philologen und konfuzianische Gelehrte sowie Beamte in den Provinzen und Bauern, die von selbstgerechten Priestern und Mönchen ihres Dorftempels malträtiert worden waren. Sie wollten den reinen Shintoismus wiederherstellen und dafür mußte alles Buddhistische im Schrein gründlich ausradiert werden. Auch vom Kaiserpalast wurden die buddhistischen Altäre und Namensschilder der verstorbenen Kaiser und Kaiserinnen sowie die Buddha-Statuen und liturgischen Geräte in den Tempel des Kaiserhauses „Sennyuji" in Kyoto verlegt, der von Kukai gegründet worden war, und in dem seit dem 13. Jahrhundert die verstorbenen Kaiser beigesetzt wurden. Die zahlreichen Monzekijiin-Tempel wurden geschlossen. Die Äbte und Äbtissinnen wurden laisiert und kehrten in ihre hochadeligen Familien zurück. Der Schrein auf dem Hieizan, Hieisannosha, der unter der Aufsicht des Enryakuji stand, führte die Entfernung der buddhistischen Gegenstände gewalttätig durch. Der antibuddhistische Bildersturm wurde landesweit durchgeführt. In der Region Satsuma, aus der führende Gestalten der Meiji-Restauration kamen, wurden 1066 buddhistische Tempel geschlossen und 2964 Geistliche zwangsmäßig laisiert. Der Shugendo (die Glaubensgemeinde der Beschwörer und Bergasketen), der von der esoterischen Shingon-Schule stark beeinflußt worden war, wurde von der Meiji-Regierung als Aberglauben gebrandmarkt. Die meisten Bildungsstätten und Tempel des Shugendo, die oft in unzugänglichen Bergen lagen, wurden in Shinto-Schreine umgewandelt und die Beschwörer und Magier zu Shinto-Priestern erklärt. Wer sich dagegen wehrte, mußte den Berg verlassen und in einem weltlichen Beruf als Bauer oder Pilgerführer leben. In den Zeiten des Bildersturms wurden die meisten kleinen Tempel in Shinto-Schreine verwandelt, die altehrwürdigen großen Tempel konnten jedoch Widerstand leisten und weiter bestehen. In diesen Jahren wurden viele wertvolle Kunstgegenstände des Buddhismus vernichtet oder teilweise zu Spottpreisen auf Trödelmärkten verkauft.

Die Schließung der alten Dorftempel, die Vernichtung der Buddha-Statuen und Kunstgegenstände sowie die Maßnahmen gegen die buddhistischen Geistlichen im Jahre 1868 wurden anfangs von den regionalen Feudalherren durchgeführt. Aber mit der Aufhebung der Souveränität der Fürstentümer (1869) wurde den Feudalherren ihre Herrschaft über das angestammte Land genommen. Sie wurden in dem neuen Ständesystem in den Hochadel (*Kazoku*) eingegliedert und bildeten das Oberhaus im Reichsparlament. Als Abgeordnete des Oberhauses wurden sie nach Tokyo berufen und bei Abwesenheit des Landesherrn konnte die Weisung zur strikten Trennung, bzw. Säuberung der buddhistischen Elemente nicht mehr radikal durchgeführt werden. Darüber hinaus begehrten die Bauern gegen diese Barbarei auf, und landesweit brachen Aufstände gegen den Bildersturm aus. In Anbetracht dieser Lage ordnete die Meiji-Regierung an, die Säuberung und Verbannung des Buddhismus nicht bis ins Extrem zu treiben. So legte sich der wütende Bildersturm bald. Die Pfründen der buddhistischen Tempel und shintoistischen Schreine wurden 1870 ohne Ausnahme verstaatlicht. Über 170.000 Schreine wurden dem Ise-Schrein unterstellt und in zwei Kategorien unterschieden: die staatlichen Schreine (*Kansha*) und die allgemeinen (*Shosha*), die jeweils in einer strengen Hierarchie organisiert wurden. Nach der Verstaatlichung wurde jedem Schrein eine staatliche Beihilfe erstattet. Die Schreine waren im großen und ganzen finanziell gut gestellt. Die Filialschreine waren verpflichtet, Opfergaben für die kaiserlichen Hochfeste darzubringen, und alle Bürger waren als Gläubige des Staatsshintoismus eingetragen. Als Stammgläubige (*Ujiko*) hatten die Bürger die Kosten für die shintoistischen Staatsfeste zu tragen.

Aufklärungsarbeit für den Staatsshintoismus

1872 errichtete die Regierung in Tokyo eine Akademie für die Ausbildung der Shinto-Priester, die dem Volk den Sinn des Staatsshintoismus erschließen sollten. In jeder Provinz wurde eine Akademie zu dem gleichen Zweck eröffnet. Die Lehrstühle der Akademien mußten aber von buddhistischen Priestern besetzt werden, denn die Shinto-Priester waren für Führung einer Akademie und den Lehrbetrieb fast ohne Erfahrung. Die buddhistischen Priester dagegen waren im allgemeinen bestens ausgebildet für solche Tätigkeiten. Die Priester großer Orden lehnten es zunächst ab, die Tätigkeit an der Akademie für den Staatsshintoismus wahrzunehmen, ließen sich aber dann doch überreden. So kamen die buddhistischen Priester wieder in Führungspositionen und feierten unbehelligt ihre gewohnten Liturgien in der Akademie. Der Bildersturm entschwand, und der Buddhismus wurde rehabilitiert, in einer dem Staatsshintoismus untergeordneten Stellung.

Die vier Gruppen der Jodo-Shinshu-Schule zogen sich 1875 von Lehrämtern der Akademie für Staatsshintoismus zurück, indem sie die Religionsfreiheit und die Trennung von Religion und Politik verlangten. Eine breite Schicht der Bevölkerung zeigte auch kein Interesse an den Programmen des Staatsshintoismus. So scheiterte die von der Regierung groß angelegte Aufklärungsarbeit für den Staatsshintoismus. Drei Jahre nach ihrer Gründung wurde die Akademie 1875 geschlossen.

Aufhebung der Christenverfolgung

Einige Jahre nach der Öffnung des Landes kamen französische Patres nach Japan und nahmen die Missionsarbeit wieder auf. Seit der Christenverfolgung des Tokugawa-Shogunats waren fast zwei Jahrhunderte vergangen. Die Patres errichteten 1862 in Yokohama und 1865 in Nagasaki eine Kirche. Aus der Umgebung von Nagasaki meldeten sich einige Bauern bei einem Pater aus Frankreich und sie bekannten sich als „verborgene Christen" (*Kakure Kirishitan*), deren Vorfahren trotz der Ausrottungspolitik des Tokugawa-Shogunats ihren Glauben an

Christus nicht aufgegeben hatten. Die verborgenen Christen konnten fortan öffentlich ihren Glauben in der christlichen Gemeinde praktizieren und die Zahl der Christen nahm wieder zu. Die Meiji-Regierung aber wollte die Verfolgungspolitik des Tokugawa-Shogunats fortsetzen und ließ 1869 weit über 3000 Christen verhaften und foltern. Unter massivem Protest der westlichen Länder stellte die Regierung ihre Christenverfolgung ein, und die Missionsarbeit christlicher Orden begann in Japan erneut. Die christlichen Missionare hatten großen Erfolg, denn die Führungsmitglieder der Meiji-Regierung und Eliten der Gesellschaft interessierten sich im allgemeinen sehr für die fortgeschrittene Technik aus dem Westen. Das puritanische Gedankengut der amerikanischen Missionare schien den Gelehrten und Führungskräften ihrer strengen konfuzianischen Morallehre verwandt. Die Führungsschicht der Meiji-Regierung, die Großgrundbesitzer und Großbürger schickten ihre Kinder in die von christlichen Missionaren gegründeten modernen Schulen. Modernisierung der Gesellschaft und Industrialisierung waren die wichtigsten Aufgaben ihrer Revolution. Unter diesen Umständen sah sich die Regierung gezwungen, den Erlaß zum Verbot der christlichen Lehre und die Verfolgung der Christen gänzlich aufzugeben. Bei der Aufhebung des Erlasses im Jahre 1873 konnten nur noch 1930 Gefangene von den 3380 verhafteten Christen aus den Gefängnissen entlassen werden. Die anderen waren an Folter und Krankheit gestorben.

Bemerkenswert ist die Tatsache, daß die Akademie für den Staatsshintoismus von der neuen Regierung mit der Absicht errichtet wurde, die Verbreitung des Christentums nach der Aufhebung des Verfolgungserlasses einzudämmen.

Stärkung der Vermögenslage des Kaiserhauses

Bis zum Zerfall des Shogunats war der Haushalt des Kaiserhofes bescheiden wie der eines kleinen Fürsten in der Provinz. Das Shogunat hatte den Etat des Kaiserhofes so dotiert, daß die Würde des Kaiserhauses gerade gewahrt schien. Zahlreiche

Anekdoten berichten vom bescheidenen Haushalt des Kaiserhofes. Zu den über mehrere Monate andauernden Neujahrsfesten am Kaiserhof wurden Hochadel und Feudalherren aus dem ganzen Land eingeladen und ihnen wurde Reiswein (Sake) ausgeschenkt. Der Sake wurde aber wegen knapper Haushaltskosten fast immer mit Wasser verdünnt, so daß keiner der geladenen Gäste jemals betrunken wurde, auch wenn er noch so kräftig von dem gewässerten Sake gekostet hatte.

Die Pfründen und Ländereien von Hochadel, Kriegerstand, Tempel- und Schreinwesen bezifferten sich Anfang der Meiji-Revolution auf rund 13 Millionen *koku*. Koku ist eine traditionelle Mengenbezeichnung der Reiserträge für 180 Liter und zugleich der Maßstab für das Ackerland. Die neue Meiji-Regierung verstaatlichte davon zunächst 5 Millionen Koku.

Einer der führenden Kräfte der Meiji-Reform, Iwakura Tomomi (1825-1883), schlug 1882 vor, die Vermögensverhältnisse des Kaiserhauses zu stärken. Falls der Jahresetat für Militär und Staatsbeamte im Parlament boykottiert würde, könnte die Kaiserregierung aus ihrer Kasse die Beamten bezahlen. Zwischen 1882 und 1890 wurden ertragreiche Reisfelder, Wälder und Weideland, was bis dahin den regionalen Fürsten gehört hatte, zum Eigentum des Kaisers erklärt. Darüber hinaus wurde ein Großteil der regierungseigenen Wertpapiere bei der neu gegründeten Nihon-Ginko (Notenbank), Bank of Yokohama (Devisenbank) und Nihon-Yusen (japanische Reederei) zum Besitz des Kaiserhauses erklärt. So wurde der Kaiser der größte Land- und Aktienbesitzer. Vor allem der Besitz von Bergen, Wäldern und Weideland hatte eine noch gravierendere Bedeutung als der materielle Reichtum der Wertpapiere. Berge und Wälder sind die Wasserquelle für die Reisfelder. Wer über die Wasserquelle herrscht, ist der wahre Herrscher. Die Bestimmung der Jahresdevise durch den Kaiser bedeutete Herrschaft über die Zeit. Der Besitz der Wasserquellen symbolisierte die absolute Herrschaft über den Lebensraum. Der Sinn der Meiji-Restauration war die Wiederherstellung der absoluten Kaisermacht, und dafür war die Aneignung von Bergen, Boden und Wäldern unabdingbar. Um die weltliche Herrschaft des Kaisers zu sichern, wurde das Kaiserhaus mit Staatseigentum ausgestattet. Bis zum Ende des Zweiten Weltkrieges gehörte das japanische Kaiserhaus zu den reichsten Monarchien in der Welt.

Höfische Feste und Riten im Staatsshintoismus

Weil die Propaganda für den Staatsshintoismus scheiterte, konzipierte die Meiji-Regierung eine neue Religionspolitik. Der Staats-shintoismus sollte über den anderen religiösen Institutionen stehen. Die shintoistischen Feste und Riten am Kaiserhof wurden als liturgische Vorbilder für alle Schreine im Land und zugleich als Nationalfeiertage bestimmt. Der Staatsshintoismus sollte bezeugen, daß der Kaiser selbst das Staatswesen ist und die Göttlichkeit des Kaisers durch die Hochfeste verherrlicht wird. Als junger Politiker besuchte Ito Hirobumi (1841-1909), der erste Premierminister des neuen Japan, 1882 Preußen, um eine moderne Verfassung nach preußischem Vorbild zu studieren. Er nahm Kontakt mit preußischen Gelehrten, wie Rudolf von Gneist (1816-1895) und Lorenz von Stein (1815-1890) auf. Er bat sie um Rat, wie der Staatsshintoismus innerhalb einer modernen Staatsverfassung mit der Religionsfreiheit zu vereinbaren sei. Er erhielt von den deutschen Gelehrten konkrete Hinweise dafür. Die Feste und Riten des Kaiserhofes müßten als über alle Religionen erhabene Staatsakte definiert und als Nationalfeiertage gefeiert werden.

Der Kaiserhof formalisierte und vergrößerte daher die Feste bezüglich der Reiskultur. In der langen Tradition des Kaiserhofes gab es Feste und Riten, die vom Kaiser selbst begangen wurden. Diese heißen *Taisai* (Hochfest) des Kaisers, und zum Hochfest gehörten ursprünglich nur zwei Feste, das Niinamesai im Kaiserpalast und das Kannamesai im Ise-Schrein. Beide Feste sind ein Erntedankfest. Zur Erweiterung der Hoffeste wurden neben diesen beiden Festen noch 11 Feste als kaiserliche Hochfeste eingeführt. Sie beziehen sich ausschließlich auf den Ahnenkult des Kaiserhauses. Es gab also 13 kaiserliche Hochfeste. Zu den kleinen Festen, die von einem Shinto-Priester und Zeremonienmeister des Kaiserhofes zu begehen sind, gehörten nur drei: *Saitansai, Kinensai* und *Mikagura* im Kashikodokoro (Heilige Stätte der Weisheit) im Kaiserpalast. Zu diesen kleinen Festen wurde das Geburtstagsfest des Meiji-Tenno hinzugefügt.

Kalenderreform

1873 wurde die moderne Zeitrechnung nach dem Gregorianischen Kalender eingeführt. Aufgrund des Gregorianischen Kalenders wurde der 11. Februar zum Reichsgründungstag erklärt, an dem nach der Reichschronik (Nihonshoki) die Inthronisierung des ersten Kaisers Jimmu-Tenno (660-585 v.Chr.) stattgefunden hatte. Die Existenz oder Regentschaft des Jimmu-Tenno ist nicht auf historische Fakten zu begründen, aber das fiktive Datum wurde nach dem westlichen Kalender konstruiert und zum Nationalfeiertag erklärt. Die neu eingeführten Feiertage dienten alle der Verherrlichung des Kaisertums.

Die Meiji-Regierung schaffte die auf buddhistischem Brauchtum beruhenden Feiertage ab, und bestimmte die nationalen Feiertage nach dem Festkalender des Kaiserhofes. Die Regierung legte aber auch fest, daß die Jahresdevise nicht mehr beliebig geändert werden dürfe. Das heißt, für die ganze Regentschaft eines Kaisers gab es nur eine Jahresdevise. Mit der Inthronisierung des Meiji-Tenno begann 1868 das erste Jahr der Meiji-Zeit.

Staatliche Kultstätte für die Kaiserverehrung

Um den Staatsshintoismus über die anderen religiösen Institutionen zu erheben, wurde eine neue Verwaltungszentrale (*Jinja jimukyoku*) errichtet, die der Nachfolger der Akademie war. Nach der Aufhebung des Erlasses über die Christenverfolgung und der Rehabilitation der buddhistischen Tempel gewann die Missionsarbeit der christlichen Orden und buddhistischen Schulen wieder an Einfluß. In Anbetracht dieser Aktivitäten fand es die Regierung dringend notwendig, eine staatliche

Kultstätte für die Kaiserverehrung in Tokyo zu erbauen. Denn die christlichen Orden errichteten große Kirchen im Zentrum der Städte, zu denen jeder Gläubige freien Zugang hatte. Der Ise-Schrein ist von Tokyo zu weit entfernt, und der Kaiserpalast war für das gemeine Volk hermetisch verschlossen. Als staatliche Kultstätte für die Kaiserverehrung wurde der *Jinguyohaijo* errichtet. Yohai heißt Anbetung aus der Ferne und wie sich ein frommer Mohammedaner beim Gebet in Richtung Mekka wendet, so war es geboten, sich in dieser Kultstätte in Richtung Ise-Schrein zu verbeugen.

In der Geschichte gab es zwischen den führenden Schreinen oft Auseinandersetzungen. Daß der Ise-Schrein im Staatsshintoismus den Primat inne hatte, mißfiel manchen anderen großen Schreinen sehr. Ein Shinto-Priester des altehrwürdigen Izumo-Schreins stellte öffentlich die Frage, welche Gottheiten denn im Jinguyohaijo verehrt würden. Die Regierung erklärte, daß es einschließlich Amaterasu Ohmikami vier Gottheiten seien, die bei der Gründung des Kaiserreiches im Altertum mitgewirkt hätten. Auf diese Erklärung hin verlangte der Izumo-Schrein, daß seine Schutzgottheit auch in die zu verehrenden Gottheiten eingereiht würde. Die Beamten der Regierung lehnten es mit der folgenden Begründung ab: Die zivilisierten Länder im Westen verehren nur einen Gott. Aber im Jinguyohaijo seien schon vier Gottheiten präsent, und es sei nicht opportun, diese Gottheiten noch um eine weitere zu vermehren. Wegen dieser Antwort sehr aufgebracht reichte der Izumo-Schrein ein Gesuch beim Meiji-Tenno selbst ein, und dieser antwortete in einem Edikt, daß die in einem Schrein verehrten Gottheiten alle heilig seien. Mit dieser Antwort gab sich der Izumo-Schrein zufrieden.

Trennung innerhalb des Staatsshintoismus

Nach diesem Streit mit dem Izumo-Schrein beschloß die Regierung, den Staatsshintoismus in zwei Kategorien zu unterscheiden: Der Jinja-Shintoismus begeht ausschließlich die Feste und Riten. Den Priestern dieses Shintoismus war es grundsätzlich verboten, die shintoistische Lehre zu verbreiten sowie die herkömmlich von buddhistischen Priestern wahrgenommenen Trauerfeierlichkeiten zu begehen. Die Feste und Riten des Jinja-Shintoismus beziehen sich nur auf die Feiern der Reiskultur am Kaiserhof und im ganzen Land.

Der Kyoha-Shinto (Konfessions-Shintoismus) beschäftigt sich mit den altüberlieferten Zauberkulten und Beschwörungen. Zu diesem Kyoha-Shintoismus wurden der Izumo-Schrein und dessen Filialschreine sowie die neuen Schulen gerechnet, die Mitte des 19. Jahrhunderts entstanden waren. Dem Kyoha-Shintoismus gehörten 13 Schulen an, die mit dem Buddhismus verschmolzenen Shinto-Schulen oder taoistische und konfuzianische Schulen. Diese waren bis dahin von der Meiji-Regierung als Irrglauben verrufen worden. Die religiösen Tätigkeiten dieser Gemeinden wurden ab jetzt nicht mehr unterdrückt.

Religionsfreiheit im Staatsshintoismus

Am 11. Februar 1889 fand die erste Parlamentssitzung statt, und die Reichsverfassung sowie „das Gesetz über das Kaiserhaus und Hofamt" (*Koshitsutenpan*) wurden verkündet. In der Verfassung war der Kaiser als höchster Machthaber und einziger Herrscher und zugleich als „heilige unantastbare lebendige Gottheit" (*Arahitogami*) definiert worden. Der Verfassung nach war der Staatsapparat, die Regierung, das Parlament und die Justiz dem Kaiser untergeordnet. Das Militär wurde, von diesem Staatsapparat getrennt, direkt dem Kaiser zugeordnet. Sowohl die Regierung als auch das Parlament hatten keine Kontrolle über das Militär.

Artikel 28 der Reichsverfassung definierte die Religionsfreiheit. Jedem ist Religionsfreiheit gewährt, wenn diese Frieden und Ordnung des Staates und die Pflichten eines dem Kaiser untergebenen Untertanen nicht beeinträchtigt. Die Pflichten eines Untertanen waren vor allem die Kaiserverehrung und die enge Bindung an den Staatsshintoismus (Jinja-Shintoismus). Die Religionsfreiheit in dieser Verfassung wurde so lange gewährt, wie man sich zum Staatsshintoismus bekannte. Die buddhistischen und christlichen Gläubigen hatten deshalb keine Religionsfreiheit, denn sie waren nicht Mitglieder eines Schreins. Trotz der angeblichen Religionsfreiheit wurden die christlichen Kirchen und buddhistischen Tempel in Wirklichkeit stets unterdrückt.

Interessanterweise lebte der alte Brauch, die besondere Ehrenwürde (Daishi) einem verstorbenen Patriarchen zu verleihen, durch die Meiji-Zeit hindurch fort. Bis zum Zusammenbruch des Tokuwaga-Shogunats verlieh ein Kaiser während seiner Regentschaft im Durchschnitt nur ein oder zwei Priestern die Ehrenwürde. Der Meiji-Tenno gewährte während seiner 44-jährigen Regentschaft 8 Patriarchen diese Würde: darunter erstmals in der Geschichte 1876 dem Laienmönch Shinran der Jodo-Shinshu-Schule, 1879 zum ersten Mal dem Zen-Meister Dogen der Soto-Zen-Schule und 1911 dem Stifter der Jodo-Schule, Honen, was für diesen die 6. Auszeichnung war. Die Häufung der Ehren für Honen läßt sich dadurch erklären, daß die Tokugawa-Familie Stammmitglied der Jodo-Schule war. Der Kaiserhof hatte seit dem 17. Jahrhundert aus Respekt gegenüber der Shogun-Familie immer wieder dem Patriarchen der Jodo-Schule die Ehrenwürde verliehen. Dieser Brauch setzte sich auch in die Meiji-Zeit fort. Der Thronfolger des Meiji-Tenno, der Taisho-Tenno (geboren 1879; 1912-1926), zeichnete nur zwei Patriarchen, Nichiren der Nichiren-Schule und Ingen (1592-1673) der Zen-Schule (*Obakushu*) aus dem 17. Jahrhundert mit der Ehrenwürde aus. Nur einmal während seiner 64-jährigen Regenschaft vergab der Showa-Tenno (Kaiser Hirohito) die Ehrenwürde 1961 an Honen, was für diesen die 7. Auszeichnung war.

Staatliche Schreinbauten

Zur Festigung der Kaiserverehrung ließ die Regierung zahlreiche Schreine bauen. In diesen neu erbauten staatlichen Schreinen wurden überwiegend historische Helden und patriotische Admiräle als Schutzgottheiten verehrt, die für den Kaiser ihr Leben geopfert oder einen großen Sieg für das Reich errungen

hatten. Die neuen Schreine wurden in vier Kategorien unterschieden:
1. In Schreinen für Feldherren wurden Krieger verehrt, die im Mittelalter, als zwei Kaiserhöfe existierten, für den Kaiser des Südhofes ihr Leben geopfert hatten.
2. Schreine für politisch Verbündete der Meiji-Revolution und Kriegsgefallene im Kampf gegen das Shogunat sowie weitere Kriegsgefallene im chinesisch-japanischen Krieg, im russisch-japanischen Krieg und im Pazifischen Krieg. Der Yasukuni-Schrein und seine Filialschreine in den Provinzen (Gokoku-Schrein) dienen diesem Zweck. Der Yasukuni-Schrein wurde bis zum Kriegsende (1945) vom Militär verwaltet.
3. Schreine, deren Schutzgottheiten die Vorfahren des Kaiserhauses sind: der Meiji-Schrein in Tokyo, der Heian-Schrein in Kyoto und der Kashihara-Schrein in der Nara-Präfektur.
4. Schreine in den japanischen Kolonien, in Korea und in der Mandschurei. In Seoul wurde der Chosen Jingu (Chosen ist eine alte Bezeichnung für Korea) errichtet, und die Koreaner mußten an diesem Schrein als Untertanen des Kaiserstaates jeden Morgen beten.

Der alte Brauch, für die Kriegsgefallenen zur Seelenbesänftigung einen Tempel oder einen Schrein zu errichten, wurde in der Meiji-Zeit weiter praktiziert. Am Kaiserhof war es nicht anders. Das Kaiserhaus ließ in der Geschichte für im Unglück gestorbene Familienmitglieder Schreine errichten, um die Seelen zu trösten und Unheil für die Hinterbliebenen abzuwenden. Am Ende des 19. Jahrhunderts aber, in einem modernen Staat, schien die Errichtung neuer Schreine für Mitglieder der kaiserlichen Familie zur Bekräftigung der Göttlichkeit des Kaisers förderlich. Der Staatsshintoismus sprach dem Kaiser eine unantastbare Göttlichkeit zu, und die Kontinuität dieser Göttlichkeit mußte bezeugt werden. Darum war es notwendig, auch die verstorbenen Kaiser als Gottheiten zu verherrlichen. Bis dahin waren die meisten Kaiser buddhistisch bestattet und im Haustempel in Kyoto (Sennyuji) beigesetzt worden.

Vereinheitlichung des Baustils für Schreine

Der Baustil der Schreine wurde in der Meiji-Zeit dem Baustil des Ise-Schreins angepaßt. Der altehrwürdige Atsuta-Schrein mußte gemäß dem Baustil des Ise-Schreins umgebaut werden. Die bodenständigen und kleinen Schreine hatten bis dahin einen dem Klima des Orts gerechten Baustil, aber sie wurden auch ohne Ausnahme umgebaut. Es gab viele verlassene Schreine, die eigentlich von einem buddhistischen Tempel verwaltet und seit der Trennung des Buddhismus und Shintoismus vernachlässigt worden waren. Die angestammten Kultstätten im Freien, die kein festes Gebäude hatten (große Felsen, dichte Wälder oder der ganze Berg), wurden als Shinto-Schreine nicht mehr anerkannt. Viele Jahrhunderte alte große Bäume, die gläubig als Schutzgottheiten des Dorfes verehrt worden waren, wurden gefällt und als Baumaterial für Schulen und öffentliche Gebäude verbraucht.

Erziehungsedikt

Um Gehorsam und Loyalität gegenüber dem Kaiserstaat zu fördern, wurde 1890 im Namen des Kaisers das Erziehungsedikt verkündet. In der Schule wurden die Mythen der Reichsgründung sowie die Göttlichkeit des Kaiserhauses unterrichtet. Die konfuzianischen Werte, Gehorsam gegenüber den Eltern und dem Kaiser, Fleiß im Alltag und Harmonie im zwischenmenschlichen Umgang wurden als Grundmoral im Erziehungsedikt gepriesen, das in den Schulen sowohl in Japan als auch in den Kolonien, wie ein Glaubensbekenntnis beim Morgenappell gemeinsam in der Gruppe aufzusagen war.

Nationalhymne

1896 wurde die Hymne an den Kaiser (*Kimigayo*), die 1880 gedichtet und im Zeremoniell am Kaiserhof und beim Militär gesungen wurde, den europäischen Staaten als Nationalhymne bekannt gegeben. In Japan wurde sie erst 1999 als Nationalhymne gesetzlich festgelegt. Die Hymne bringt das ewige

Fortbestehen des Kaisertums zum Ausdruck. Der Kaiser singt aber nicht mit, er hört nur zu. Bei der Eröffnungszeremonie des Parlaments, die in Anwesenheit des Kaisers stattfindet, wird jedesmal die Nationalhymne von den Abgeordneten und Besuchern gesungen.

Die Nationalflagge Japans, das Sonnenbanner (*Nisshoki*, im Volksmund *Hinomaru*), wurde ursprünglich auf dem Schrein bei feierlichen Anlässen gehißt. Im 16. Jahrhundert wurde sie als Seeflagge im Sinne einer Nationalflagge verwendet. 1999 wurde das Sonnenbanner erstmals in der Geschichte als Nationalflagge gesetzlich bestimmt.

Der Staatsshintoismus erlebte seinen Höhepunkt um 1940 kurz vor dem Beginn des Pazifischen Krieges. Die gesamte Bevölkerung wurde gezwungen, sich in einen der Schreine des Wohnviertels als Mitglied einzutragen. Die Schreine waren die unterste Machtebene des Staatsshintoismus. Christen und Buddhisten wurden unterdrückt.

Shintoistische Trauung

Die Trauung war in Japan traditionell eine profane Angelegenheit. 1901 wurde erstmals der Ritus der Eheschließung in einem Schrein eingeführt. In Anlehnung an den Brauch der christlichen Kirchen förderte der Staatsshintoismus die Eheschließung in einem Shinto-Schrein. Die shintoistische Trauung war nicht zwangsmäßig, wurde aber sehr gefördert. Früher fand die Eheschließung und die daran anschließende Hochzeitsfeier fast immer im Hause des Bräutigams statt. Hier versammelten sich die Verwandten, Nachbarn und Freunde des Brautpaares und wurden Zeugen der Eheschließung. Aber seit der Einführung der shintoistischen Trauung übte der Staatsshintoismus seinen Einfluß bis in das Familienleben hinein aus. Die shintoistische Trauung (*Shinzen kekkonshiki*) blieb bis in die Gegenwart gebräuchlich. Das Brautkleid war traditionell ein prächtiger Kimono, mit viel Glück und langes Leben versprechenden Motiven. Dieses Kleid wurde früher bei feierlichen Anlässen als Festkleid weiter getragen. In der Gegenwart trägt die Braut ein weißes seidenes Kleid und eine Haube, die ausschließlich für diese Trauung angefertigt wird. Um diese Zeit entstand aber auch die buddhistische Trauung (*Butsuzen kekkonshiki*), die in einem buddhistischen Tempel gefeiert wird.

Christen im Staatsshintoismus

Einige evangelische Kirchen aus den USA begannen um 1880 in Japan sozial-karitative Tätigkeiten. Der damaligen Bewegung für eine freie moderne Bürgergesellschaft boten die christlichen Kirchen nicht nur in den Städten, sondern auch bei den Bauern und Arbeitern in den Provinzen moralische Unterstützung. Evangelische Pastoren gründeten die erste Arbeitergewerkschaft und waren durch sie sozial-karitativ tätig. Die evangelische Kirche wurde vor allem vom städtischen Mittelstand gut aufgenommen, während die katholische Kirche in ihren alten Hochburgen auf der Insel Kyushu wieder aktiv wurde. Sie bemühte sich, Gemeinden und Klöster aufzubauen und die zum Buddhismus gezwungenen Menschen wieder zum Christentum zurückzuführen. Die katholische Kirche gründete vor allem höhere Schulen, Krankenhäuser und karitative Werke. An der Arbeiterbewegung nahm sie nicht so aktiv teil, wie die evangelischen Kirchen aus den USA. An der Modernisierung der japanischen Gesellschaft hatten die christlichen Kirchen einen wesentlichen Anteil. Sie waren eine wichtige Triebkraft für die Entwicklung einer Bürgergesellschaft.

1899 wurde in den Schulen der Religionsunterricht kategorisch verboten. Das Erziehungsministerium ordnete an, auch an den christlichen Schulen den Religionsunterricht zu unterlassen. Denn die christlichen Glaubenslehren, vor allem die monotheistische Weltanschauung und die unbedingte Achtung der Menschenwürde und Menschenrechte, waren mit der Ideologie des Staatsshintoismus nicht zu vereinbaren. In allen Schulen mußten dagegen die Bilder der kaiserlichen Majestäten hoch an die Wand gehängt werden. In der ersten Hälfte des 20. Jahrhunderts, als Japan Kriege gegen China, Rußland und die USA führte, wurden die christlichen Kirchen unterdrückt. Sie waren in den Augen des Militärs Agenten eines feindlichen Gedankenguts und einige Christen, die aus Gewissensgründen den Wehrdienst verweigerten, wurden verhaftet und ins Gefängnis geschickt.

Zen-Tempel (Myoshinji) in Kyoto

11. Das Kaiserhaus nach dem Krieg

Die kaiserliche Ansprache

Am 15. August 1945 gab Kaiser Hirohito (geboren1901; 1926-1989) im Rundfunk bekannt, daß Japan den Krieg verloren habe. Der im Alter von 26 Jahren zum 124. Thronfolger inthronisierte Kaiser war 44 Jahre alt. Seit Tagen war schon angekündigt, daß es am 15. August eine wichtige Verlautbarung geben werde. Mittags um 12 Uhr forderte ein Radioansager die Zuhörer auf, sich zu erheben, denn in wenigen Minuten werde der Kaiser im Rundfunk sprechen. So standen einige vor dem Radio stramm, einige saßen auf den Knien vor Ehrfurcht leicht nach vorne geneigt, und es herrschte Stille. Auf dem Platz vor dem Kaiserpalast saßen Frauen und Männer auf den Knien auf Kieselsteinen. Sie ahnten irgendwie, daß Japan den Krieg verloren hatte. An diesem Tag hörten die meisten Japaner zum ersten Mal in ihrem Leben die Stimme des Kaisers, der heiligen unantastbaren lebenden Gottheit (Arahitogami).

Eine Episode: Auf der Insel Okinawa waren die US-Truppen bereits im Mai gelandet. Als ein Offizier der US-Army, der die Ansprache des Kaisers hörte, einen japanischen Dolmetscher fragte, ob der gerade Sprechende wahrhaftig der Kaiser selbst sei, konnte der Dolmetscher zur Verwunderung des amerikanischen Offiziers nur antworten, er wisse es nicht, denn er habe in seinem Leben niemals die Stimme des Kaisers gehört.

Der Text der Kaiseransprache wurde im Auftrag der Regierung von konfuzianischen Gelehrten verfaßt und nach skrupulöser Auswahl geziemender Wörter mehrmals durch die zuständigen Regierungsstellen und das Hofamt korrigiert. Die Tonaufnahme fand einige Tage vor der Radiosendung statt. Das Tonband mußte an einem geheimen Ort versteckt werden, denn Teile des Militärs, die den Krieg mit allen Mitteln fortsetzen wollten, versuchten das kaiserliche Eingeständnis der Niederlage zu verhindern. Vom Widerstand dieser Gruppe unbehelligt konnte die Ansprache des Kaisers am 15. August dem Volk verkündet werden. Kaiser Hirohito sprach vier Minuten und der

Krieg war zu Ende. Aus dem Tagebuch des Kammerherrn Tokugawa, der über ein halbes Jahrhundert dem Kaiser Hirohito gedient hatte, geht hervor, daß sich der Kaiser am 11. November 1945 zum Ise-Schrein begab, um den kaiserlichen Schutzgottheiten und Vorfahren das Kriegsende kund zu tun.

Verneinung der Göttlichkeit des Kaisers

Nach der Kapitulation wurde Japan von den USA besetzt. Die Besatzungsmacht plante die Entmachtung des Kaisertums, die permanente Entmilitarisierung und die Demokratisierung der japanischen Gesellschaft. Sie verordnete im Dezember 1945 einen Erlaß bezüglich der Trennung von Staat und Religion und damit der Abschaffung des Staatsshintoismus. Am Neujahrstag 1946 entsagte der Kaiser seiner Göttlichkeit, die seit der Meiji-Restauration das Dogma des Staatsshintoismus gewesen war. Diese Erklärung des Kaisers wird in der Umgangssprache „*Ningen-sengen*" (Kundgebung des Menschseins) genannt. Sie war für viele Japaner ein erschütterndes Ereignis, denn knapp ein Jahrhundert lang war ihnen indoktriniert worden, es sei die Pflicht und Schuldigkeit jedes Untertanen, an die unantastbare Göttlichkeit des Kaisers zu glauben und dem Kaiser Gehorsam, Ehrfurcht, Loyalität und Opferbereitschaft zu erweisen.

Abschaffung des Adelsstandes

1947 wurde die neue Verfassung verkündet. Sie beschreibt den Kaiser als „Symbol des Staates und der Einheit des Volkes". Der erste Schritt der Demokratisierung wurde mit der endgültigen Abschaffung des Adelsstandes und der Verkleinerung des Kaiserhauses getan. Der Adel wurde verbürgerlicht, sein Besitz verstaatlicht und die Führung eines Adelstitels verboten. Der Hochadel, der über viele Jahrhunderte für das praktische Alltagsleben wenig gelernt hatte, wurde von heute auf morgen in ein bürgerliches Leben ausgesetzt. Er mußte, wie jeder Bürger in der schwierigen Nachkriegszeit ums Überleben kämpfen. Die 11 Zweigfamilien des Kaiserhauses (insgesamt 51 Personen) schieden aus dem Kaiserhaus aus. Im Mai 1947 reichten diese Familien selbst ein Gesuch ein, in dem sie mit Sammelunterschriften aller Familienangehörigen um ihr freiwilliges Ausscheiden aus der kaiserlichen Familie baten. Mit dem Ausscheiden des Hochadels wurde das Kaiserhaus eine Monarchie ohne Adel. Es gibt heute in Japan nur das Kaiserhaus und freie Staatsbürger.

Familienstammbuch des Kaiserhauses

Ein Familienstammbuch (*Koseki*), in dem Geburt, Herkunft sowie Verwandtschaftsbeziehungen eines Bürgers eingetragen sind und dessen Auszug als wichtigste Identifikation für das bürgerliche Leben dient, führt das Kaiserhaus nicht. Die Familienangehörigen des Kaiserhauses besitzen ein eigenes Registerbuch (*Kotofu*), das vom Hofamt verwaltet wird. Die Urkunde wird in der kaiserlichen Bibliothek des Hofamtes und ein Auszug dieser Urkunde wird im Justizministerium aufbewahrt. Wenn eine kaiserliche Prinzessin heiratet, scheidet sie aus dem Kaiserhaus aus und wird bürgerlich. In der Verfassung sind dem Kaiser, Symbol des Staates und der Einheit des Volkes, keine staatsbürgerlichen Rechte eingeräumt; denn er ist kein Bürger. Das Wahlrecht sowie die Wählbarkeit des Kaisers und der kaiserlichen Familienangehörigen sind in einer Klausel des Wahlgesetzes als vorübergehend ruhend definiert.

Steuererklärung des Kaiserhauses

Die US-Besatzung verlangte im Oktober 1945 vom Hofamt die Jahresberichte über Einkommen und Ausgaben des Kaiserhauses sowie die Unterlagen über den Vermögensstand einschließlich Immobilien, Kunstgegenstände und Wertpapiere. Gleich nach dem Erhalt der Dokumente sperrte die Besatzung im November das Gesamtvermögen des Kaiserhauses. Ein Untersuchungsausschuß stellte fest, daß die vom Hofamt gemachten Angaben nicht den wirklichen Werten entsprachen. Das Vermögen wurde im Realwert schließlich doppelt so hoch wie in den Angaben des Hofamtes beziffert. Das Kaiserhaus wurde dann aufgefordert, bis zum März 1947 die fälligen Vermögenssteuern zu zahlen. Das Gesamtvermögen des Kaiserhauses wurde damals auf 3,7 Mrd. Yen veranschlagt. Die drastischen „Vermögenssteuern" beliefen sich auf 3,3 Mrd.Yen. So wurde das Kaiserhaus wieder zu einem „bescheidenen" Haushalt. Das übriggebliebene Vermögen des Kaiserhauses wurde zum Staatseigentum erklärt. Große Teile von ehemals kaiserlichem Grund und Boden sind heute öffentliche Parks in den Städten und Erholungsgebieten. Die kaiserlichen Villen um Tokyo (in Nasu, Suzaki und Hayama) werden vom Staat dem Kaiserhaus kostenlos zur Verfügung gestellt. Der Etat des privaten Haushalts sowie die Kosten für die staatlichen Funktionen des Kaiserhauses werden seit Kriegsende durch das Parlament bestimmt und verabschiedet.

Modernisierung des Hofamts

Der zweite Schritt der Modernisierung des Kaiserhauses erfolgte im Bereich des Hofamtes. Nach dem Krieg zählte das Hofamt über 6000 Beamte. Die neue Verfassung von 1947 integrierte das kaiserliche Haus- und Hofgesetz, das seit der Meiji-Restauration als eigenes Gesetz parallel zur Reichsverfassung bestanden hatte. Die neue Verfassung unterstellte das Hofamt unmittelbar dem Premierminister. Das Hofamt ist für die staatlichen Funktionen des Kaisers zuständig. Es bewahrt auch das Staatssiegel des Kaisers. Heute sind im Hofamt 1200 Beamte und Angestellte beschäftigt: 6 höchste Beamte werden ernannt, 49 von der staatlichen Personalbehörde (*Jinjiin*) vorgeschlagen und die anderen nach dem allgemeinen Gesetz für Bedienstete im öffentlichen Dienst angestellt und befördert.

Religiöse Körperschaft öffentlichen Rechts

In der neuen Verfassung wurde die Trennung von Staat und Religion verankert. Artikel 20 bestimmt: Die Religionsfreiheit ist vollkommen gewährt, und kein Individuum oder Religionsverband darf vom Staat finanziert werden. Niemand darf zur Teilnahme an religiösen Veranstaltungen gezwungen werden.

Der Staat oder öffentliche Einrichtungen dürfen weder Religionsunterricht noch andere religiöse Tätigkeiten ausüben. Artikel 8 verbietet ausdrücklich die Verwendung von öffentlichen Finanzmitteln für den Unterhalt von Religionsgemeinschaften und religiösen Verbänden. Auch zum Zweck der religiösen Ausbildung, oder für soziale Aktivitäten nicht-staatlicher Institutionen dürfen keine Finanzen des öffentlichen Haushaltes ausgegeben werden.

Nachdem der Kaiser selbst 1946 seine Göttlichkeit verneint hatte, wurde das Hauptamt des Staatsshintoismus (Jingiin) geschlossen, und eine neue Zentrale (Jinja-honcho) mit dem Status einer religiösen Körperschaft des öffentlichen Rechts gegründet. Aber der Ise-Schrein rangiert nach wie vor an der Spitze der Hierarchie. Fast alle Schreine (rund 78.000) sind dem Ise-Schrein unterstellt. Die vom Kaiser zu begehenden Riten und Zeremonien werden als „Traditionspflege und private Angelegenheit des Kaiserhauses" charakterisiert. Die alten Nationalfeiertage des Staatsshintoismus wurden abgeschafft und statt dessen neue eingeführt.

Jede religiöse Körperschaft muß von den zuständigen Behörden (entweder vom Ministerium für Bildung, Kultur, Technologie und Wissenschaft oder von der Präfekturverwaltung) anerkannt werden. Die Behörde prüft, ob die Tätigkeiten der Körperschaft den Sinn und Zweck des Gesetzes von 1951 erfüllen. Die durch die Meiji-Regierung als irreführender Aberglauben unterdrückten Gemeinschaften, unter anderen der Shugendo, ließen sich nach dem Krieg als religiöse Körperschaft registrieren. Die Tempel des Shugendo ver-anstalten jedes Jahr Erlebniskurse für die Bevölkerung. Die Zen-Tempel bieten Kurse für Studenten und Angestellte an, die Zen-Meditation als Methode zur Selbstüberwindung praktizieren. Der Titel der altehrwürdigen Tempel der kaiserlichen Nachkommen (Monzeki-jiin), wurde nur 24 Tempeln und 15 Nonnenklöstern erlaubt.

Es gibt in Japan eine kleine Anzahl von muslimischen, jüdischen und orthodoxen Gemeinschaften.

Stellung und Funktion des Kaisers in der Gegenwart

Der neuen Verfassung des Jahres 1947 gemäß geht die Staatsgewalt vom Volke aus. Der Kaiser ist nicht Teil der Regierung. Er hat auch keine direkten politischen Funktionen (Artikel 4). Die Aufgaben des Kaisers beziehen sich auf drei wichtige Bereiche: die völkerrechtliche Vertretung einschließlich der Kontaktpflege der Monarchien in Übersee, die Durchführung der in der Verfassung verankerten repräsentativen Staatsakte, die auf Empfehlung und Zustimmung des Kabinetts erfolgen, und die Traditionspflege des Kaiserhauses.

In der neuen Verfassung von 1947 ist dem Kaiser kein Recht auf Abdankung eingeräumt. Die Thronfolge ist auf einen männlichen Nachkommen des Kaisers beschränkt. In der Geschichte gab es aber 8 Kaiserinnen und ihre Regentschaften zählten 10 Jahresdevisen. Sechs von ihnen regierten zwischen dem 6. und 8. Jahrhundert; zwei Kaiserinnen im 17. und 18. Jahrhundert. Die Regentschaft der Kaiserinnen entstand immer in politisch instabilen Zeiten. Die Kaiserinnen waren entweder Witwen des Kaisers oder seine ledige Schwestern.

Völkerrechtliche Vertretung

Eine der wichtigsten Aufgaben des Kaisers liegt in der Pflege freundschaftlicher Beziehungen zu anderen Staaten und Monarchien. Der Kaiser empfängt Staatsgäste und nimmt das Beglaubigungsschreiben der diplomatischen Mission in Empfang. Er besucht das Ausland als höchste Vertretung des Staates.

Verfassungsmäßige Staatsakte

Nach der Verfassung gehört zu den Aufgaben des Kaisers die Ernennung und Entlassung des Premierministers und des Präsidenten des Obersten Gerichtshofes; Berufung und Auflösung des Unterhauses; Verleihung von Verdienstorden und Ehrenzeichen an Leistungsträger in Sport, Kultur und Wissenschaft und für sozialkaritative Aktivitäten. Außerdem nimmt das Kaiserpaar vielfältige gesellschaftliche Aufgaben in allen Bereichen (Eröffnung, Schirmherrschaften, Feiern und Jubiläen) wahr. Die Tagesordnung des Kaisers und der Kaiserin ist auf die Minuten geregelt.

Pflege der hauseigenen Tradition

Die zahlreichen Riten und Zeremonien im Kaiserpalast, die nach uralten Traditionen vom Kaiser begangen werden, wurden nach der Trennung von Staat und Religion als private Angelegenheit des Kaiserhauses beschrieben. Weil diese Gebräuche eines religiösen Charakters entbehren, wäre auch der Kaiser, theoretisch gesehen, im Besitz der Religionsfreiheit.
Die Trauerfeierlichkeiten anläßlich der Beisetzung des Showa-Tenno, der am 7. Januar 1989 verschied, sowie einige Zeremonien der Inthronisierung des jetzigen Kaiser Akihito (geboren 1933; 1989-) wurden als verfassungsmäßige Staatsakte definiert und mit Steuergeldern bezahlt. Die Trauerfeierlichkeiten sowie die Thronbesteigung verliefen dem uralten Ritual getreu, das seit Jahrhunderten überliefert ist. Die Thronbesteigung fand, nach der Haustradition, nicht an der heiligen Stätte im Palast in Tokyo statt, sondern im alten Kaiserpalast in Kyoto. Einzelheiten des ersten Erntedankfestes (Daijosai) werden im Kapitel „Festjahr im Kaiserhaus" beschrieben.

Kontaktpflege mit den Bürgern

Ein normaler Japaner hat praktisch keine Gelegenheit, dem Kaiser und der Kaiserin zu begegnen. Dennoch gibt es Möglichkeiten, den Kaiser und die Kaiserin aus gebührender Entfernung zu sehen: Am 2. Januar beim Empfang der Neujahrsgrüße und am Geburtstag des Kaisers, der ein Nationalfeiertag ist. Am 2. Januar kann man vom Innenhof des Kaiserpalastes aus die gesamten Mitglieder des Kaiserhauses begrüßen. Der Kaiser sendet dem Volk seine Neujahrsgrüße und Glückwünsche und das versammelte Volk erwidert mit dem dreimaligen Hochruf: „Hoch lebe der Kaiser (*Tenno heika banzai!*)". Die Familien des Kaiserhauses stehen auf einem Balkon hinter kugelsicheren Fenstern und winken freundlich lächelnd. Die Gratulationszeremonie erfolgt sieben Mal an diesem Tag. Der Kaiser wünscht dem Volk Glück und Frieden.

Der Geburtstag des Kaisers ist in Japan der einzige bewegliche Nationalfeiertag. Der Geburtstag des letzten Kaisers (Showa-Tenno) war der 29. April. Der Geburtstag von Kaiser Akihito wird am 23. Dezember gefeiert. An diesem Nationalfeiertag kann man dem Kaiser Glückwünsche nach dem gleichen Ritual aussprechen wie am 2. Neujahrstag.

Ehrenamtliche Palastpflege

Auf dem Platz am Kaiserpalast sieht man bisweilen eine Putzkolonne in Uniform, die Unkraut jätet und Laub fegt. Auf diesem Platz ist kein Papierabfall zu finden, er ist immer und überall ganz sauber. Für die Reinhaltung der großen Palastanlage kommen freiwillige Helfer aus dem ganzen Land, jährlich über 10.000 Leute in 400 Gruppen. Die Fahrkosten, Verpflegung und Übernachtung in einem japanischen Gasthaus (*Ryokan*) in Tokyo werden von den Teilnehmern selbst getragen. Vier Tage lang arbeiten sie in den Palastanlagen, von 8 Uhr morgens bis nachmittags um drei. Die freiwilligen Helfer dürfen die sonst nicht zugänglichen Palastanlagen betreten. Vor dem Arbeitszimmer seiner Majestät, das der Kaiser jeden Morgen pünktlich um 10 Uhr betritt, stehen rund 100 Helfer aus mehreren Gruppen. Dann wird das Gruppenfoto mit Kaiser und Kaiserin aufgenommen. Der Kaiser bringt seinen Dank zum Ausdruck, und die Versammelten rufen dreimal: Hoch lebe der Kaiser! Als Dankeszeichen für die freiwillige Arbeit verteilt das Hofamt den Helfern Geschenke mit dem kaiserlichen Wappen (16-blättrige Chrysantheme), die für jeden ein kostbares Andenken werden. Diese Palastpflege begann gleich nach dem Krieg. Durch Bomben war die Palastanlage an vielen Stellen zerstört, und eine freiwillige Kolonne kam, um aufzuräumen und die Gärten an den Schloßdämmen und -gräben zu pflegen. Kaiser Hirohito, der damals noch eine „Gottheit" war, erschien und dankte diesen Freiwilligen. Kaiser und Kaiserin sprachen die Helfer freundlich an und zeigten ihr Mitgefühl für die Leiden und Nöte der kriegsgeschädigten Leute. Dieses unglaubliche Ereignis sprach sich im ganzen Land herum, und es meldeten sich für das folgende Jahr über 10.000 Freiwillige aus 188 Verbänden zur Arbeit im Kaiserpalast. Bis heute ist diese Arbeitsbereitschaft lebendig geblieben.

Dichterrunde am Kaiserhof

Mitte Januar gibt es im Kaiserpalast eine literarische Veranstaltung, die nach einem alten Ritual abläuft. Zu dieser Dichterrunde werden 10 Sieger eines landesweiten Gedicht-Wettbewerbs eingeladen. Das Gedicht ist ein traditionelles *Tanka* aus 5 Zeilen (5-7-5-7-7 Silben). Es muß in der Regel mit Tusche und Pinsel eigenhändig geschrieben sein. Für Sehbehinderte und Ausnahmefälle werden auch Gedichte angenommen, die mit dem Komputer geschrieben sind. Jeder kann sich für diesen Gedichtwettbewerb (mit einem Jahresthema) bewerben, unabhängig von Alter, Geschlecht und Nationalität. Diese Veranstaltung wird direkt im Fernsehen übertragen. Die Gedichte werden von einem Rezitator vorgetragen. Zuletzt werden die Gedichte der Prinzen und Prinzessinnen des Kaiserhauses vorgestellt. Das Gedicht des Kaisers wird am Ende der Veranstaltung dreimal rezitiert.

12. Tabus im Alltag

Was die Menschen in ihrem alltäglichen Verhalten und Entscheiden wirklich beeinflußt, ist weniger die Vernunft, sondern es sind normalerweise Gewohnheiten und Gebräuche, die über Generationen und Jahrhunderte hinweg Verhaltens- und Denkmuster geprägt haben. In Japan spielen vor allem die alten Bräuche aus dem Onmyodo eine bestimmende Rolle, sowohl im Alltagsleben als auch bei feierlichen Anlässen. Hinter einem merkwürdigen Verhalten steckt fast immer der Glaube oder Aberglaube an Tabus.

Der alte Kalender

Seit alters wurden die 10 Kategorien und 12 Tierzeichen der Himmelsbetrachtung als Grundlage für die Vorhersage des menschlichen Schicksals angewendet. Himmelsrichtungen, Tage, Stunden, Monate und Jahre werden im alten Kalender nach den 10 Kategorien und 12 Tierzeichen aus dem Onmyodo benannt. Jedes Tierzeichen trägt einen Sinn in sich.
Von der Meiji-Restauration bis zum Ende des Zweiten Weltkrieges gab der Ise-Schrein einen offiziellen Kalender heraus. In diesem Kalender aber waren nur die shintoistischen Feier- und Festtage aufgeführt, die als Nationalfeiertage festgesetzt waren. Die Sterndeutung und Wahrsagerei, die im herkömmlichen Kalender für jeden Tag aufgeschrieben war, wurden als für die Modernisierung hinderlicher Aberglaube abgetan. Konsequent wurde das tägliche Horoskop aus dem offiziellen Kalender eliminiert. Dennoch blieb der alte Glaube an die Weissagungen und die damit zusammenhängenden Lebensgewohnheiten unverändert. Der Zyklus der alten Kalendertage und Monate wurde einfach auf den reformierten Kalender übertragen. Selbst heute sind auf den westlichen Kalendern, die man in Japan kostenlos von Geschäften und Firmen zum Jahreswechsel geschenkt bekommt, die günstigen oder ungünstigen Eigenschaften der 6-Tage in Kleinschrift angegeben. Dieses Kleingedruckte mag für Ausländer in Japan ohne Belang sein,

aber die meisten Japaner werden dadurch in ihren Handlungen und Entscheidungen beeinflußt. Die rationalen Kriterien einer Entscheidungstheorie, wie Wirtschaftlichkeit, Kosten-Nutzen-Rechnung und Effizienz, verblassen vor dem überlieferten Brauch. Das Horoskop für jeden Tag steht sowohl in den Terminkalendern der Geschäftswelt als auch in Taschenbüchern, von denen jedes Jahr einige Millionen Exemplare verkauft werden. Sie sind die heimlichen Bestseller auf dem Buchmarkt. Im Volksglauben ist zum Beispiel das Jahr *Hinoeuma* (das Jahr Pferd in einer bestimmten Sternkonstellation, die alle 60 Jahre wiederkehrt) ein Jahr mit Unruhen und Wandel. Einem Mädchen diesen Jahrgangs wird schon von der Geburt an ein ruheloses Leben und Mühsal geweissagt. Wie tief dieser Volksglaube im Bewußtsein der Japaner verwurzelt ist, belegt die demographische Statistik: 1965 (1,82 Mio.), 1966 (1,36 Mio.), 1967 (1,93 Mio.). Die Geburtenrate 1966 sackte im Vergleich zum Vorjahr drastisch ab und stieg im folgenden Jahr wieder steil an. Im Jahr 1966 gab es in Japan weder Kriege noch Naturkatastrophen, die diese extreme Bewegung der Geburtenrate beeinflußt haben könnten. 1966 war ein Hinoeuma-Jahr. Es ist sehr wahrscheinlich, daß die Frauen in diesem Jahr kein Mädchen zur Welt bringen wollten. Der Volksglaube an das Schicksal des Menschen, das von den Gestirnen beherrscht wird, hat in vielen Lebensbereichen noch das Sagen.

Gliederung der Zeit im alten Kalender

Die Tage, Stunden und Himmelsrichtungen werden im alten Kalender nach guten oder bösen unterschieden. Der Mond braucht ungefähr 29einhalb Tage, um einmal die Erde zu umrunden. Daher rührt die Zeitspanne des Monats. Die Woche umfaßte in Japan einen 6-Tage-Rythmus (*Rokuyo*), normalerweise in der Reihenfolge: *Sensho, Tomobiki, Senbu, Butsumetsu, Taian, Jakko*. Typisch ist, daß innerhalb dieses Zeitraums ein Tag als arbeitsfreier Ruhetag ausgezeichnet wird, der Taian.

Taian, der gute Tag

Die Übergangsriten, angefangen von der Verlobung, Heirat bis zu Trauerfeierlichkeiten, werden nach dem Charakter des Tages des alten Kalenders bestimmt. Nicht nur die Übergangsriten, sondern auch andere Feste und Feierlichkeiten des Alltags: Umzug, Bausteinlegung, Richtfest, Reiseantritt, Beginn eines neuen Projekts, Eröffnung des Geschäfts oder der Fahrplanwechsel einer S-Bahn Linie. Ein typisches Beispiel ist die Hochzeit. In Japan ist es Mode, wie in den europäischen Ländern, im Frühling/Frühsommer Hochzeiten zu feiern. An einem glückbringenden Tag, Taian, im Juni einen Saal für ein Hochzeitsfest zu reservieren, ist enorm schwierig, denn hier liegen die Sternstunden auf dem alten japanischen Kalender. Fast an allen Taian-Tagen im Frühling und im sonnigen Herbst sind die großen Bankettsäle im Raum Tokyo ausgebucht. An einem schlechten Tag wie Butsumetsu (Todestag des Buddha) in einem Hotel das Hochzeitsfest zu feiern, kostet nicht halb so viel wie an einem Taian-Tag. Wenn man unbedingt an einem Taian im Juni, der dazu noch zufällig auf einen Samstag oder Sonntag fällt, das Hochzeitsfest in einem Hotel feiern will, muß man sich einige Jahre vorher auf der Warteliste eintragen. Die Heirat ist für die meisten Japaner noch immer keine private Angelegenheit, sondern eine gesellschaftliche Veranstaltung, bei der die Eltern, Geschwister, Verwandten, Freunde und Kollegen mitspielen müssen.

Tabus bei Trauerfeiern

Nicht nur für das Hochzeitsfest ist der Charakter des Tages wichtig. Besonders die Trauerfeier wird nach altem Brauch und Volksglauben begangen: Der Tag, an dem die Trauerfeier möglichst vermieden werden muß, heißt Tomobiki, das Wort hat die Bedeutung wie „Freunde mitziehen". Wegen dieses Wortsinns meidet man in Japan die Trauerfeier an diesem Tag. Aus Rücksicht auf Freunde und Verwandte, die zur Trauerfeier kommen, darf die Feier nicht am Tag „Tomobiki" gefeiert werden. Auch wenn einige buddhistische Priester den „Unsinn" dieses Aberglaubens aufzuklären suchen, so hört doch keiner auf sie. Wie das Hochzeitsfest ist auch die Trauerfeier ein empfindliches gesellschaftliches Ereignis. Wenn ein Aufgeklärter, der diese Tabus hinter sich gelassen hat, an diesem Tag eine Trauerfeier veranstalten wollte, wäre sein Vorhaben doch zum Scheitern verurteilt. Denn die meisten öffentlichen Bestattungsanstalten haben am Tag-Tomobiki Ruhetag. In Japan gibt es rund 1600 öffentliche und zahlreiche private Bestattungsanstalten, und nur etwa 70 öffentliche Anstalten arbeiten auch am Tag-Tomobiki und haben am Sonntag Ruhetag. Das bedeutet, 95% der öffentlichen Bestattungsanstalten, die von Gemeinden und Kommunen betrieben werden, halten an den herkömmlichen Gewohnheiten fest.

In Japan sind die öffentlichen Anstalten am Samstag und Sonntag geschlossen. Nur für die Bestattungsanstalten gilt der 6-Tage-Rhythmus. Die 6-Tage-Woche und die westliche 7-Tage-Woche überschneiden sich kaum. Der Tomobiki-Tag kann selten auf einen Samstag oder Sonntag fallen. Wenn Tomobiki auf einen Mittwoch fällt, ist der Mittwoch Ruhetag für die meisten Bestattungsanstalten. In jüngster Zeit bemühen sich einige Kommunen den durch den alten Kalender geprägten Brauch aufzuklären und die Geschäftszeiten der Bestattungsanstalten dem allgemeinen Wochen-Rythmus anzugleichen. Inwieweit aber die Aufklärungsversuche Erfolg haben werden, ist sehr ungewiß, denn das Shinto-Hauptamt (Jinjahoncho) äußerte bereits seine Bedenken darüber, einen altüberlieferten Brauch anzutasten. Außerdem hält die breite Bevölkerung unbeirrt an den alten Regeln und Tabus fest, zumal wenn es um Leben und Tod geht.

Tod und Tabu

Wenn ein Familienangehöriger stirbt, hängt man in Japan eine auf weißem Reispapier in Tusche geschriebene Aufschrift vor die Haustür. Dies signalisiert nach draußen, daß sich die Familie in Trauer befindet. Die Aufschrift war ursprünglich ein Warnsignal für die Außenwelt, daß das Haus vom Tod befallen und somit unrein wurde. Der Brauch blieb seit alters bis in die Gegenwart unverändert.

Im Altertum wurde der Tod als infizierendes Unglück aufgefaßt, so daß die Nachbarn einem Haus in Trauer fern blieben. Eine der häufigsten Todesursachen waren vermutlich unerklärliche Infektionen. Deshalb war die Zurückhaltung der Menschen in früheren Zeiten verständlich. Das Verhältnis der Menschen zum Tod und den Toten veränderte sich im Laufe der Geschichte. So besuchen die Nachbarn, Bekannte und Freunde heute selbstverständlich ohne Scheu die Familie in Trauer und sprechen ihr Mitgefühl aus. Dennoch ist der Sinn des Warnsignals vor dem Tod noch nicht ganz verloren gegangen. Die trauernden Familienangehörigen bleiben von der Arbeit und Schule fern, und ihre Abwesenheit (sieben Tage zur Trauer für Eltern, drei Tage für Großeltern und Geschwister, zwei Tage für Onkeln und Tanten und ein Tag für Vettern) wird nicht als Fehlen angerechnet.

Zu Neujahr sendet man in Japan Neujahrsgrüße auf Postkarten (Nengajo). Dieser Brauch ist eine nötige Kontaktpflege. Im Durchschnitt werden jährlich über 3,8 Mrd. Postkarten (pro Person etwa 30 Karten) zu Neujahr verschickt. Diesen Brauch zu praktizieren, ist eine Verpflichtung eines ordentlichen Japaners gegenüber seinen Mitmenschen. Auch in Zeiten der Email ist diese Tradition ungebrochen. Aber eine Familie, in der ein Unglück vor dem Neuen Jahr geschehen ist, sendet noch vor Ende des alten Jahres allen Freunden und Bekannten eine Karte, die Bescheid darüber gibt, daß sich die Familie in Trauer befindet und um Verständnis dafür bittet, daß sie keine Neujahrsgrüße sendet. Die Empfänger dieser Nachricht halten sich zurück und senden gewöhnlich auch keine Neujahrskarten an die trauernde Familie. Die trauernde Familie feiert auch das Neujahrsfest nicht, und das ganze Jahr über werden keine freudigen Feste gefeiert, wie Verlobung, Hochzeit oder ein Richtfest.

Das Unreine

Die Glaubensinhalte und -vorstellung der Menschen im Mittelalter geben Aufschluß darüber, was seit alters als „unrein" aufgefaßt wurde. In der Geschichte kehren Natur-katastrophen immer wieder: Hochwasser, Epidemien, Dürren, Hungersnöte oder Erdbeben. Jedes Unheil ist oft Folge einer vorangegangenen Naturkatastrophe. Die Naturgewalten, die von Menschen nicht zu beherrschen sind, veränderten oft die gewohnten Lebensverhältnisse. Die Menschen jener Zeit faßten Unheil und Unglück als Bruch des harmonischen Lebenskreislaufes auf. Der Tod ist das Zerbrechen des Lebens. Die Geburt bedeutet auch einen Wandel für das gewohnte Leben. Feuersbrunst und Erdbeben bringen Verlust und Vernichtung mit sich. Diese Ereignisse haben gemeinsam, daß danach immer die Reliquien des Ereignisses aus dem Lebensraum zu entfernen sind: nach dem Tod die Leiche, bei einer Entbindung Blut und Mutterkuchen und nach dem Feuer die Brandreste. Vor allem, Geburt und Tod aller Lebewesen wurden als größter Wandel der Lebensverhältnisse begriffen. Zu den Veränderungen der gewohnten Lebensumstände zählten Mord, Diebstahl, Verlegung großer Bäume oder Felsen. Vor diesem Wandel oder Eingriff in das ursprüngliche Lebensverhältnis hatten die Menschen Angst.

Der Bruch oder Wandel der Lebensumstände bedeutete eine Unreinheit. Das Unreine oder der unreine Zustand heißt im Japanischen *Kegare*. Die sich im gewandelten und unreinem Zustand befindenden Menschen mußten für eine gewisse Zeit zurückgezogen leben (*Imikomoru*). Die Mitwelt dieser Menschen mußte den unreinen Häusern fern bleiben, wo sich ein Toter befand oder ein Kind geboren worden war. Dieses Meiden hatte wohl seinen Grund darin, daß Infektionen damals die häufigste Todesursache waren. Die hygienischen Zustände waren sehr schlecht und ein medizinischer Schutz gegen Seuchengefahr nicht gegeben. Die einzige und einfachste Maßnahme gegen eine Ansteckung war die Isolierung der verdächtigen Personen.

Das reinigende Salz

Tod und Geburt in einem geschlossenen Lebensraum wurde als unreiner Zustand „Kegare" empfunden; Tod und Geburt aber in einem offenen Raum oder im Freien wurde nicht als Kegare aufgefaßt. Die an einer ansteckenden Krankheit auf dem Reiseweg Gestorbenen oder eine Entbindung im Freien galten nicht als Kegare. Im Altertum wurden nur die Stammesoberhäupter in einem Holz- oder Steinsarg bestattet. Die einfachen Menschen wurden auf einer Strohmatte zum Fluß fortgeschafft, oder in einer flachen Grube begraben, so daß die Leiche von Vögeln und wilden Tieren gefressen werden konnte oder sichtbar verweste. Die Toten wurden darum als Schreckliches gemieden. Der Anblick verwesender Menschen und Gebeine war in früheren Zeiten alltäglich. Die Vorgänge der Verwesung wurden auch auf Rollbildern im Mittelalter sehr realistisch dargestellt, die in bezug auf die Glaubenslehre über Tod, Hölle, Reine Welt und Fürbitten von Priestern und Nonnen der Jodo-Schule zur Belehrung verwendet wurden. Die Skelettierung dauert im Durchschnitt zwei Jahre, und sie wurde als eine Art Nachlassen der Sünde verstanden. Der Brauch in der Gegenwart, im zweiten Jahr nach dem Tod eine große Gedenkfeier (*Sankaiki*) zu feiern, rührt von diesem zeitlichen Ablauf der Skelettierung her.

Nach der Bestattungszeremonie bekommt man ein kleines Dankeszeichen für die Anteilnahme, und in der Geschenktasche findet man eine kleine Tüte mit Salz, mit dem man sich nach altem Brauch zu bestreuen hat. Das ist die rituelle Reinigung derer, die von einer Bestattungszeremonie nach Hause zurückkommen. Die Leute glaubten, daß Salz gegen Unreines und Verwesung feien würde. Einige buddhistische Priester kritisieren, daß dieser Glaube den Tod und die Toten beleidigt. Es gibt Bestattungsanstalten, die im Auftrag buddhistischer Tempel den Trauergästen Handzettel zur Aufklärung verteilen. Das Ritual der Sumo-Ringkämpfer, vor dem Betreten des heiligen Ringes den Ring mit Salz zu bestreuen, rührt aus diesem Glauben her.

Purgieren des Unreinen

Im 11. Jahrhundert wurde die Todesstrafe wieder eingeführt. Mörder und Diebe, die als Zerstörer des ursprünglichen Lebens- und Besitzverhältnisses galten, wurden gehängt. Neben Henkern und Totengräbern gab es eine Berufsgruppe, die Tatorte oder Unglücksorte reinigte. Die Aufgabe dieser Berufsgruppe bestand darin, die Unglücks-Häuser abzureißen oder böse Dinge zu verbrennen. Reinigungen oder Besänftigen durch kultisches Handeln heißt *Kiyome*.
Im frühen Mittelalter wurde der Mutterkuchen von einer bestimmten Berufsgruppe in die Berge gebracht und begraben. Die Berufsgruppen, die diese unentbehrlichen Dienstleistungen erbrachten, bildeten einen eigenen Stand. Sie wurden als Menschen mit besonderen Fähigkeiten angesehen und zugleich gefürchtet. Noch im 11. Jahrhundert wurde es als Verbrechen betrachtet, die gewachsene Natur anzutasten, zum Beispiel große Felsen zu verlegen und gewachsene Bäume umzupflanzen, oder Brunnen zu graben. Bevor man diese Vorhaben in die Tat umsetzte, mußten Kulte der Besänftigung und Reinigung von Bannern des Onmyodo betrieben werden. Die Gärtner, Brunnenbauer, Jäger und Metzger hatten die feste Überzeugung, einen besonderen Beruf zu haben, und sie wurden vom Volk mit Ehrfurcht angesehen. Die Arbeit der Jäger und Metzger, das Einschläfern erkrankter Haustiere sowie die begleitenden Arbeitsvorgänge, tranchieren, oder das Leder gerben, fanden normalerweise am Fluß statt. Daher wurden diese Berufsgruppen als *Kawaramono* (am Fluß arbeitende und reinigende Menschen) bezeichnet. Dieser Name hatte im frühen Mittelalter noch keinen herabsetzenden Beiklang.

Ausgestoßene und Verachtete

Im späten 13. Jahrhundert ändert sich die Bewertung dieser Tätigkeiten. Eine Rollbilderserie zeigt die Kawaramono als sündhafte und furchterregende Menschen. Sie werden *Eta* (sündhaft, unrein) genannt. In einem Wörterbuch aus dem 14. Jahrhundert sind Eta Menschen, die beruflich Lebewesen töten und daher sündhafte Übeltäter sind. Die Ehrfurcht vor diesem Beruf wird bloße Furcht, und die Menschen dieser Berufsgruppen werden als Unberührbare gemieden und ausgeschlossen. Im Bewußtsein der Adeligen war seit dem Altertum tief verwurzelt, daß der Tod das Unreine und Abscheuliche ist. Der Adel war einerseits in Aberglauben und Zauberkulten befangen, aber andererseits war der Adel schon sehr früh mit den Glaubenslehren des Buddhismus vertraut geworden. In der buddhistischen Lehre wurden folgende Taten als Kardinalsünde betrachtet: Lebewesen töten, stehlen, lügen, Unzucht treiben und saufen. Von diesen Verboten rührt die Diskriminierung der Berufsgruppen her, die mit den Toten und mit Schlachten und Beseitigen der Haustiere zu tun haben. Die buddhistischen Gebote und Verbote der Fleischkost, die Lehre über die Reine Welt der Jodo-Schule und die Vorstellung über Sünde und Strafe in der Hölle trugen dazu bei, das Töten der Lebewesen und das Unreine überhaupt als sündhaft zu betrachten. Diese Verachtung bezog sich zunächst nur auf die Berufsgruppen, die mit dem Unreinen, mit dem Tod der Menschen und Tiere, umzugehen hatten, und dann verbreitete sich im Laufe des Mittelalters bis auf die ganze unterste Gesellschaft. Menschen ohne festen Wohnsitz und festes Einkommen, wie Bettler, Gaukler, Tänzer, Musiker und Schauspieler, Henker und Gefängniswärter, wurden geringgeschätzt. Sie bildeten im 13. Jahrhundert eigene Zünfte und Gilden, und lebten in besonderen Siedlungen.

Innerhalb des Buddhismus gab es die doppelte Tendenz, die als unrein und sündhaft angesehene Menschen (Frauen und Eta) einerseits vom gesellschaftlichen Leben auszuschließen, aber andererseits etwa bei den Priestern der Jodo-Shinshu-Schule, Zen-Schule und Nichiren-Schule diesen geringgeschätzten Menschen zum Glauben und damit zur Erlösung zu verhelfen. Der Laienmönch der Jodo-Shinshu-Schule, Shinran, lehrte, daß die geringgeschätzten Menschen auch in die Reine Welt (Jodo) aufgenommen werden. Der Priester einer Zweigschule der Jodo-Schule, Ippen (1239-1289), lud die Niedrigen der Gesellschaft zu seiner Predigt ein und lehrte, daß auch sie in die Reine Welt kommen, wenn sie im Alltag die Bekehrungsformel zum Amida-Buddha inständig rezitierten. Die buddhistischen Schulen, die im Mittelalter aus neuen religiösen Bewegungen entstanden, widmeten sich der Erlösung der geringgeschätzten Menschen. Die seit dem Altertum bestehenden großen Tempel hielten die Erlösung der Ausgeschlossen für unmöglich.

Siedlungen der Ausgestoßenen

Zur Zeit der Bürgerkriege im 15. und 16. Jahrhundert warben die Feudalherren Handwerker an, die ihnen allerlei Ausrüstungen aus Leder liefern sollten. Diese Berufsgruppen lebten und arbeiteten bis zur Gründung des Tokugawa-Shogunats im 17. Jahrhundert überwiegend in Westjapan, vor allem am Rand der Residenzstadt Kyoto und in der Nähe der großen Handelsstadt Osaka. Das Tokugawa-Shogunat führte ein straff organisiertes Ständesystem ein, das die gesamte Bevölkerung nach dem Beruf in vier Stände hierarchisch einstufte. An der Spitze standen die Krieger, gefolgt von den Bauern, Handwerkern und Kaufleuten. Die Eta waren nicht in das Ständesystem eingegliedert. Sie waren Menschen ohne Stand und damit ohne Rechte. Das Shogunat verbat landesweit die Freizügigkeit des Wohnorts, den Wechsel des Berufs sowie der Konfession für alle Stände. Außerdem verordnete das Shogunat, daß alle buddhistischen Schulen zunächst für das Wohlergehen des Shogunats beten und dann für die Toten Trauer- und Gedenkfeiern begehen sollten. Eine geistliche Tätigkeit für die Ausgestoßenen und Minderwertigen der Gesellschaft wurde den Tempeln untersagt. Im Großen und Ganzen blieb diese Tradition der buddhistischen Tempel bis in die Gegenwart unverändert.
In der Edo-Zeit wurden die Ausgeschlossenen „Eta" oder „Hinin" genannt und unter die Aufsicht eines Familienvorstandes gestellt. Etymologisch leitet sich „Eta" aus zwei chinesischen Schriftzeichen „Hi (Leder)+Ta (große Menge, viel)" her. Es bedeutet Menschen, die viel Leder verarbeiten. Die andere Bezeichnung für Ausgestoßene „Hinin" (Un-Menschen)

weist auf Menschen ohne festen Wohnsitz und festes Einkommen. Im 17. Jahrhundert entstand eine verarmte Bauernschicht, die sich als Erntearbeiter verdingen mußte. Diese Bauern ohne Besitz wurden vom Bauernstand zu Hinin herabgesetzt, und die Gemeinde- und Dorfverwaltung legte ihnen erniedrigende Arbeiten auf, wie die Aufsicht der Gefangenen oder Nachtwächterdienste. Die Gemeindeverwaltung pflegte Kontakte mit den Eta und Hinin nur über Vertreter dieser Gruppen. Durch diese Mittelsmänner vergab sie Aufträge und Arbeiten. Die Mitglieder der „Eta- und Hinin-Gemeinde" hatten keine individuelle Freiheit, ihre Angelegenheiten mit der Außenwelt zu verhandeln. Sie lebten und handelten immer als Kollektiv.

Im Laufe der Zeit wurden Familie und Beruf ein untrennbarer Stand. Wer in einer Familie, die einen unreinen Beruf ausübte, geboren wurde, war daher von Geburt unrein. Die Verachtung der Besitzlosen oder Landstreicher war bereits in der Neuzeit stark ausgeprägt und blieb bis ins 19. Jahrhundert unverändert. Bei den unteren Ständen, Bauern, Kaufleuten und Handwerkern war der Kontakt mit den Eta und Hinin tabuisiert. Man teilte mit den Eta und Hinin weder Feuer noch Geschirr. Das Betreten ihrer Häuser und Höfe war verboten. Das absolute Tabu betraf die Eheschließung mit Eta und Hinin (eine Art Rassenschande). In Westjapan wurden Siedlungen für die Eta und Hinin errichtet und von der Umwelt völlig isoliert. Die Eintragung dieser Ausgeschlossenen ins Grundbuch wie ins Familienstammbuch wurde separat von den vier Ständen durchgeführt. Die Diskriminierung war allgegenwärtig. Die Neujahrsdekoration am Hauseingang aus Kiefernzweigen, *Kadomatsu*, war in den Siedlungen untersagt, und wenn die Bewohner dieser Siedlung zu Neujahr den Dorfschrein besuchten, durften sie nicht in den mit Kordeln und weißem Papier markierten, geheiligten reinen Raum treten. Sie mußten außerhalb des geweihten Raumes stehen und um den Segen der Schutzgottheiten für das Neue Jahr beten.

Das erstarrte Vier-Stände-System wurde von der Meiji-Regierung 1871 reformiert: Es gab jetzt die Kaiserfamilie (*Ko-*

zoku), einschließlich Zweigfamilien des Kaiserhauses, an der Spitze, dann Hochadel und Fürsten (*Kazoku*). Es folgte der ehemalige Kriegerstand (*Shizoku*) und viertens die Bürger (*Heimin*). In den vierten Stand der Heimin wurden die Eta und Hinin integriert. Das Gesetz garantierte dem Bürgerstand die Freiheiten des Berufs, der Eheschließung oder freie Wahl des Wohnortes. In Wirklichkeit aber wurden die Eta und Hinin weiterhin diskriminiert. Als vermeintliche Bürger mußten sie die Steuer-, Schul- und allgemeine Wehrpflicht erfüllen, aber die Monopolrechte auf ihre Gewerbe wurden im Namen der Gewerbefreiheit aufgehoben. Sie gehörten jetzt zu dem Bürgerstand; aber Wohnverhältnisse und Infrastruktur ihrer Siedlungen wurden nicht verbessert. Ihre Steuern wurden nicht für Dienstleistungen in ihren Siedlungen ausgegeben, und die Gemeindeverwaltungen vernachlässigten diese Siedlungen mit Absicht. Die meisten Siedlungen blieben nach wie vor in Armut und Elend stecken.

Herkunft als Ehehindernis

In der Gesellschaft des ausgehenden 19. Jahrhunderts hatten die Eta und Hinin noch keine wirklichen Freiheiten, denn die Jahrhunderte alten sozialen Vorurteile saßen tief und fest. Gegen Ende des 19. Jahrhunderts registriert die Statistik rund eine halbe Million Bürger als Eta und Hinin, die geheim oder öffentlich diskriminiert wurden. Besonders in Westjapan, wo einige Siedlungen heute noch vorhanden sind, bleibt die Diskriminierung augenfällig. Im Raum Tokyo und in Ostjapan gibt es keine Siedlungen der Eta und Hinin mehr. Denn die Verstädterung und Ausweitung der Wohnviertel in der Nachkriegszeit hat im Großraum-Tokyo die alten Siedlungsgrenzen aufgehoben. Dennoch bleibt die Diskriminierung von Menschen eines bestimmten Berufs und niedriger Herkunft spürbar. Die Nachkommen der Eta und Hinin zählten um die Jahrtausendwende etwa 400,000 Personen. Die Siedlungen der Diskriminierten heißen in der Umgangssprache „*Buraku*", eine Abkürzung von *Hisabetsu Buraku* des amtlichen Japanisch. Regional gibt es verschiedene herabsetzende Wörter für die Siedlungen. Über diesen Makel der Geburt gibt verläßliche Auskunft für jeden, der es genau wissen will, der Auszug aus dem Familienstammbuch. Das Familienstammbuch, in dem Geburtsort und -datum, Heirat oder Scheidung, Wohnsitz usw. der Eltern sowie der Großeltern genauestens registriert sind, bildet die beste Datenquelle für den Stammbaum eines Menschen. Kinder aus den Siedlungen werden in der Schule oft verprügelt. Auf ihre Turnschuhe oder den Schulranzen wird das Schimpfwort „Eta" geschmiert. Die Kinder von Angestellten der Bestattungsanstalten verheimlichen, weshalb ihre Väter auch am Sonntag, wenn kein Tomobiki-Tag ist, arbeiten müssen. Bei der Stellensuche werden die Bewerber auf subtile Weise benachteiligt, so daß man diese Firmen nicht verklagen kann. Die Herkunft aus diesen Siedlungen ist auch heute noch oft ein Ehehindernis. Eltern von Brautpaaren beauftragen heimlich Detektivbüros, den Stammbaum des künftigen Schwiegersohnes, oder die Herkunft der Braut zu erforschen. Der Verband der Detektivbüros gab gegen Ende des 20. Jahrhunderts bekannt, daß jede Agentur jährlich mindestens zehn Aufträge zur Untersuchung der Herkunft erhält. Einige Tausende Agenturen im Land spüren heimlich der Herkunft und Familiengeschichte eines Menschen nach. Es gibt manchmal Gerichtsurteile zugunsten der Diskriminierten, deren Verlobung wegen ihrer Herkunft aufgelöst wurde. Eltern und Verwandten sind normalerweise streng gegen die Eheschließung mit einer Person aus den Buraku. So werden zahlreiche Paare getrennt, oder sie müssen in einer außerehelichen Beziehung leben, die vom japanischen Familienrecht noch immer massiv benachteiligt wird. Anfang Dezember wird in Japan öffentlich eine groß angelegte Aufklärungswoche zum Schutz der Menschenrechte und -würde veranstaltet. Das Aufklärungsblatt, das von der Regierung Tokyos herausgegeben und als Sonderbeilage in der Morgenausgabe aller Zeitungen erscheint, macht deutlich, wie schlimm die Diskriminierung von Menschen aus den Buraku, von ethnischen Minderheiten, von Kranken und Behinderten im Alltag ist. Vor allem die Erwerbstätigen in den Schlachthöfen und Lederfabriken bekämen, so das Aufklärungsblatt, diskriminierende Schreiben per Email oder Briefpost.

Lepra-Kranke

Die Lepra galt seit alten Zeiten als das Unreinste des Unreinen. Dennoch gab es im Mittelalter einige Mönche der Risshu, einer Schule des schriftgläubigen Nara-Buddhismus, die sich um die Leprakranken sorgten, in der Sterbestunde diesen Menschen beistanden und für sie beteten. Dies war eine seltene Ausnahme. Die Lepra-Kranken wurden mit Inkrafttreten des Vorbeugungsgesetzes seit 1907 in öffentliche Anstalten deportiert und routinemäßig zwangssterilisiert. Sie lebten in völliger Isolation von der Außenwelt, sogar ohne Kontakt zu ihren Familien und Verwandten. Die Lepra wurde lange Zeit als unheilbare Erbkrankheit angesehen. Daher suchten die Familien zu verheimlichen, daß es einen Leprakranken gab. Sie fürchteten vor allem die Diskriminierung durch die Nachbarschaft, denn ein Leprakranker war für alle Familienmitglieder ein unüberwindbares Ehehindernis. Aus diesem Grund wurden die Kranken in Rücksicht auf die Familienangehörigen nicht in dem Familienstammbuch registriert. Für die Lepra wurde ein getrenntes Registerbuch geführt, das die Existenz der Kranken gesellschaftlich bezeugt. Heute gibt es in Japan 15 Heime für Leprakranke. Die Heimbewohner zählen rund 4000 Personen und ihr Durchschnittsalter ist 74 Jahre. Die Deportation dauerte von 1907 bis 1996. Nach der Aufhebung des Gesetzes 1996 leben die meisten älteren Leprakranken weiterhin in den Anstalten. Denn die hochbetagten Patienten hatten kein Zuhause in einer anderen Welt erlebt. Die japanische Regierung gestand 2001 ein, daß sie um viele Jahrzehnte verspätet das Deportationsgesetz aufgehoben hatte. Die Medizin hatte schon in den 40er Jahren bewiesen, daß Leprakranke nicht aus hygienischen Gründen deportiert werden mußten. Die Regierung erklärte 2001, daß sie sich mit aller Macht um die Rehabilitation der Menschenwürde und um die Entschädigung der ehemaligen Leprakranken kümmern werde.

Im Juli 1975 besuchten der Kronprinz und die Kronprinzessin ein Lepraheim in Okinawa und widmeten den Heimbewohnern ihr Mitgefühl und Verständnis. In Anbetracht der alten Gepflogenheit am Kaiserhof, rigide auf Reinheit und Makellosigkeit zu achten, war der Besuch der „Aussätzigen" sehr symbolisch für das moderne Kaiserhaus.

Bergasketen gehen barfuß überglühende Kohlen

13. Buddhismus in der Gegenwart

Das Shinto-Hauptamt (Jinja-honcho) führte eine Umfrage durch in bezug auf das religiöse Bewußtsein und die Konfessionszugehörigkeit: 49,5% der Befragten bekennen sich zu keinem bestimmten Glauben, 38,7% zu buddhistischen Schulen, 3,8% zu shintoistischen Schulen, 3,4% zur Soka-Gakkai, einer im 19. Jahrhundert entstandenen buddhistischen Gruppe, 0,9% zu den christlichen Konfessionen und 2,9% der Befragten haben keine religiösen Gedanken und 0,8% machten keine Angaben.

Als Shintoisten bekennen sich nur 3,8%. Aber in Japan gibt es heute 80.000 Schreine. Die Zahl der Schreine blieb seit Jahrzehnten unverändert und ein Shinto-Priester nimmt oft die Aufgaben mehrerer Schreine wahr, weil sie keine eigenen Priester haben. Das Gemeindeleben sowie die Pflege dieser Schreine werden durch den ehrenamtlichen Einsatz der Dorf- und Gemeindebewohner aufrechterhalten. Die Bewohner aus der Umgebung des Schreines, Junge und Alte, besuchen jeden Morgen auf dem Weg zur Arbeit oder zur Schule den Schrein und beten für einen guten und friedlichen Tag. Der alltägliche Gang zum Schrein ist für viele Japaner eine Gewohnheit. Aber es ist fraglich, ob sie sich als überzeugte Shintoisten verstehen.

Der Buddhismus ist nach wie vor die größte Glaubensgemeinschaft in Japan. Die Zahl der Tempel nach Konfessionen gegen Ende des 20. Jahrhunderts: Jodo-Shinshu von Shinran (19.000), Soto-Zen von Dogen (14.000), Shingon-Schule von Kukai (12.000), Jodo-Schule von Honen (8.000), Rinzai-Zen-Schule von Eisai (6.000), Nichiren-Schule von Nichiren (4.900) und die Tendai-Schule von Saicho (4.500).

Die buddhistischen Schulen haben nach dem Krieg ihre Gebote und Verbote für Geistliche, für Priester und Mönche, die seit der Übernahme des Buddhismus in Japan galten, abgeschafft. Seit dem Kriegsende dürfen die buddhistischen Geistlichen heiraten und brauchen sich nicht mehr an die strengen Vorschriften zur Fisch- und Fleischkost zu halten. Die Nonnen dagegen führen noch immer ein asketisches Leben. Etliche

Schulen im Buddhismus haben nach dem Krieg versucht, sich ihrer Vergangenheit und Haltung während des Krieges zu stellen, und sich um Erneuerung ihrer Lebensform zu bemühen. Für die meisten Japaner der Gegenwart ist der Tempel nur ein Ort, wo für die Familienangehörigen die Trauer- und Gedenkfeiern begangen werden. Japaner besuchen die Tempel in der Regel für vier Zwecke: 1. um sich einem Bannkult für ein bestimmtes Lebensjahr zu unterziehen, 2. für Trauer- und Gedenkfeiern für Familienangehörige, 3. zur Jahreswende, um die bösen Geister zu bannen und den Segen der Jahresgottheiten zu empfangen, 4. zu touristischen Zwecken. Die Präsenz des Tempels oder des Buddhismus ist in der Gegenwart sehr schwach. Dennoch sind die Übergangsriten, die Trauerfeiern und Gedenkfeiern bis in die Gegenwart die Domäne des buddhistischen Tempels.

Trauer- und Gedenkfeiern

Die gängige Bestattungsform heute ist die Feuerbestattung, die ursprünglich aus Indien stammt. Der historische Buddha soll auch feuerbestattet und seine Asche in verschiedenen Gegenden zerstreut worden sein. Heute noch werden in Indien die Leichname am Fluß auf Scheiterhaufen verbrannt und die Asche wird in den Fluß gestreut. In China und Korea wurden nur hochrangige Geistliche, die den Brauch aus Indien samt dem Buddhismus übernommen hatten, feuerbestattet und ihre Gebeine wurden in einer Pagode des Tempels aufbewahrt. In Korea war es lange Zeit ein Tabu, den Leichnam, den von den Vorfahren ererbten Leib, zu verbrennen und die Asche zu zerstreuen. Für einen Konfuzianer war das eine äußerst pietätlose Haltung gegenüber den Vorfahren. In Korea ist immer noch die Erdbestattung gebräuchlich.

Feuerbestattung und Familiengrab

In Japan wurde im Jahre 700 zum erstenmal ein Priester feuerbestattet und dem Beispiel folgte 702 die Bestattung des Jito-Tenno (686-697). Mit der Übernahme der Feuerbestattung am

Kaiserhof wurde die Errichtung eines Grabhügels für Kaiser und Hochadel immer seltener. Die Gräber waren kleiner als im Altertum und dienten nur noch als vorübergehende Stätte. Der Leichnam wurde ein Jahr lang im Mogarinomiya aufbewahrt und dann doch zur Feuerbestattung übergeben.

Schon im frühen Mittelalter wurden im Raum Kyoto viele Krematorien in den Bergen gebaut und in Zeiten von Epidemien und Hungersnöten wurden die Leichen auf Scheiterhaufen am Fluß in Kyoto bestattet. Als die Residenzstadt 951 von einer verheerenden Epidemie heimgesucht worden war, baute ein Priester an der Stelle, wo die Feuerbestattung stattfand, einen Tempel, um die Seelen zu trösten. So verbreitete sich die Feuerbestattung im Laufe der Geschichte, und die Trauerfeiern wurden als buddhistische Riten gepflegt. Kaiser und Shogune, wie auch die einfachen Bauern wurden feuerbestattet und das Familiengrab befindet sich im Haustempel der jeweiligen Familie, wo die Urnen der Vorfahren aufbewahrt werden.

Im 19. Jahrhundert hatte die Meiji-Regierung versucht, alle Bestattungs-Riten den buddhistischen Tempeln zu entziehen, sie in die Hände des Staatsshintoismus zu legen und in shintoistische Riten umzuwandeln. Die Feuerbestattung wurde von der Regierung offiziell verboten und die altertümliche Erdbestattung propagiert. In Wirklichkeit aber war es unmöglich, die Erdbestattung neu zu beleben, denn die Verstädterung war schon so weit fortgeschritten, daß Grund und Boden für die Erdbestattung nicht mehr vorhanden waren. In der Praxis war der Erlaß der Meiji-Regierung schon zum Scheitern verurteilt. Seit der Pflichteintragung in einen buddhistischen Tempel befindet sich das Familiengrab aller Japaner immer auf dem Friedhof ihres Tempels. Die Urnen der verstorbenen Kaiser und Kaiserinnen wurden seit dem frühen Mittelalter im kaiserlichen Haustempel, Sennyuji, in Kyoto beigesetzt. Auch der Meiji-Tenno wurde in Kyoto buddhistisch bestattet und für ihn wurde kein Grabhügel errichtet. Aber für die beiden Kaiser des letzten Jahrhunderts, Taisho-Tenno und Showa-Tenno, wurden in der Geschichte erstmals in Ostjapan, bei Tokyo (ca. 40 km vom Kaiserpalast in Richtung Westen entfernt), große

Grabhügel gebaut. Wie im Altertum wurden die beiden Kaiser und ihre Kaiserinnen erdbestattet. Die Grabhügel, Musashino-Goryo (Grab für den Showa-Tenno und dessen Kaiserin) und Tama-Goryo (Taisho-Tenno und dessen Kaiserin), liegen auf einem Grundstück von 460.000qm, das Staatseigentum ist und vom Hofamt betreut wird. Die Grabfläche des Kaisers ist 2.500qm groß, der Kaiserin 1.800qm. Für die Brüder des Kaisers ist jeweils 200qm Grabfläche vorgesehen. Es wird aber kein Grabhügel errichtet. Die Gräber befinden sich in der Stadtmitte von Tokyo.

Die letzte Ruhestätte

Nach der Feuerbestattung werden die Gebeine in einer Urne auf dem Hausaltar bis zur ersten Gedenkfeier nach 49 Tagen aufbewahrt. Dann wird die Urne in einer Grabkammer beigesetzt. Diese Zeremonie ist natürlich buddhistisch gestaltet. In einem Familiengrab stehen die Urnen der Familienangehörigen seit mehreren Generationen nebeneinander (oder übereinander). Die jüngere Generation, vor allem Frauen, wehren sich dagegen, mit all den Verwandten des Ehemannes auch nach dem Tod noch in einer engen Kammer zusammen zu sein. Die Ressentiments und Feindseligkeiten zu Lebzeiten zwischen den Familienangehörigen wollen sie nicht bis ins Grab hinein mitschleppen. Viele Frauen wollen auch nicht mit ihrem Mann zusammen in einem Grab liegen. Sie wollen ihre letzte Ruhe endlich in einem eigenen Grab nur für sich alleine finden, am liebsten neben dem Grab ihres Mannes. Für die Bestattung in Japan ist dies etwas unerhört Neues.

Teure Gräber

Die Größe eines durchschnittlichen Grabes ist ein Quadratmeter. Auf dieser Fläche wird ein Grabstein und eine Kammer zur Aufbewahrung der Urne errichtet. Aus Platzmangel haben einige Städte angekündigt, daß die Nutzung der Grabflächen auf den städtischen Friedhöfen nur auf 33 Jahre (Datum der 33. Gedenkfeier) begrenzt wird. Wer ohne zeitliche Begrenzung auf Gedenkfeiern seiner Nachkommen hofft, muß sich nach einem Grab auf einem privaten Friedhof umschauen.

Die privaten Friedhöfe werden oft von ansässigen Tempeln verwaltet, die nicht nur Gläubigen, sondern auch Konfessionslosen einen Platz anbieten. Diese privaten Friedhöfe liegen verkehrsgünstig in der Stadt, so daß die Nachkommen ohne große Umstände öfter das Grab besuchen können. Eine Grabstätte mitten in Tokyo zu finden, ist deshalb sehr schwierig und kostspielig. Die zeitlose Benutzungsgebühr für 1qm Fläche kostet an einem Vorort von Tokyo heute rund 6.000 Euro. Und dazu sind 300 Euro jährlich als Verwaltungskosten zu entrichten. Für eine 3qm große Grabfläche muß man 18.000 Euro aufbringen und die Verwaltungskosten betragen jährlich 1.000 Euro. Das ist eigentlich nicht viel, denn für den Grabstein mit einem kleinen Altar für die 3qm Fläche muß man mindestens 23.500 Euro ausgeben. Die Preise für gehobene oder luxuriöse Ansprüche sind nach oben offen.

Almosen

Seit alters glaubte man, daß die im Tod vom Leib getrennte Seele nach gebührenden Gedenkfeiern sicher in die Reine Welt (Gokuraku-jodo) aufgenommen wird. Wie schnell eine Seele ins Paradies kommt, hänge von den Taten des Toten im Diesseits einerseits und von unablässigen Fürbitten der Nachkommen für die Seele andererseits ab.

Was aber gut ist, bezeichnen die sechs Kardinaltugenden, die man üben muß, um in die Reine Welt aufgenommen zu werden: Almosen, Fernhalten von den Fünf-Kardinalsünden, Geduld, Eifer, Besonnenheit und Weisheit. Wer diese Tugenden gelebt hat, kommt ins Paradies. Die wichtigste Tugend für die Aufname ins Paradies ist das Almosengeben. Die Almosen werden dreifach unterschieden: Almosen, die von frommen Menschen zu entrichten sind, wie Geldspenden für Mitmenschen und für den Tempel. Zweitens die Almosen von Geistlichen für ihre Gläubigen (buddhistische Namengebung, Gebete zu Trauer- und Gedenkfeiern). Drittens das Almosen, das durch Buddha den Menschen zuteil wird, die Seelenruhe für Leidende und Sterbende. Die Almosen bilden einen innigen Kreislauf zwischen Gläubigen, Priestern und dem Buddha. Die Ausgaben für die Trauer- und Gedenkfeiern werden als Almosen der Hinterbliebenen für den Toten und den Tempel verstanden. Die Trauergäste machen in Japan bei Trauerfeiern eine Geldspende (*Koden*), die Familie in Trauer bewirtet die Gäste mit Essen und überreicht ihnen nach der Gedenkfeier (in manchen Regionen in 49 Tagen) ein kleines Geschenk (*Kodengaeshi*) zum Zeichen der Dankbarkeit für ihre Anteilnahme.

Buddhistischer Name für die Verstorbenen

In Japan wird dem Toten von einem Tempel (Haustempel) ein buddhistischer Name (*Kaimyo/Homyo*) gegeben, der eigentlich zu seinen Lebzeiten dem frommen Gläubigen vom Priester verliehen wurde. Heutzutage, wo die Bindung zwischen dem Haustempel und dem Verstorbenen zu seinen Lebzeiten sehr schwach ist, wird der buddhistische Name erst nach dem Tod verliehen. Im Volksglauben wurde angenommen, daß der Name ein Ehrentitel ist und zur Identifikation für den Prozeß im Jüngsten Gericht unentbehrlich sei. Bis heute wird der Brauch beibehalten, so daß ohne den buddhistischen Namen weder ein Grab errichtet, noch ein Namensschild (*Ihai*) auf den Hausaltar gestellt werden sollte. Ohne dieses Namensschild kann die Seele des Verstorbenen bei verschiedenen Gedenkfeiern zum Besuch ins Diesseits nicht zurückkehren. Nach 33 bzw. 50 Jahren gibt es eine Zeremonie für das Namensschild. Es wird entweder in den Bergen oder in einen Fluß versenkt. Das ist ein Kult der Umwandlung der Seelen zu segnenden Gottheiten.

Seelennamen

In der Praxis werden die Seelennamen für Verstorbene gegen Geld vergeben. Die Hinterbliebenen bitten die Geistlichen im Tempel um einen Namen und Totengebete. Die Honorare dafür bilden einen großen Anteil am Einkommen der Tempel.

Im Fall eines Tempels, der im Stadtzentrum von Tokyo liegt und rund 350 Stammgläubige zählt, machen die Honorare für die Namengebung gut ein Viertel der Gesamteinkommen des Tempels aus. Ein anderes Viertel sind die Honorare für die Rezitation der Gebete. Ein Viertel stammt aus den jährlichen Gedenkfeiern und das andere Viertel sind Almosen der Gläubigen, die sie anläßlich der Grabbesuche dem Tempel spenden. Früher kannte der Priester eines Dorftempels jeden seiner Gemeinde. Er wußte, was jeder beruflich machte und was für ein Leben er führte. Daher hatte der Priester bei der Namengebung die nötigen Kenntnisse, weil die Biographie des Verstorbenen in Betracht gezogen wird. Nach dem Krieg aber wurden die Lebensverhältnisse völlig verändert und in den Jahren des Wirtschaftswachstums zogen die Einwohner der Dörfer in die Großstädte. Es gibt nur wenige, die das ganze Leben an ihrem Geburtsort verbringen und dort sterben. In den Großstädten wird die Bindung zwischen Tempel und Stammgläubigen immer schwächer, und deshalb müssen die Priester für die Namengebung die Hinterbliebenen nach der Biographie des Verstorbenen fragen. Aufgrund der Angaben ersinnen die Priester einen passenden Namen. Ursprünglich war dieser Name das Almosen der Geistlichen für den Toten. Heute aber werden die Priester von den Hinterbliebenen für dieses Almosen reichlich honoriert.

Ob der Seelenname ein guter oder nur mittelmäßiger ist, liest man an den verwendeten Schriftzeichen: die Zahl der Schriftzeichen und ihre Bedeutung bestimmen die Höhe der Honorare. Einige Regeln gibt es nach Geschlecht, Rang und Status: der einfachste Name besteht aus zwei Schriftzeichen und der beste aus zehn. Der höchste Titel kostet etwa 10 Millionen Yen (etwa 100.000 Euro). Der Mindestpreis unterscheidet sich von Tempel zu Tempel und von Region zu Region. Bei Tempeln der Higashi-Honganji-Gruppe (Jodo-Shinshu-Schule) ist der buddhistische Name schon zu Lebzeiten erhältlich, wenn man den Mindestbetrag von 80.000 Yen spendet; dagegen bei Tempeln der Nishi-Honganji-Gruppe (Jodo-Shinshu-Schule) ist der Name erst ab 200.000 Yen zu haben.

Für Menschen ohne Glauben sind diese Praktiken der buddhistischen Namengebung unverständlich. Um die hohen Summen für die Namengebung und Trauerfeiern gibt es hin und wieder gerichtliche Prozesse. Die Rechtsanwälte der Ankläger, die mit dem Betrag der aufzubringenden Honorare nicht einverstanden sind, verlangen vom Tempel ausführliche Rechnungen. Der verklagte Tempel verweigert sachbezogene Angaben jedoch mit der Begründung, für geistliche Dienstleistungen seien keine tariflich bestimmten Rechnungen aufzustellen.

Namengebung für den verstorbenen Kaiser und die Kaiserin

In der Geschichte verlieh der Kaiser einem berühmten Priester nach dessen Tod den Ehrentitel „Daishi". Aber wenn der Kaiser stirbt, wird ihm von dem neuen Kaiser ein Name verliehen, der kein buddhistischer Titel ist. Zur Unterscheidung des lebenden Kaisers und des verstorbenen ist eine Bezeichnung notwendig. Denn der Kaiser wird in Japan nicht mit Namen genannt. Für den lebenden Kaiser wird die Bezeichnung „*Kinjo-Heika*" verwendet, und für den verstorbenen wird dessen Jahresdevise benutzt: der verstorbene Kaiser Hirohito wird nach seinem Tod nur mit seiner Jahresdevise „Showa-Tenno" genannt. Der lebende Kaiser wird aber niemals mit seiner Jahresdevise bezeichnet.

Als die Mutter des jetzigen Kaisers im Jahre 2000 starb, wurde auch ihr ein Name verliehen: Kojun-Kogo (Kojun-Kaiserin). Die zwei Schriftzeichen, *Ko* (Duft) und *Jun* (redlich/reichlich), stammen aus der Anthologie des Jahres 752. Die Zeichen charakterisieren die Persönlichkeit der Kaiserin.

Hausaltäre

Fast in jedem Haus gibt es einen oder zwei Hausaltäre: der eine ist der buddhistische und der andere der shintoistische. Auf den buddhistischen Altar (*Butsudan*), der ein Schrank mit Flügeltüren aus massivem Holz ist, werden eine kleine Buddha-Statue, ein Namensschild und ein Foto des Verstorbenen gestellt. Der Butsudan ist im Fachgeschäft zu kaufen, das in großen Kaufhäusern und in der Einkaufsstraße jeder Kleinstadt zu finden ist.

An dem shintoistischen Altar (*Kamidana*) wird das Kollektiv der Vorfahrengottheiten verehrt, die für Fruchtbarkeit und das Gedeihen der Familie sorgen. Der Kamidana ist recht schlicht. Auf einem einfachen Zedernbrett steht ein kleiner Schrein, und vor diesem Altar werden zwei Wasserkrüge und Salz auf einem Schälchen dargebracht. Der Kamidana ist bei einem großen Schrein zu erwerben oder im Fachgeschäft erhältlich. Es ist nicht selten, daß sich zwei Altäre in einem Raum befinden: Der Kamidana wird direkt unter der Decke aufgehängt, und der Butsudan wird auf den Boden gestellt.

Kommunikation mit den Seelen und Vorfahrengottheiten

Der Tag eines frommen Japaners beginnt mit einer kurzen Andacht vor dem Hausaltar: Jeden Morgen, in aller Frühe, eine Schale mit Tee auf dem Butsudan, das Trinkwasser auf dem Kamidana, darzubringen und eine kurze Andacht zu halten, ist der Brauch.

Das Gespräch mit den Verstorbenen findet nur vor dem Butsudan statt, und die Hinterbliebenen tragen mit Andacht vor dem Altar die Sorgen und Freuden der Familie vor, morgens und abends. So führen sie Gespräche mit den Verstorbenen täglich zu Hause. Daher ist der Gang zum Haustempel und zum Friedhof selten, zumeist nur anläßlich der Gedenkfeiern.

In Geschäften findet sich oft nur der Kamidana, denn der Geschäftsmann bittet bei den Vorfahrengottheiten um Schutz und Gedeihen der Geschäfte. Wer keinen Kamidana zu Hause hat, geht unterwegs zur Arbeit oder zur Schule am Dorfschrein vorbei und bittet die Gottheiten um einen friedlichen und erfüllten Tag.

Gedenkfeiern

Die fortwährende Verbundenheit der Toten und Lebenden, die sich im alltäglichen Gebet bestätigt, wird durch viele Übergangsriten und Gedenkfeiern gestärkt. Für jeden einzelnen Verstorbenen, auch wenn man sich mit ihm zu seinen Lebzeiten nicht vertragen hat, werden regelmäßig Gedenkfeiern (*Hoyo*) im Tempel gefeiert. Einer verstorbenen Seele zuliebe wird in der Regel ein halbes Jahrhundert lang gedacht. Der Eltern richtig zu gedenken, verlangt viel Aufwand an Geld und Energie. Wenn dazu noch die Großeltern der väterlichen und auch der mütterlichen Seite kommen, hat man jedes Jahr eine Gedenkfeier im Tempel zu feiern. Neben seinen eigenen Eltern und Großeltern hat ein normaler Japaner noch die Verpflichtung, auch für die Vorfahren seiner Ehefrau Gedenkfeiern zu feiern. Aus praktischen Gründen wird oft eine gemeinsame Gedenkfeier veranstaltet (im 13. Gedenkjahr und im 33. Gedenkjahr).

Die Verwaltung des Haustempels, wo das Familiengrab liegt, benachrichtigt den Hausvorstand rechtzeitig, denn sie führt ein Buch der Gedenkfeiern für die Stammgläubigen des Tempels. Dann versammeln sich alle Familienangehörigen und enge Freunde des Verstorbenen im Tempel und begehen die Gedenkfeier. Der Priester rezitiert die Gebete, deren Sinn jedoch vielen jungen wie älteren Japanern weithin unverständlich geworden ist. Die Rezitation in einem eigenartigen Tonfall ist schon schwer zu verstehen, und der Inhalt klingt ungeübten Ohren wie eine Fremdsprache. Nach der Rezitation werden die Teilnehmer gebeten, für die Verstorbenen Räucherstäbchen darzubringen. Eine im Jahr 2000 von buddhistischen Schulen durchgeführte Umfrage ergab, daß sich die meisten Teilnehmer einer Gedenkfeier eine verständlichere Sprache der Gebete wünschten.

Die Grabpflege

Ein ernsthaftes Problem für die Grabpflege und Gedenkfeier entsteht aus dem drastischen Geburtenrückgang. Im Jahr 2001 hat im Raum Tokyo ein Haushalt im Durchschnitt nur 1,2 Kinder. Fast jedes Kind ist das einzige Kind der Familie. Nach der Heirat muß sich ein Ehepaar praktisch um Familiengräber und Gedenkfeiern beider Familien kümmern. Ein Kind allein kann den Verpflichtungen für Grabbesuch und Gedenkfeiern physisch wie finanziell nicht nachkommen. Es ist jedoch unverzeihlich, diese Verpflichtungen zu vernachlässigen. Der Grabbesuch findet landesweit einheitlich an den Tagundnachtgleichen im Frühling und im Herbst, am Todestag und bei der Gedenkfeier statt. Wenn eine Familie beruflich außerhalb des Ortes, wo das Familiengrab liegt, oder im Ausland lebt, kann sie diese Verpflichtungen nicht erfüllen. Für Angestellte, die lange im Ausland tätig sind und deshalb ihr Familiengrab nicht pflegen können, gibt es Firmen, die zur Grabpflege kommen und dort im Sinne ihrer Auftraggeber Andachten halten. Die Pfleger machen Fotos vor, während und nach ihrer Arbeit und senden diese Beweisbilder dem Auftraggeber.

Die Tempel versuchen sich auch den veränderten Lebensverhältnissen und Ansprüchen der Gläubigen wie Hinterbliebenen anzupassen. Der Tempel bietet Grabstätten für alle an, das heißt unabhängig davon, welch einer Konfession der Verstorbene zu Lebzeiten angehörte. Einige Tempel bewahren die Urnen in einer voll klimatisierten Katakombe im Hauptgebäude auf, und die Urnen kommen bei der Gedenkfeier automatisch auf den Altar. Dies ist gegen die Verwitterung der Urne gut und für den Besucher im Rollstuhl oder auch für betagte Hinterbliebene angenehmer als der steinige Weg zum Friedhof des Tempels.

Viele jüngere Japaner möchten nach ihrem Tod keinen buddhistischen Namen erhalten. Sie pflegen keinen Kontakt mit einem Tempel und sind aufgeklärter und kostenbewußter. Deshalb wollen sie eine unkonventionelle Trauerfeier und Bestattung veranstalten. Sie haben ihre letzten Verfügungen in einem Testament geregelt und sind bereits in mehreren Verbänden organisiert. Gemeinsam ist ihnen, die herkömmliche buddhistische Trauer- und Gedenkfeiern abzulehnen. Sie wünschen sich, daß ihre Asche ins Meer, in einen Fluß oder in den Bergen ausgestreut wird, da wo man zu Lebzeiten seine Freizeit am liebsten verbracht hat. So wollen sie in die große Natur zurückkehren und auch vermeiden, ihren Hinterbliebenen wegen des Grabes und der Gedenkfeiern zur Last zu fallen. Diese Bestattungsform ist gesetzlich nicht verboten.

Trotz dieser neuen Tendenzen ist die Präsenz des Buddhismus in der Welt des Todes noch immer sehr stark. Sehr bedauerlich ist es aber, daß die meisten buddhistischen Tempel zwar die Trauer- und Gedenkfeiern als ihre Domäne betrachten, jedoch sich um den Seelenfrieden der Gläubigen am Sterbebett nur ganz wenig kümmern. Die Priester erscheinen erst nach dem Tod, auch wenn der Sterbende ein frommer Buddhist gewesen sein mag. Es gibt aber Bürgerinitiativen, die dem Todkranken im Krankenhaus oder im Hospiz beistehen und den Sterbenden begleiten. Diese Aufgabe gehört aber ursprünglich zu den Hauptaufgaben der buddhistischen Mönche und Priester.

Die Stellung der Frau im Buddhismus

Der Buddha soll gelehrt haben, daß Mann und Frau gleichrangig sind. Aber unter den buddhistischen Schriften, die von den Jüngern nach seinem Tod niedergeschrieben wurden, gibt es einige frauenfeindlichen Texte. In der Nehankyo zum Beispiel wird gesagt, daß die Sünde nur einer Frau den Sünden von dreitausend Männern gleich ist. So schwerwiegend ist die Sünde einer Frau. Die Frauen verführen die Männer. Sie fressen die Menschen auf, und im Jenseits werden sie Höllenfürstinnen. In dieser Auffassung gründet die Lehre der Shingon-Schule, Sokushin-jobutsu, den Frauen werde im Jenseits die Gnade der Erlösung durch Buddha nicht zuteil. Die Agonkyo warnt, wie sündhaft die Frau ist: Sollte sich ein Mann nach einer Frau umschauen, fällt er in die tiefste Hölle, die Mugenjigoku.

Zu beachten ist, daß beide Schriften Lehrbücher für Novizen sind, die in den Bergklöstern Askese üben. Die Schulbücher behaupten auch, daß die Nonnen, die nach strengen Ausbildungsjahren in den Frauenklöstern leben, die Gnade der Erlösung durch Buddha nicht erhalten. Die frommen Nonnen müssen zunächst im folgenden Leben als Männer wiedergeboren werden, und dann können sie möglicherweise die Gnade des Buddha finden, wenn sie weiter ein frommes Leben führen. Als Mann wiedergeboren zu werden, bedeutet für die Frauen die Möglichkeit der Erlösung.

Zugangsverbot für Frauen zum Berg

Die Berge Hieizan und Koyasan, die Hochburgen der esoterischen Schulen der Tendai und Shingon, wo die Novizen des Shugendo ausgebildet werden, verbieten den Frauen seit alters den Zugang zu den heiligen Stätten. Diesem Verbot, *Nyoninkinzei*, liegt die alte Vorstellung über das „Kegare" zugrunde. Blut ist der Inbegriff des Kegare, das gilt auch für das Blut geschlachteter Tiere und das Menstruationsblut der Frau. Durch die Regelblutung bleibt die Frau unrein. Und eine unreine Frau darf auf den heiligen Berg nicht zugelassen werden. Die Verabscheuung des Regelbluts als Kegare scheint sich erst im frühen Mittelalter verbreitet zu haben.

In einer matriarchalischen Gesellschaft war das Blut und die Regelblutung etwas Heiliges. Die japanische Gesellschaft war im Altertum matriarchalisch, und es gibt noch an manchen Orten einen alten Brauch, der die Wertschätzung der matriarchalischen Gesellschaft zeigt. Wenn ein Mädchen die erste Menstruation hat, wird es mit einem Festessen (*Sekihan*), das aus Erbsen und Reis zubereitet wird, herzlich beglückwünscht. Das Sekihan hat eine weinrote Farbe und wird heute noch bei allen feierlichen Anlässen gekocht. Im Laufe der Geschichte, als sich die patriarchalischen Werte durchsetzten, wurde das Blut und die Regelblutung als unrein betrachtet und zugleich wurden die Frauen aus dem kultischen Geschehen verdrängt.

Im Shintoismus wurden aus demselben Grund die Frauen ausgeschlossen. Der Sumo-Ringkampf, der ursprünglich eine kämpferische Darbietung für die Schutzgottheiten auf dem Dorffest war, findet heute auf sechs Tourneen im Jahr statt. Dem Sieger wird der Pokal vom Bürgermeister des jeweiligen

Spielortes überreicht. In Osaka regiert seit einigen Jahren eine Gouverneurin. Sie wollte selbstverständlich zur Überreichung des Siegerpokals den Ring betreten. Da erhob der Sumo-Verband Protest gegen das Auftreten einer Frau in dem heiligen Ring. Nach langem Hin und Her mußte die Gouverneurin darauf verzichten, in dem Ring den Siegerpokal zu vergeben. Das Argument des mächtigen Sumo-Verbandes lautete: der Verband lege höchsten Wert darauf, die über Jahrtausende ungebrochene Tradition aufrechtzuerhalten.

Nicht zu vergessen ist, daß die anderen Schulen, die nach dem 13. Jahrhundert entstanden sind, über die Frauen keine diskriminierenden Lehren verbreiteten. Die Gründer der Jodo-Shinshu-Schule, Honen und Shinran, predigten, daß sogar einer Sünderin die Gnade der Erlösung zuteil wird, wenn sie sich zum Amida-Buddha bekennt. Und der strenge Soto-Zen-Meister, Dogen, fand es überaus verwerflich, daß die alten esoterischen Richtungen, Tendai und Shingon, den Frauen den Zutritt zum Berg verwehrten und die Geringschätzung der Frau als buddhistische Lehre verbreiteten. Dies sei gerade die zu bekämpfende Sünde der Geistlichen.

Der Berg des Shugendo

Das religiöse Empfinden gegenüber dem Berg, auf dem die Berggottheiten verweilen, und wohin die Seelen der verstorbenen Vorfahren auffahren, entwickelte sich im Laufe der Geschichte aus verschiedenem Gedankengut (Taoismus, Buddhismus und Konfuzianismus) zu einem Bergkult. Nachdem die Meiji-Regierung den Shugendo als für die Modernisierung hinderlichen Aberglauben abgestempelt hatte, wurde das strikte Zugangsverbot der Frauen zum Berg aufgehoben.

Im Jahre 2000 feierte der Shugendo sein 1300jähriges Bestehen. Seit dem Mittelalter bildet er drei führende Gruppen. Einer der drei Sitze des Shugendo ist der Tempel im Gebirge Ohmine/Nara, der seit 1300 Jahren den Zugang von Frauen noch immer untersagt. Im Sommer 1999 skandalisierten Wanderer die Tempelverwaltung des Gebirges Ohmine. Die Grup-

pe bestand aus 13 Bergwanderern, Lehrerinnen und Lehrern aus der Nara-Präfektur. Sie wollten mit viel Zivilcourage die blind befolgten Tabus des Frauenverbots brechen und die hartnäckige Frauendiskriminierung im Tempelwesen angreifen. Die Reaktionen der Geistlichen und Tempel waren unterschiedlich: Die meisten Novizen des Shugendo, denen die Gruppe unterwegs begegnet war, schenkten den Frauen keine Aufmerksamkeit. Nur einige sollen die Wanderinnen böse verflucht haben. Aber die Tempelverwaltung war erbost über die Eindringlinge und erklärte dieses Tun als unverzeihlich, weil über 1300 Jahre lang ein solcher Unfug nicht vorgekommen sei. Die Gruppe aber rechtfertigte ihre Wanderung auf den 1719 Meter hohen Berg mit dem Argument, der Berg befinde sich im Revier des Nationalparks, und sei somit öffentlich zugänglich. Der Tempel aber machte darauf aufmerksam, daß Frauen nur in Zeiten der Novizenausbildung auf dem Berg unerwünscht seien. Die Mehrheit der Gläubigen des Shugendo und der Anwohner am Fuß des Berges sind im Prinzip gegen die Aufhebung des Zugangsverbotes und sie stellten an den Wegen zum Berg Ohmine erneut eine Mahnschrift über das Verbot der Frauen auf. Nicht nur zu den heiligen Bergen, sondern auch zu einer heiligen Stätte der Insel Okinoshima am Japanischen Meer ist der Zugang für Frauen verboten.
Auf dem Hieizan finden jährlich Bildungskurse für Bergasketen und Priester statt, die 1000 Tage lang andauern. An diesen Kursen dürfen nur Priester und Mönche teilnehmen. Die Bergtempel in Ohmine/Nara und Dewa-Sanzan in der Yamagata Präfektur bieten Kurse für ein allgemeines Publikum vom Frühling bis Herbst an.

Frauen im Shugendo

Auch wenn im Shugendo noch frauenfeindliche Gesinnungen vorhanden sind, hat sich die Gleichstellung der Frau im Gemeindeleben fortentwickelt. Die Shugendo-Kurse auf den Bergen, die von Mai bis September stattfinden, stehen unabhängig von Konfession, Geschlecht und Alter allen Menschen offen.

Die Beweggründe der Teilnehmer sind sehr verschieden: Heilung von Krankheit, innige Wünsche und Bitten um Erfolg im Berufsleben, Bitte um Schwangerschaft, Selbstfindung und asketisches Training. Die Praktikanten begeben sich auf den Berg, nachdem sie sich rituell gereinigt und Geheimsprüche aus dem Taoismus gemeinschaftlich rezitiert haben.
In den letzten Jahren hat die Zahl der Teilnehmerinnen sichtlich zugenommen. Sie werden von Ausbilderinnen des Shugendo betreut. Der Anteil der Ausbilderinnen liegt in den drei führenden Tempeln zwischen 30% bis 50% aller Ausbildenden. Nach den strengen Kursen, die rund eine Woche beziehungsweise neun Tage dauern, empfinden die Teilnehmer das scheinbar Selbstverständliche im Alltag, wie ein warmes Essen oder bequemes Bett mit großer Dankbarkeit. Diese Übungen und Erfahrungen auf dem Berg erschließen den Praktikanten neu den Lebenssinn und bieten ihnen einen Ausgangspunkt, ihr bisheriges Leben zu ändern.

Wege zum Priesteramt

Die Tempelgruppen der Jodo-Shinshu-Schule räumten 1996 ein, daß sie die Vorschriften über die Berufung zum Priesteramt modernisieren müßten. Es war die Regel, das Priesteramt eines Tempels nur mit männlichen Blutsverwandten (Bruder, Sohn oder Neffe) des amtierenden Priesters zu besetzen, wenn er die Priesterausbildung mit Erfolg absolviert hatte. Zahlreiche Tempel leiden heute aber unter Mangel an Nachfolgern für das Priesteramt. Seit der Änderung der Vorschriften können auch Frauen zum Priesteramt berufen werden, wenn sie die Prüfung absolviert haben. Derzeit gibt es rund 1800 Frauen, die sich für das Priesteramt qualifiziert haben. Die Berufung zum Priesteramt erfolgt aber nur dann, wenn die Anwärterin entweder die Ehefrau des amtierenden Priesters oder die Tochter aus einer Priesterfamilie ist. Deshalb ist es in Wirklichkeit unwahrscheinlich, daß eine Frau nur aufgrund ihrer Ausbildung, jedoch ohne die privilegierte Herkunft, ins Priesteramt berufen wird. Derzeit bekleiden 15 Frauen das Priesteramt. Ihre Kollegen in der Jodo-Shinshu-Schule zählen 7800 Männer. In anderen Schulen, wie in den Zen-Gruppen, ist die Situation nicht viel anders. Das Priesteramt in den Zen-Schulen wird prinzipiell nur mit Männern besetzt. Grundsätzlich ist für Zen-Priester ein eheloses Leben geboten, aber die meisten Zen-Priester sind verheiratet.

Seelenvermittler

Manche Hinterbliebene machen eine Pilgerfahrt zum Tempel Entsuji in Osorezan (Präfektur Aomori), um mit einem kürzlich Verstorbenen zu kommunizieren. Wenn ein Angehöriger zum Beispiel in den Ferien zum Surfen ans Meer fuhr und ertrank, dann hat er mit seinen Familienangehörigen kein endgültiges Abschiedswort gesprochen. Auf einen so abrupten Tod sind die Hinterbliebenen nicht gefaßt. Die Hinterbliebenen fragen sich, was der Verstorbene ihnen noch sagen wollte, aber sie können seine letzte Mitteilung nicht mehr erfahren. Und sie fragen weiter, warum ausgerechnet sie vom Unglück betroffen wurden. Daher suchen manche Hinterbliebenen einen Schamanen auf und bitten, die Seele des Verstorbenen ins Diesseits zu rufen, um ihre letzten Bitten und Wünsche zu erfahren. Osorezan heißt „zu fürchtender Berg", und er ist die Hochburg der Schamanen. Die Schamanen heißen *Reibaishi* (Seelenvermittler) oder *Itako* im Volksmund. Die meisten Schamanen sind überwiegend sehbehinderte Frauen.
Seit dem Altertum leben sie der Tradition des Schamanentums getreu. Seit eh und je gehen sie tief in die Berge, um Bannkraft und Wundermittel zu erwerben. Sie stellen sich unter Wasserfälle und meditieren auf den Bergen, um übernatürliche Kräfte zu sammeln. Die Ausbildung der Schamanen gleicht den Übungen der Yamabushi des Shugendo. Zwischen den Schamanen gibt es eine strenge Meister-Lehrling-Beziehung. Sie haben keine einschlägigen und eigenständigen Heiligen Schriften. Im Kult rezitieren sie die Kannonkyo (der Jodo-Schule).
Im Laufe der Geschichte wurden die Reibaishi zuerst in die esoterische Tendai- und Shingon-Schule integriert. Seit dem

Mittelalter aber in die Soto-Zen-Schule. Bis zum Ende des Tokugawa-Shogunats waren rund eine halbe Million Schamanen im ganzen Land in die Register der Konfessionszugehörigkeit eingetragen. Die Reibaishi vermitteln im Kult die Bitten und Wünsche der Hinterbliebenen und der Seele. Auf die Frage der Hinterbliebenen, warum ausgerechnet sie vom Unglück betroffen worden sind, geben die Reibaishi fast immer dieselbe Antwort: das Unglück der Familie ist Rache (Tatari) eines Vorfahrengeistes, der vor drei Generationen gestorben, aber nicht gebührend verehrt und besänftigt worden ist. Deshalb lauere der rachsüchtige und grollende Geist in der Luft und verübe Tatari an den Nachkommen. Also seien Gedenkfeiern für die Seele des Vorfahren empfehlenswert, damit sie endlich in die Reine Welt aufgenommen werde. Die Hinterbliebenen bitten dann den Reibaishi um eine kultische Zeremonie. In Trance spricht der Reibaishi mit der Stimme des Verstorbenen. Seine Wünsche werden im Kult gehört und vermittelt, und der Reibaishi besänftigt den wütenden Geist, wie im Kult der Besänftigung für tobende Geister (*Aramitama*) tradiert. Nach dem Kult kehren der Geist wie die Hinterbliebenen, so der Volksglaube, erleichterten Herzens in ihre Welt zurück.

Außerdem werden in den Tempeln der esoterischen Schulen, Shingon- und Tendai-Schule, Zeremonien der Austreibung böser Geister gefeiert. In diesen Tempeln werden eine Reihe Bannkulte der bösen Geister im Rahmen der Übergangsriten abgehalten. Talismane (*Ofuda*) für den Hauseingang oder für das Auto zur Abwehr böser Geister sind auch in den Tempeln erhältlich.

Traditionelle Pilgerreise

Im ganzen Land gibt es viele Pilgerstätten für buddhistische Gläubige. Am bekanntesten ist die Pilgerreise zu den 88 Tempeln auf der Insel Shikoku. Um der Reinheit für Leib und Seele willen begeben sich die Wallfahrer zu den 88 Wallfahrtszielen, die stellvertretend für die Verschmelzung von bodenständigem Glauben und Buddhismus stehen. An vielen Heiligen Stätten gibt es eine Wasserquelle mit magischer Wirkung, die Kranke zu heilen vermag, und einen hoch gewachsenen Baum, in dem eine Gottheit weilt. Die Pilger rezitieren auf dem Pilgerweg die Bekehrungsformel der Shingon-Schule und verbeugen sich vor den Heiligen des Buddhismus. Die Heiligen des Buddhismus sind in 52 Tempeln der Kannon-Bosatsu und der Yakushi-Bosatsu (der Krankenheiler), in 6 Tempeln der Dainichi-Nyorai (der Licht-Buddha) und in 10 Tempeln der Fudomyo-o (der Bote des Licht-Buddha).

Die Pilger glauben an das *Dogyo-ninin* (Gemeinsam-Gehen-Zwei-Personen). Das heißt, der einzelne Pilger pilgert nicht allein, sondern immer ist Kobo-daishi Kukai, der Gründer der japanischen Shingon-Schule, mit ihm und begleitet ihn. In festem Glauben daran legen die Pilger einen langen und harten Pilgerweg zu Fuß zurück. Die Tempel auf der Insel Shikoku haben schon seit alters die Frauenpilger aufgenommen.

Die Pilger tragen traditionell ein weißes Gewand und begeben sich zu Fuß nach den Pilgerstätten. In früheren Zeiten suchten die Menschen mit vielen Wünschen für sich und Bitten für ihre Verstorbenen die Tempel mit wirkungsvoller Wunderkraft auf. Die Pilgerwege waren so anstrengend, daß manche Pilger unterwegs starben. Das weiße Gewand ist traditionell ein Totengewand, und es symbolisiert schon die Gefaßtheit der Pilger auf den Tod. Die Anwohner der 88 Heiligen Stätten bieten den Pilgern in weißem Gewand kostenlos Verpflegung und Unterkunft an. Die Tradition, den Pilgern gegenüber barmherzig und freigebig zu sein, ist bis in die Gegenwart ungebrochen.

Meditationskurse im Zen-Tempel

Die Zen-Schulen, insbesondere die Rinzai-Schule, der Zen des Kriegerstandes, konnte im 17. und 18. Jahrhundert durch aktive Verbreitung viele Gläubige gewinnen. Heute zählt die Rinzai-Schule rund 1.3 Millionen Gläubige. Das Tokugawa-Shogunat hatte eine Splittergruppe der Rinzai-Schule, Fukeshu (bzw. Komushu), unter seinen Schutz gestellt, indem es verordnete, daß die Samurai ohne Dienstherren in diese Schule eintreten dürften. So waren die Mönche der Fukeshu überwiegend Samurai ohne Dienstherren und ihnen wurde vom Shogunat Freizügigkeit gewährt. Die Verbreitung der Fukeshu brachte aber Schwierigkeiten mit sich, und später verordnete die Meiji-Regierung ihre zwangsmäßige Integration in die Rinzai-Schule.

Die Soto-Zen-Schule aber hat sich in zwei Haupttempel, den Eiheiji und den Sojiji getrennt. Der Sojiji-Tempel paßte sich den Bedürfnissen der einfachen Bauern an und zelebrierte die Gedenkfeiern und Zauberkulte für Gesundheit, Glück und Gedeihen im Handel und Geschäft seiner Gläubigen. Die Soto-Zen-Schule hat zwei Haupttempel: der Eiheiji in der Fukui-Präfektur und der Sojiji in Yokohama. Die Soto-Zen-Schule ist die größte Gruppe mit rund 7 Millionen Gläubigen unter den Zen-Gruppen. Bei den Zen-Tempeln gibt es Meditationskurse für Kinder und Erwachsene. Der Zen-Buddhismus glaubt, daß die Fähigkeiten des Menschen durch Meditation unbegrenzt erweitert werden können. Daher übernehmen einige Zen-Tempel den Auftrag von Firmen, ihre Neuangestellten durch Meditation für den vollen Einsatz im Berufsleben zu schulen. Man denke hier an die Lehren der Meister Dogen und Suzuki Shozan in der Neuzeit: die Menschen sollten ihren alltäglichen Pflichten gewissenhaft nachgehen.

Morgens früh um 3:30 stehen die Teilnehmer auf und ab 4 Uhr beginnt die Meditation. Die richtige Körperhaltung in der Meditation verlangt, kerzengerade zu sitzen und die Beine im Lotus-Sitz zu verschränken. Nach einer dreiviertel Stunde gibt es eine viertel Stunde Pause, in der ein stiller Spaziergang im Tempelhof und Ausruhen empfohlen wird. Wer während der Meditation einschläft, bekommt einen Schlag vom Priester mit einem Stock auf die Schulter. Dann gibt es eine Predigt des Priesters. Die Teilnehmer hören in der Meditationshaltung zu und dürfen keine Fragen stellen.

Die Mahlzeiten sehen so aus: Auf das Tablett des Teilnehmers wird zum Frühstück nur Reisbrei und eingelegtes Gemüse serviert, zum Mittag gekochter Reis, Soyabohnensuppe und Pickels, dann zum Abendessen dasselbe Menü des Mittags, dazu noch ein Gemüse. Während der Mahlzeit darf man nicht sprechen. Das Essen im Tempel aller Schulen ist heute noch vegetarisch, auch wenn das strenge Gebot über die Fisch- und Fleischkost abgeschafft worden ist.

In den Sommerferien bieten einige Tempel für Schüler bunte Erlebnisprogramme, die aus Meditation, Geduldsübungen und Wanderung bestehen. Zu jedem Kurs melden sich mehr Bewerber als die Tempel aufnehmen können. Normalerweise zählt ein Kurs maximal 60 Teilnehmer. Daher werden die Teilnehmer meistens durch Los bestimmt. Ein zweitägiger Kurs kostet pro Person rund 100 Euro einschließlich der Verpflegung und Unterkunft. Die Eltern wünschen sich, daß ihre Kinder durch einen solchen Kurs mehr Disziplin, Geduld und Konzentration erlernen.

Die Kinder stehen um 5 Uhr morgens auf, um 5:30 nehmen sie am Gebet des Tempels teil und anschließend üben sie die Meditation. Danach schreiben sie buddhistische Schriften ab, was seit alters als fromme Handlung gilt. Dann folgt der Frühsport. Erst um 8 Uhr gibt es Frühstück. Nach dem Essen beginnt der Konzentrationskurs unter dem Wasserfall. Am Nachmittag gehen die Schüler auf eine Wanderung in die Berge, wo sie verschiedene Pflanzen und Vögel kennenlernen, und am Abend nehmen sie im Tempel ein Bad und dann das Nachtmahl. Schon um 9 Uhr müssen sie alle ins Bett, das heißt, die Schüler schlafen in einem großen Saal auf Strohmatten.

14. Shintoismus in der Gegenwart

Der Ise-Schrein

Den höchsten Rang unter den Schreinen hat der Ise-Schrein inne. Der Schrein im Dorf heißt Jinja, und die führenden Hauptschreine mit überregionaler Ausstrahlung heißen *Taisha*. Ein Schrein zur Verehrung der kaiserlichen Vorfahren wird *Jingu* genannt. Zu den Jingu gehören der Ise-Jingu, der Meiji-Jingu, Atsuta-Jingu und einige andere. Zu den Taisha zählen der Izumo-Taisha, der Hiyoshi-Taisha auf dem Hieizan und andere. Die Tradition der Wallfahrt nach dem Ise-Jingu währt seit der Neuzeit ununterbrochen. Der Schrein befindet sich seit über 1500 Jahren in Ise (470km von Tokyo entfernt) und besteht aus zwei großen Anlagen umgeben von 5500 Hektar Waldflächen. Die Reichschronik Nihonshoki erwähnt, daß seit dem Altertum die Gegend um Ise reich mit Nahrungsmitteln aus Berg, Wald und Meer gesegnet war. Der Ise-Schrein beschäftigt rund 500 Angestellte (Geistliche und Laien). Sie betreuen die umliegenden 125 Gebäude. Die zwei wichtigen Gebäude sind der Naiku und der Geku. In beiden gibt es einen Altar für die Schutzgottheit. Die Schutzgottheit des Naiku ist die Ahnfrau des Kaiserhauses, Amaterasu Ohmikami. Im Geku wohnt Toyo-uke-no-kami, was ursprünglich eine örtliche Fruchtbarkeitsgottheit war; sie wurde zuständig für die Verpflegung von Amaterasu Ohmikami.

Die Zeremonie der Darbringung der Speisen für die Gottheiten wird jeden Tag zweimal abgehalten, morgens um 8 Uhr (im Winter um 9 Uhr) und nachmittags um 4 Uhr (im Winter um 3 Uhr). Die Shinto-Priester tragen die Speise in einer Truhe nach dem Geku. Dieses tägliche Ritual wird seit über 1500 Jahren ununterbrochen gepflegt, auch in Zeiten der Hungersnöte und großen Kriege, auch bei Sturmwind und Unwetter. Die Speisen sind gekochter Reis, Salz, Trinkwasser, Fisch (der Jahreszeit), Seetang, Gemüse, Obst und Sake. Das Heiligtum des Ise-Jingu, die Verkörperung der Amaterasu Ohmikami, ist der bronzene Spiegel „Yatanokagami". Er wird im Naiku aufbewahrt.

Wiedergeburt der Gottheiten

Der Ise-Schrein wird alle 20 Jahre erneuert. Die Erneuerung bedeutet symbolisch die Wiedergeburt der Schutzgottheiten, damit ihre Fruchtbarkeit und Lebenskraft nicht verloren geht. So können die Schutzgottheiten den Menschen und der Natur ewig Lebenskraft und gute Ernten bescheren. Die Erneuerung des Schrein-Gebäudes folgt einer über 1300 Jahre alten Tradition, die „*Shikinensengu*" (periodische Einweihungszeremonie) heißt. Das alte Schrein-Gebäude wird auf einen Platz neben der ursprünglichen Stelle verlegt. Die kleinsten Arbeitsvorgänge sind selbst Zeremonien, die aufs Detail genau nach strengem Ritual ausgeführt werden. Die Shikinensengu wurde im Jahre 690 erstmals bezeugt. Nur während des Kriegerischen Zeitalters im Mittelalter wurde die Erneuerung unterbrochen. Die letzte Einweihungszeremonie, die 1993 stattfand, war die 61. Nach dem zweiten Weltkrieg wurde auch der Ise-Schrein eine Körperschaft öffentlichen Rechts, aber die Vorbereitungen für die Erneuerungsarbeiten werden, genau wie vor 1300 Jahren, vom Kaiser angeordnet und der Einweihungstag wird vom Kaiser bestimmt. Ein Teil der Baukosten wird durch den Haushaltsetat des Kaiserhauses gedeckt.

Baukosten, Material und Stil

Die Erneuerung ist ein Ritual der Wiedergeburt. Der Schrein wird mit neuem Baumaterial dem Urbild getreu aufgebaut. Es ist eine Abbildungshandlung, in der das Urbild und die Urhandlung immer neu in die Gegenwart wirken. In der Erneuerungsarbeit geht es darum, die gesamten Schätze des Schreins sowie die Bautechnik, den -stil, und das -material bis aufs Detail dem Original getreu wiederherzustellen. Auch wenn moderne Bautechnik funktional besser wäre, wird sie bei der Erneuerung nicht angewendet. Das gesamte Material, das zur Wiederherstellung der Gebäude und Gegenstände verwendet wird, darf kein Kunststoff sein.
Als Baumaterial wird ausschließlich die japanische Zypresse benutzt. Die gesamte Architektur ist aus Holz. Zur Erneue-

rung sind 12.000 Baumstämme nötig, die in den Wäldern gefällt wurden, die dem Ise-Schrein gehören. Nach der Gründung der religiösen Körperschaften öffentlichen Rechts wurde das einst vom Staat enteignete Eigentum den Schreinen oder Tempeln zurückgegeben. So besitzt der Ise-Schrein mehrere große Waldflächen, in denen viele hundert Jahre alte Zypressen stehen. Das Brett für die Flügeltüre des Haupt-altars (*Shoden*) wurde aus einem 140 cm breiten Baumstamm gesägt. Jeder Türflügel soll aus einem Brett sein. Eine Zypresse muß viele Jahrhunderte wachsen, um diesen Umfang zu erreichen. Die Tür öffnet sich am Erntedankfest, Kannamesai des Ise-Schreins, zur Darbringung der kaiserlichen Opfergaben.

Die Shikinensengu ist nicht nur die religiöse Erneuerungszeremonie eines Schrein-Komplexes, sondern zugleich ein tausendjähriges Projekt der Naturpflege. Um das Grundwasser zu sichern, müssen die Wälder gepflegt werden. Denn die langjährige Wasserversorgung ist die Voraussetzung der Reiskultur. Darum war die Pflege der Wälder immer ein Unternehmen für Jahrhunderte, und aufgrund dieser Jahrhundertpläne wurden Bäume gepflanzt und gefällt. Das alte Bauholz des Ise-Schreins wird zur Renovierung der kleinen Schreine in den Provinzen verwendet. Ein umweltfreundlicher Kreislauf war in Japan schon seit Jahrhunderten im Gange.

Zur Erneuerung der Heiligtümer, Schätze und Utensilien werden Meister aus allen Handwerker- und Künstlerverbänden eingesetzt. Zum Beispiel stellen die Schmiede die Nägel nach Arbeitsverfahren wie vor 1300 Jahren her. So geht die uralte Handwerkkunst nicht verloren. Das ist eine bewährte Methode, eine tausendjährige Tradition zu überliefern. Die Gegenstände wurden traditionell mit Beginn der Erneuerungsarbeit verbrannt und in die Erde vergraben. Erst seit 1909 werden die alten Schätze und liturgischen Gegenstände aufbewahrt, um die Handwerkkunst zu dokumentieren. Diese Schätze und Gegenstände gehören jedoch nicht zum „Nationalschatz".

Das Wallfahrtsziel

Die Gesamtkosten der letzten Erneuerungsarbeit beliefen sich auf rund 32,7 Mrd. Yen. Diese Summe soll fünfmal höher als die der vorletzten Erneuerung gewesen sein, weil die Lohnkosten sehr gestiegen sind. Der Ise-Schrein selbst brachte 20 Mrd. Yen auf. Ein Drittel der Summe waren Spenden der Filialschreine und privater Großunternehmen. Nach dem Ise-Schrein zu pilgern, ist heute noch sehr beliebt. In der Edo-Zeit war die Freizügigkeit der Bevölkerung sehr stark eingeschränkt. Nur noch die Pilgerreise nach Ise war erlaubt, und jeder Zehnte soll damals einmal im Leben die Pilgerfahrt nach Ise-Schrein gemacht haben. Heute reisen jährlich fast 10 Millionen Menschen zum Ise-Schrein, und in den ersten drei Jahren gleich nach der Shikinensengu nahm die Zahl der Pilger erheblich zu. Nach Berechnungen der örtlichen Banken generiert die Shikinensengu einen Umsatz von rund 300 Mrd. Yen. Davon sind die Gesamtkosten der Erneuerungsarbeit nur ein Zehntel.

Im Januar reisen der Kaiser und die Kaiserin sowie die Angehörigen der kaiserlichen Familie nach dem Ise-Schrein zur Abhaltung der Neujahrszeremonien. Der Kaiser bekundet der Schutzgottheit, Amaterasu Ohmikami, den Wunsch auf Weltfrieden und Wohlergehen des Volkes und Staates. An einem der Neujahrstage (oft am 4. Januar) besuchen auch der Premierminister und zahlreiche Kabinettsmitglieder in Frack und Zylinderhut den Ise-Schrein.

Der Yasukuni-Schrein

Dieser Schrein wurde 1869 errichtet. Hier werden 2.4 Millionen Kriegsgefallene verehrt (von der Meiji-Restauration bis zum Pazifischen Krieg), darunter auch 21.000 Studentensoldaten aus Korea, die im Namen des Staatsshintoismus zum Dienst für den Kaiserstaat rekrutiert wurden. Die Liste mit Namen und Rang der Gefallenen wird im Schrein aufbewahrt. Seit Beginn des Pazifischen Krieges diente der Schrein als kultisches Zentrum des Militärs. Die Kriegsgefallenen wurden zu Schutzgottheiten des Kaiserstaates erhoben und an diesem

Schrein verehrt. Die besondere Stellung des Yasukuni-Schreins in jenen Kriegsjahren wurde dadurch hervorgehoben, daß Kaiser Hirohito selbst diesem Schrein zum Gedenken der Kriegsgefallenen eine Visite abstattete. Die religiöse Indoktrination zur Erhöhung der Opferbereitschaft für das Vaterland funktionierte. Zwischen den Rekruten und Kamikaze-Fliegern wurde der patriotische Spruch als höchste Moral beherzigt: „Nach dem Tod sind wir wieder im Yasukuni-Schrein zusammen".

Der Yasukuni ist seit den 70-er Jahren des vorigen Jahrhunderts ein Politikum, wenn der Premierminister und Kabinettsmitglieder am Tag der Kapitulation (15. August) zum Gedenken der Kriegsgefallenen diesen Schrein besuchen. Die im Tokyo-Prozeß zum Tode verurteilten Kriegsverbrecher werden auch hier verehrt. Nach der Tradition der japanischen Gesellschaft, die für alle Kriegsgefallenen, seien es Kriegshelden oder Kriegsverbrecher, eine Gedenkstätte errichtete und jedes Jahr einen Besänftigungskult beging, war die Verehrung der Kriegsverbrecher in diesem Schrein nicht so abwegig. Auf der Insel Okinawa, dem einzigen Ort, wo während des Zweiten Weltkrieges Bodengefechte auf japanischem Territorium stattfanden, gibt es eine Gedenkstätte (Heiwa-no-Ishiji) für 239000 Kriegsgefallene. Hier ruhen die Seelen der Kriegsopfer, unabhängig von ihrer Nationalität und Konfession, und auch ohne Unterschied von Verbündeten und Feinden. Auf der Gedenktafel sind die Namen der US-Amerikaner, Japaner, Koreaner und Chinesen zu lesen.

Viele Japaner betrachten heute die Verehrung der Kriegsverbrecher in diesem Schrein und den Besuch der Politiker als Kriegsverherrlichung. Es gibt in Japan keinen Nationalfriedhof für die Kriegsgefallenen. Die Diskussion um die Errichtung des Nationalfriedhofes stößt immer auf den erbitterten Widerstand der Kriegsveteranen.

Vom Kriegsende bis 1975 besuchte der Showa-Tenno selbst 8-mal diesen Schrein und gedachte der Kriegsgefallenen. Seitdem auch die Kriegsverbrecher in diesem Schrein verehrt wurden, stellte der Showa-Tenno seine Besuche ein. Dennoch ist die Tradition ungebrochen, daß an großen Festen in diesem

Schrein, im Frühling und im Herbst, eine kaiserliche Opfergabe (Seidentücher in fünf Farben) durch einen Entsandten des Kaiserhauses dargebracht wird.

Schrein im Hain

Traditionell wurde der Dorfschrein immer am Fuß des Berges oder am Waldrand errichtet, so daß der Schrein von Bäumen umgeben ist. Hier und da steht ein Schrein inmitten der Reisfelder. Er ist immer von einem dichten Hain umgeben. Bei der Erschließung der Felder oder durch die Verstädterung wurden die Waldflächen zum großen Teil vernichtet, aber der Schrein und seine Bäume blieben unangetastet. Man glaubte, daß die Seelen der Vorfahren nach dem Tod in den Berg hineingehen und sich nach langen Jahren zu Schutzgottheiten des Dorfes verwandelten. Im Frühling kommen sie auf die Reisfelder zurück, um das Saatgut mit Lebenskraft zu segnen. Die Gottheiten der Reiskultur, Boden, Berge oder Wasser sind Seelen der vor vielen Generationen verstorbenen Vorfahren. Diese sind nach gebührenden Gedenkfeiern in die Glück bescherenden Gottheiten verwandelt worden. Sie verweilen am verborgenen Ort des Waldes oder Berges und in einem von der Verstädterung unangetastet gebliebenen Hain, der von den Dorfbewohnern *Chinjuno-mori* (Hain der Schutzgottheiten) genannt und mit Ehrfurcht gepflegt wird. Im Hain befindet sich ein Schrein und am Hof des Schreins steht immer ein hoch-gewachsener Baum, *Go-shinboku* (der heilige Baum).

Der Glaube, daß ein hochgewachsener Baum eine übernatürliche Kraft inne habe und deshalb imstande sei, die innigen Wünsche der Menschen zu erfüllen, lebt heute noch fort. Eine hochgewachsene Buche im Staatswald auf der Insel Hokkaido ist ein geheimes Wallfahrtsziel, und das Forstamt des Ortes weiß nicht, wie es mit den Opfergaben (Geld) der geheimen Pilger umgehen soll. Von der ursprünglichen Entstehung eines Schreins her gesehen, ist der Meiji-Schrein in Tokyo ein Artefakt des Staatsshintoismus. Obwohl er heute von Wald umgeben ist, wurde er unter Leitung des Staatsshintoismus auf einem kahlen Boden zur Verherrlichung der Vorfahrengottheiten des Kaiserhauses errichtet, und die nötigen Bäume wurden erst nachträglich gepflanzt. Das Tor eines Schreins, Torii, wurde traditionell aus Holz errichtet, aber seit dem Krieg wird in den Großstädten statt Holz öfter Beton verwendet, der feuerfest und pflegeleicht ist. In den traditionellen alten Schreinen werden nach wie vor die Torii aus Holz gebaut.

Das Gebot vor dem Altar eines Schreins

Jeder Tourist kann jeden Schrein ohne weiteres besuchen. Aber wenn man den örtlichen Schutzgottheiten seinen Respekt erweisen möchte, muß man vor das Altargebäude treten. Für ein ordentliches Gebet vor dem Altar gibt es ein Ritual. Zunächst muß man sich die Hände am Brunnen waschen, den es in jedem Schrein gibt. Das ist die rituelle Reinigung. Dann stellt man sich vor den Altar. Da hängt ein Zimbal, das muß man kräftig schütteln, damit ruft man die im Berg oder in einer verborgenen Stätte ruhenden Schutzgottheiten vor den Altar. Danach wirft man normalerweise als Opfergabe ein paar Münzen in den Opferkasten. Dann zweimal Verbeugungen (*Nirei*), zweimal in die Hände Klatschen (*Nihakushu*), an das zweite Klatschen anschließend trägt man innerlich seine Wünsche vor, und dann abschließend eine Verbeugung (*Ichirei*). Das ist das Gebot. Wenn einige Politiker und Kabinettsmitglieder am Tag der Kapitulation (am 15. August) den Yasukuni-Schrein besuchen, werden sie von Journalisten gefragt, ob der Besuch einen offiziellen Charakter habe oder nur einen privaten. Die Antworten der Amtsträger sind sehr unterschiedlich: Einige selbstbewußte und patriotische Politiker meinen, daß es ein offizieller Besuch war, weil sie nach dem oben genannten Ritual den Gottheiten die Ehre erwiesen haben; einige antworten, daß ihr Besuch rein privater Natur sei. Denn sie hätten aus eigener Tasche die Opfergaben gespendet und sich nicht so streng an das Ritual (Nirei-Nihakushu-Ichirei) gehalten. Das Kriterium eines offiziellen Besuches am Schrein scheint, den Aussagen der Politiker nach, das obengenannte Ritual zu sein.

Unbefangene Pilger

Japan ist ein Land von „acht Millionen Gottheiten" (*Yao-yorozuno-kami*). Für diese bestimmte Zahl gibt es eine Erklärung. Das chinesische Schriftzeichen für „acht" ist nach unten offen und ausbreitend. Das ist ein Sinnbild für Unendliches. In der Nationalhymne singt eine Zeile „*Chiyoni-yachiyoni*". Das bedeutet (es gedeihe das Kaisertum) „Tausend und Achttausend Generationen lang", d.h. in alle Ewigkeit. In Japan ist die Glückszahl „die gute Acht", und die Unglückszahl „die böse Vier", weil vier (*Shi*) mit dem Tod (*Shi*) gleich lautet. Darum gibt es im Krankenhaus normalerweise kein Krankenzimmer mit Nr. 4. In einem Land mit acht Millionen Gottheiten ist es unmöglich, sich eine absolute, allmächtige Gottheit vorzustellen. Wenn es einen allmächtigen absoluten Gott gäbe, sollte, so der Volksglaube, weder Unglück noch Unheil im Leben des Menschen vorkommen. Jeder der acht Millionen Gottheiten ist ein bestimmter Lebensbereich zugeteilt, über den sie eine magische Wirkung hat. Deshalb ist es für Japaner gar nicht so widersinnig, den Sorgen und der Lage der Dinge entsprechend die jeweilige Gottheit anzurufen. Um von einer Krankheit geheilt zu werden, betet man zu einer dafür zuständigen Gottheit im Schrein oder im buddhistischen Tempel, dem Yakushi-Nyorai (für Medizin und Heilung), und um dem Unheil und der Rache eines heraufbeschworenen Geistes zu entkommen, hat man eine dagegen wirkende Gottheit, den Fudomyo-o, anzubeten.

Genau so wie die verschiedenen Arztpraxen haben die Gottheiten ihr eigenes Fachgebiet, und die Gläubigen suchen eine dem Problem angemessene Gottheit auf. Wenn diese aber nicht sonderlich taugt, ziehen sie weiter zu einer anderen, tüchtigeren. So ist ein unbefangenes Verhalten in der Glaubenspraxis etwas Selbstverständliches. Den meisten Besuchern der Tempel und Schreine ist es fast gleichgültig, ob der Tempel der Shingon-Gruppe oder der Jodo-Schule angehört. Diese sektiererische Frage interessiert die Japaner nicht.

Filialen der Schreine

Die Schreine, die mächtige und wirkungsvolle Schutzgottheiten verehren, werden gut besucht. Wenn die Wirkungskraft der Gottheit im Laufe der Geschichte überregional bekannt wird, entsteht der Bedarf für die Niederlassung dieser Gottheit in einem kleinen Dorfschrein. So entstanden viele Schreine als Niederlassung der mächtigen Gottheit. Die führenden Schreine heute, Suwasha, Hachimansha, Kumanosha, Hikawasha und Jimmeisha haben landesweit Filialen. Es gibt differenzierte Aufgabenbereiche der Gottheiten: für gute Noten bei der Aufnahmeprüfung, Erfolg im Beruf und Geschäft, Krankenheilung, sanfte Niederkunft, Kinderwunsch, Partnersuche, Trennung von Pechsträhnen oder von unguten Beziehungen. Nicht zu vergessen ist, es gibt auch Gottheiten, die schlimme Verfluchung der Rivalen in Liebe oder Geschäft erfüllen. Schreine für diese Wünsche sind geheim und befinden sich an unauffälligen Stellen, die nur den Eingeweihten bekannt sind. So manche Frauen, die auf ihre untreuen Männer und Geliebten rachsüchtig sind, besuchen solche Schreine.

Besänftigungskulte in der Gegenwart

Die Gottheiten in Japan sind grundsätzlich die Seelen der Vorfahren, die nach dem Tod in den Berg hinaufsteigen und im Berg verweilen, und bei den Übergangsriten und Dorffesten in das Dorf hinabsteigen. Bei jedem Dorffest und Übergangsritual sind sie präsent und schenken den Nachkommen Segen und Schutz. Die Glück bescherenden Gottheiten waren ursprünglich der belebten Natur immanent und wurden dann im Laufe der Geschichte als Seelen der verstorbenen Vorfahren (*Sorei*) angesehen. Die Gottheiten des Berges, Wassers und Feuers waren die wütenden Gottheiten in der Natur, die im Laufe der Geschichte den Seelen der Vorfahren gleichgesetzt und verehrt wurden. Vor allem war die Gottheit des Feuers im Herd das Symbol der Vorfahrenseelen. Das Herdfeuer nicht zu löschen, bedeutete das Fortbestehen von Haus und Familie, und es war überaus wichtig. Das Kaiserhaus hatte im Altertum eine Feuerstelle im Ise-Schrein errichtet und deren Aufsicht wurde von einer auserwählten Prinzessin (*Saigu*) wahrgenommen.

Die Berggottheiten kommen im Frühling in das Dorf und schenken der Natur die Lebenskraft. Im Herbst, nach dem Erntedankfest, kehren sie in die Berge zurück. Das war die alte Vorstellung der Menschen über die Berggottheiten. Um die Schutzgottheiten zum Dorffest einzuladen, besuchen die Dorfbewohner einen Schrein im Dorf oder am Fuß des Berges. Wenn die Schutzgottheiten eines Dorfes die Berggottheiten sind, gehen die Bewohner zunächst in einen am Fuß des Berges liegenden Schrein und laden die Gottheiten vom Berg in den Schrein ein. Dort steigen die Gottheiten auf die Festsänfte des Dorfes und werden in das Dorf getragen. Das ist die Prozession der Festsänfte (*Mikoshi*).

Die Schutzgottheiten, die von Bauern verehrt werden, verweilen entweder im Dorfschrein oder in der heiligen Stätte in den Bergen. Die von Fischern verehrten Gottheiten wohnen in Seen oder im Meer. Die Schutzgottheiten steigen von ihrem jeweiligen Sitz auf die Festsänfte um. Das Volk glaubte, daß die Schutzgottheiten während des Dorffestes nicht im Schrein oder an ihrem ständigen Sitz, sondern auf der Festsänfte seien. Sie feiern mit den Nachkommen das Fest und kehren nach dem Fest zu ihrem angestammten Sitz zurück.

Große Bannkulte am Schrein

Unglück wurde aufgefaßt als ein von rachsüchtigen Geistern oder unheilvollen Kräften verursachter Zustand. Um die unheilvollen Kräfte und bösen Geister von Leib und Seele zu bannen, werden sowohl in den Schreinen als auch in den buddhistischen Tempeln esoterischer Schulen jedes Jahr Ende Juni und Ende Dezember regelmäßig groß angelegte rituelle Bannkulte veranstaltet. Dabei wird Böses getilgt und Leben neu erschaffen. Die Gläubigen erhalten eine kleine Menschengestalt aus Reispapier, auf die symbolisch das Unreine von Leib und Seele geladen wird. Die Kulte werden von Shinto-Priestern und Assistentinnen (*Miko*) durchgeführt, die ursprünglich Schamaninnen waren. Aber heute sind viele Miko oft nur Studentinnen auf Teilzeitarbeit.

Das Votiv-Täfelchen (*Ema*), auf das die innigsten Wüsche der Besucher niedergeschrieben werden, ist an den Verkaufsständen für Amulette und Talismane erhältlich. Die Wünsche, Erfolg bei Aufnahmeprüfungen in die Schulen und Firmen, Beförderung, Heilung von Krankheit, Erfolg bei der Partnersuche, Kinderwünsche, oder sichere Geburt werden auf das Votiv-Täfelchen konkret zum Ausdruck gebracht. Diese hängt man nach einem Gebet vor dem Heiligtum des Schreins an eine Sammelstelle, und im großen Bannkult werden die Täfelchen verbrannt.

Besänftigungskult der Bodengottheiten

Jedes Jahr im Sommer begehen Shinto-Priester auf hohen Bergen einen Kult, um die Berggottheiten zu besänftigen, damit den Bergwanderern in den hohen Gebirgen nichts Böses zustößt. Nur für ein paar Monate im Hochsommer sind viele Berge zugänglich, die zu anderen Jahreszeiten von Schnee bedeckt sind und mit ihrem rauhen und wechselhaften Klima die Bergwanderer abschrecken.

Einweihung der Baustelle

Die Einweihung der Baustelle heißt *Jichinsai* und bedeutet Besänftigung der Gottheiten von Grund und Boden. Die Bodengottheiten sind im Volksglauben rauh und verursachen Überschwemmungen und Erdbeben. Nur ein ehrfürchtiger Umgang mit Boden und Wasser führt zu reichen Ernten. Durch einen Einweihungskult (Jichinsai) müssen die rauhen Bodengottheiten besänftigt werden, und die Baustelle wird rituell gereinigt. Die Einweihung einer privaten als auch einer öffentlichen Baustelle (auch für die Atomkraftwerke) ist unentbehrlich. An diesem Kult nehmen Bauherr, Architekt und Bauunternehmen teil, und sie beten um dauerhafte Festigkeit des Bodens und Sicherheit auf der Baustelle.

Der Kult verläuft folgendermaßen. In die Mitte der Baustelle wird eine hohe Bambusstange gestellt, worauf die Gottheiten herabsteigen. Ein Altar mit Opfergaben wird eingerichtet. Der Shinto-Priester spricht „die reinigenden Worte" (*Norito*) und nimmt einen geweihten Zweig (Sakaki) vom Altar und reinigt damit die Anwesenden. Das Ritual vor dem Altar, zweimal Verbeugen, zweimal Händeklatschen und einmal Verbeugen, ist die rituelle Vorschrift. Dann reinigt der Priester den Boden in alle vier Himmelsrichtungen. Er nimmt einen Spaten und gräbt symbolisch den Boden um. Danach werden die besonderen Opfergaben (ein eiserner Spiegel, eine Jade und eine Puppe) zur Besänftigung der Bodengottheit unter den Boden begraben. Der Bauherr legt einen geweihten Zweig auf den Altar, und dann folgt er derselben rituellen Vorschrift. Alle Anwesenden wiederholen dieses Ritual. Danach wird allen Teilnehmern Sake in kleinen Schälchen ausgeschenkt, und der Priester ruft „Herzlichen Glückwunsch!" (*Omedeto gozaimasu*). Die Anwesenden erwidern den Gruß. Die Feier wird mit einer Abschiedszeremonie für die herabgestiegenen Bodengottheiten abgeschlossen.

Gedenkfeier für Werkzeuge und Gebrauchsgegenstände

Im Alltag werden nicht nur für Verstorbene und Kriegsgefallene, sondern auch für Werkzeuge, Gebrauchsgegenstände und Lebewesen (Haustiere und Fische) Gedenkfeiern gefeiert. Die im Shinto-Schrein zu feiernde Gedenkfeier heißt Kuyo, im buddhistischen Tempel Hoyo.

Altgediente Nähnadeln

Im Februar wird traditionell die Gedenkfeier für die ausgedienten Nähnadeln im Schrein veranstaltet. Die Nähnadel war bis zum Kriegsende das unentbehrliche Werkzeug der Frauen im allgemeinen und für die Näherinnen das Berufswerkzeug. Mit den altgedienten Nähnadeln fühlen sich die Frauen verbunden und gedenken der Nadeln mit Wehmut und Dankbarkeit für eine langjährige Zusammenarbeit. Auf der Gedenkfeier werden die alten Nähnadeln auf ein weiches Polster (oft aus Soyabohnenkäse, *Tofu*) eingesteckt. In der Nadel, so der Volksglaube, wirkt eine Seele und mit ihr zusammen haben die Frauen die mühsame und manchmal harte Arbeit gemacht. Als eine schweigsame Lebensbegleiterin der Näherinnen verdient eine ausgediente Nadel auch eine gebührende Abschiedszeremonie. Diese Nadelgedenkfeier (*Harikuyo*) wird heute noch von traditionsbewußten Hausfrauen und Schülerinnen der Mode-Design-Schulen jährlich begangen.

Pinsel

Einen ähnlichen Charakter hat auch die Pinselgedenkfeier (*Fudekuyo*). Die lange Jahre beim Malen, Schreiben der Briefe und Gedichte gebrauchten Pinsel werden ebenfalls von Pinselbenutzern, Manga-Zeichnern und Kalligraphen mit Dankbarkeit und Wehmut in dieser Feier geehrt. Sie bringen ihre alten Pinsel, die an einer rituell gereinigten Stelle auf dem Schreinhof zu Haufen gesammelt werden. Den Pinseln wird vom Shinto-Priester feierlich gedankt und nach einem Gebet werden sie verbrannt.

Puppen

In den großen Schreinen, zum Beispiel im Meiji-Schrein in Tokyo, gibt es eine Gedenkfeier für Puppen, traditionell japanischer wie europäischer Art. Die Kinder in Japan bekommen viele Puppen im Leben geschenkt: die Mädchen erhalten *Hinaningyo* (Puppen für das Mädchenfest im März) und die Jungen ihre Puppen (Samurai) zum Jungenfest im Mai und dazu noch jede Menge Stofftiere. Mit den Puppen verbinden sich viele besondere Erinnerungen. Die Puppen für das Mädchen- und Jungenfest werden in der Regel an die nächste Generation vererbt, denn sie sind sehr teuer (mindestens 2000 Euro). Aber andere verbrauchte Erinnerungsstücke sollten nicht in die Mülltonne landen. Die Puppen menschlicher Gestalt werden in Japan nicht ohne weiteres weggeworfen. Die meisten Japaner haben große Hemmungen, eine Puppe zu entsorgen. Die alten, manchmal verletzten Puppen werden zu der Gedenkzeremonie im Schrein mitgebracht und nach einer ordentlichen Andacht „bestattet". Früher hat man sie einfach auf dem Hinterhof des Schreins verbrannt, aber heute werden die alten Puppen wegen der strengen Gesetze zum Umweltschutz nicht mehr auf dem Hof des Schreins eingeäschert.

Fische

In einem Schrein, Namiyoke-Jinja, der unweit vom größten Fischmarkt der Welt in Tokyo liegt, gibt es fünf Gedenkstätten für Fische und Meeresfrüchte, die Menschen als Nahrungsmittel gefangen und verzehrt haben. Die Stätten sind nicht so alt, die älteste wurde 1972 für Sushi-Zuka errichtet. Die Gedenkstätte für Lebewesen (Haustiere und Fische), die als Lebensmittel der Menschen geopfert wurden, ist ein Zeichen der Dankbarkeit und Sühne. Vor der Mahlzeit sagt man immer, „*Itadakimasu*". Das bedeutet, „Laß es geschehen, daß ich dieses Leben(smittel) zu mir nehme", eine Art Sühneformel.

Übergangsriten im Schrein

Im Altertum wurde der Weg von der Geburt zum Tod als Kreislauf begriffen, der zu seinem Ursprung zurückführt. Diese zyklische Zeiterfahrung wird in den kultischen Veranstaltungen der Reiskultur dargestellt. Passend zu den Lebensphasen des Menschen werden Übergangsriten gefeiert, die einen der Wiedergeburt vorangehenden Tod rituell vergegenwärtigen und auf einen Neubeginn des Lebens deuten. Dabei wird Böses und Unreines getilgt und dem Leben neue Lebenskraft verschafft; der kollektive Kult für den Reisanbau zielte darauf, den Bestand von Welt und Leben erneuernd zu sichern. Der Kult ist Vergegenwärtigung der lebenspendenden Wirkung der guten Gottheiten, der Vorfahrengeister.
Die Übergangsriten haben feste Rhythmen und Strukturen: Außer der Geburt verlaufen sie immer in dieser Reihenfolge: Tilgung des Bösen, fingierter Tod und Wiedergeburt. In die Riten für den Einzelnen werden die Schutzgottheiten und die

Heiligen des Buddhismus allesamt einberufen. Diese dienen insbesondere dazu, eine fingierte Trauerfeier, die der Wiedergeburt vorangeht, zu vollziehen.

Darbringung des Neugeborenen bei den Schutzgottheiten

Wenn ein neues Leben auf die Welt gekommen ist, gehen seit eh und je die Eltern und Großeltern 50 Tage nach der Geburt zum Dorfschrein, um den Schutzgottheiten das Kind vorzustellen und um Schutz und Segen für das Kind herabzurufen. Vom Shinto-Priester wird das Baby mit seinen Eltern und Großeltern geweiht und auch der Name des Kindes, den die Eltern nach langer Überlegung bestimmt haben, wird gesegnet. Die Zeremonie (*Omiya Mairi*) dauert nicht lange und nach dem Ritual wird ein Familienfoto vor dem Schrein aufgenommen.
Auch im Kaiserhaus wird Omiya Mairi gefeiert: der kleine Prinz oder die Prinzessin wird den Vorfahrengottheiten des Kaiserhauses präsentiert, die in den Heiligen Stätten (Kyuchusanden) im Kaiserpalast verehrt werden. Für die Vorstellung wird ein besonderes weißes Gewand angefertigt, dessen Seidenstoff von Raupen stammt, die die Kaiserin selbst gezüchtet hat. Auf dem Omiya Mairi wird auch die Hofmusik dargeboten.

Namengebung

Um dem Kind einen guten Namen zu geben, machen sich die Eltern große Mühe, denn der Name, so im alten Glauben, hat eine magische Kraft und beeinflußt das Schicksal des Menschen. Traditionell wird der Familienname eines gebürtigen Japaners in chinesischen Schriftzeichen (Kanji) geschrieben, und jedes Kanji besteht in der Regel aus mehreren Strichen, deren Reihenfolge beim Schreiben stets zu beachten ist. Würden die Striche falsch gezogen, empfinden die meisten gebildeten Japaner ein tiefes Unbehagen und finden die Form des Schriftzeichens unschön. Deshalb wird den Schulkindern in der Kalligraphiestunde die Art der Strichführung und Reihenfolge intensiv beigebracht. Nach der Handschrift werden in Japan, sowie in China und Korea, der Charakter und das Bildungsniveau eines Menschen beurteilt. Darum bemüht man sich eifrig um eine schöne Handschrift, und es gibt dafür Nachhilfestunden und Kurse.

Der Familienname Tanaka zum Beispiel, besteht aus zwei Kanji (Ta+naka) und die Gesamtzahl der Striche ist 9. Ein Europäer, der die Regeln für Reihenfolge und Strichführung eines Schriftzeichens nicht erlernt hat, macht beim Schreiben oft 11 Striche. Das mag für einen Ausländer belanglos sein, aber die Gesamtzahl der Striche bei Vor- und Nachnamen ist für traditionsbewußte Japaner sehr wichtig. Denn es hat einen Zahlenwert und Sinn in sich. Im Onmyodo ist ein guter Name ein solcher, bei dem die Strichzahl nach dem Prinzip männlicher und weiblicher Urkraft harmonisch kombiniert ist, und dessen Wort eine gute Bedeutung und einen schönen Klang hat. Man denke hier an die Praktiken der Änderung der Jahresdevise in früheren Zeiten, denn im Onmyodo trägt die Jahresdevise schon einen das Schicksal des Reiches und Volkes bestimmenden Sinn in sich. In Japan gibt es aufgeklärte Eltern, die nach eigenem Empfinden einen guten Namen für ihr Kind ausdenken. Aber die Mehrheit der Eltern will einen absolut einwandfreien guten Namen, der im Onmyodo einem Menschen Gesundheit, Erfolg und Glück garantiert. Die Namengebung macht ihnen viel Kopfzerbrechen, und so grübeln sie Monate vor der Geburt über die bestmöglichen Namen. Dafür stehen eine Menge Bücher in den Regalen der Stadtbücherei und in Buchhandlungen zur Verfügung. Es gibt berufsmäßige Namengeber, die nach Geburtsdatum und -stunde anhand der 10 Kategorien und 12 Tierzeichen einen Namen ausdenken. So manche Eltern suchen diese Spezialisten auf, und Erwachsene ändern ihren Vornamen. Wenn sie im Leben viel Pech und Unglück erlebt haben, kommen sie auf die Idee, der Name sei daran schuld. Sie suchen einen professionellen Namengeber auf und erhalten gegen Bezahlung einen neuen Namen. Der Antrag zur Änderung des Vornamens wird dann zivilrechtlich bearbeitet und akzeptiert, auch wenn die Änderungsgründe rational nicht überzeugend sein mögen.

Namengebung kaiserlicher Nachkommen

Der Name kaiserlicher Nachkommen, seien es Prinzen oder Prinzessinnen, wird von Schriftgelehrten des Konfuzianismus vorgeschlagen. Sie suchen mithilfe großer Klassiker und wichtiger Schriften gute Namen und Ehrentitel aus und legen diese dem Kaiser vor. Wenn es um den Namen eines Enkelkindes des Kaisers geht, werden die in Betracht kommenden Namen zunächst den Eltern vorgestellt, und die Eltern wählen einen Namen aus. Dieser Name wird dann vom Kaiser offiziell bekanntgegeben.

Zur Mündigkeit

Zu den überall praktizierten Übergangsriten für das Kindesalter gehört das *Shichi-go-san-mairi*, das für Kinder im Alter von 7-5-3-Jahren am Schrein im November gefeiert wird. Jungen und Mädchen besuchen in Festkleidung zusammen mit ihren Eltern und Verwandten den Schrein. Sie danken den Gottheiten für die Gesundheit des Kindes und bitten um weiteren Schutz. Im Altertum wurde das Mündigwerden im 13. Lebensjahr gefeiert. Ursprünglich bedeutete das Ritual eine „Wiedergeburt in Unschuld" (*Umare kiyomari*). Auf den Kopf des Jungen wurde Wasser gegossen, ein ritueller Reinigungsakt (Misogi), damit die bisherige Schuld gereinigt würde. So beginnt das Leben wieder in Unschuld. Es wird heute aber nur noch im Kaiserhaus für Prinzen (Zeremonie des *Genpuku*) begangen. Die Genpuku-Zeremonie wird in den Fernsehnachrichten erwähnt. Während der Zeremonie aber ist das Fernsehen nicht zugelassen. Der Prinz trägt die traditionelle Hoftracht mit Kopfbedeckung. Er stellt sich vor den Kaiser und die Kaiserin und verbeugt sich tief.

Bannen von Pech und Unglück

In früheren Zeiten, wo die durchschnittliche Lebenserwartung nur 50 Jahre zählte, fand der Wechsel des Hausvorstandes statt, wenn der älteste Sohn das 40. Lebensjahr erreicht hatte. Der alte Hausvorstand trat in den Ruhestand (*Go-inkyo*). Dieser Generationswechsel war für Haus und Familie sehr wichtig. Zunächst mußte der neue Hausvorstand an Leib und Seele gereinigt werden. Deshalb unterzogen sich die Männer um die 40, die Anwärter für den Hausvorstand, einer Trauerfeier, einem Durchgang durch den Tod ins neue Leben. Das *Yakubarai* ist ein teilweise buddhistisch gestaltetes Übergangsritual. Das Ritual wurde gemeinschaftlich begangen, und als eine der rituellen Handlungen wurde den Männern das Zeugnis für die Schüler des Buddha (Sokushin-jobutsu) ausgestellt, das symbolisch den Tod und die Aufnahme in die Reine Welt (Jodo) beurkundet. Nach dem Ritual beginnt ein neues Leben für den Mann und der Rest seines Lebens ist mit Glück und Gesundheit gesegnet. Das Ritual wird heute von allen Männern, egal ob sie Hausvorstand werden oder nicht, im Alter von 25 und 42 Jahren gefeiert, und für alle Frauen im Alter von 19 und 33. Diese Lebensalter werden im Volksmund das *Yakudoshi* (das von Pechsträhnen befallene Jahr) genannt. Männer und Frauen dieser Jahrgänge begeben sich zu den Schreinen, damit die Priester die bösen Geister, bzw. Pechsträhnen von Leib und Seele austreiben. Im Januar, im Rahmen des Neujahrsfestes, werden sich die Männer und Frauen dieses Alters im Schrein dem „Reinigungs- und Bannkult" (Yakubarai) unterziehen.

Der 60. Geburtstag

Der 60. Geburtstag (*Kanreki*) wird in Japan mit der ganzen Familie, den Verwandten und Freunden groß gefeiert. Ansonsten begeht man in Japan Geburtstage nur in der Kindheit, bei Erwachsenen wird der sogenannte runde Geburtstag kaum noch gefeiert. Daher ist der 60. Geburtstag fast der einzige runde Geburtstag. Nach dem alten Kalender, der mit 10 Kategorien und 12 Tierzeichen die Zeit einteilte, kehrt das 60. Le-

bensjahr zu demselben Tierzeichen mit demselben Grundelement zurück. Das 60. Lebensjahr und der Geburtstag ist die Vollendung und der Neubeginn des Lebens.
Der alte Brauch der 60. Geburtstagsfeier wird bis heute gepflegt: das Geburtstagskind trägt eine rote Jacke und eine rote Kopfbedeckung, bei Frauen einen roten Gürtel für das Gewand. Das rote Gewand bedeutet, daß das alte Ego gestorben und das neue Leben geboren ist. Im Japanischen heißt das neugeborene Kind „*Aka-chan*" (Rotes+Honorativsuffix). Das Wort „Akachan" und das rote Gewand haben wohl einen gemeinsamen Sinn. Durch das Ritual wird dem Neubeginn des Lebens eine lange und gesunde Dauer versichert. Rückkehr zu den Ursprüngen war das Leitbild aller individuellen und gesellschaftlichen Deutungen von Welt und Leben.

Ein Schrein im Dorf

15. Festjahr im Kaiserhaus

Reiskultur im kaiserlichen Garten

Im Frühling pflanzt der Kaiser selbst die Setzlinge ins Reisfeld. Einen Monat vorher hat er die Reiskörner gesät (und sie wurden im botanischen Garten des Kaiserpalastes von Bediensteten sorgfältig gehegt und gepflegt). In diesem symbolischen Akt verkörpert der Kaiser die Kultur des Reisanbaus und die ungebrochene Tradition des Reiches. Von dieser Bauern-Arbeit des Kaisers berichten die Medien jedes Jahr: Der Kaiser steht gebückt in Arbeitskleidung und Gummi-Stiefeln in dem bewässerten Reisfeld und pflanzt behutsam die Setzlinge ein. Die Ernte wird im November eingeholt. Bei der Erntearbeit schneidet der Kaiser dem alten Ritual getreu mit einer Sichel die Ähren, und der Reis wird zum Erntedankfest auf den Altar an der Heiligen Stätte (Kyuchusanden) dargebracht.

Die Kaiserin hat auch die Aufgabe einer Bauersfrau: die Züchtung der Seidenraupen. Dieser Brauch soll aber relativ jung sein. Er begann erst in der Meiji-Zeit im Sinne der Restauration der alten Tradition des Kaiserhauses. In den Palastanlagen gibt es eine Kammer für die Züchtung der Seidenraupen. Die Kaiserin füttert die Raupen mit Blättern des Maulbeerbaums. Die gewonnene Seide wird zu einem Seidentuch gewoben und zur Restaurierung der alten Gewänder, die in der kaiserlichen Schatzkammer „Shosoin" in Nara aufbewahrt werden, benutzt. Ein Teil des Seidenstoffes findet Verwendung für Kleider der Kaiserin und Prinzessinnen und auch als kaiserliches Geschenk für Staatsgäste.

Der Kalender des kaiserlichen Festjahres ist unten aufgeführt. Hier werden nur die Kulte näher betrachtet, die auf die Reiskultur und die Traditionspflege des Kaiserhauses bezogen sind.

Kalender des kaiserlichen Festjahrs

01. Januar	Neujahrskulte und Hofzeremoniell
02. Januar	Empfang der Neujahrsgrüße
Anfang Januar	Vorträge für den Kaiser
Mitte Januar	Dichterrunde
12. Februar	Kulte für die Berggottheiten
17. Februar	Kulte für Fruchtbarkeit und reiche Ernten
21. März	Ahnenkult für kaiserliche Vorfahren
Mitte April	Aussaat durch den Kaiser
06. Mai	Ordensverleihung (Staatsakt)
Mitte Mai	Seidenraupenzüchtung durch die Kaiserin
Ende Mai bzw. Anfang Juni	Pflanzen der Reissetzlinge durch den Kaiser
30. Juni	Große Bannkulte
15. August	Gedenkfeiern für Kriegsgefallene (Staatsakt)
23. September	Ahnenkult für kaiserliche Vorfahren
17. Oktober	Erntedankfest im Ise-Schrein (Kannamesai)
20. Oktober	Geburtstag der Kaiserin
03. November	Verleihung des Kulturordens (Staatsakt)
23. November	kaiserliches Erntedankfest (Niinamesai)
23. Dezember	Kaisers Geburtstag
31. Dezember	Große Bannkulte, Feier des Jahresendes

An den Kleinen Zeremonien, zu denen 11 Feiern im Jahre zählen, nehmen der Kaiser, alle mündigen Familienangehörigen und die Hofbeamten teil. Die Zeremonien werden unter Leitung des Zeremonienmeisters gefeiert. In dem Ritual der Kleinen Zeremonien treten Kaiser und Kronprinz vor den Altar und verbeugen sich. Eine Ausnahme der Kleinen Zeremonien ist der Ahnenkult des Kaiserhauses, dabei verbeugen sich der Kaiser und die Kaiserin, alle Familienangehörigen und die Hofbeamten nach protokollarischer Reihenfolge.

Außer diesen Riten und Zeremonien gibt es tägliche Riten, die im Namen des Kaisers von Hofleuten jeden Morgen begangen werden. Die Kammerdiener des Kaisers sind dem Status nach Beamte. Jedoch zu diesen Diensten fuhr der Kammerdiener bis Mitte der 70er Jahre im Shinto-Priestergewand in einer Kutsche mit Wappen des Kaiserhauses. Dieses Ritual wurde Mitte der 70er Jahre modernisiert: der Kammerdiener trägt statt des Priestergewandes nun einen Frack und fährt im Auto.

Kulte am Neujahrstag

Zu den ersten Kulten am Neujahrstag gehören das *Shihosai* und das *Saitansai*. In der Morgenfrühe, ursprünglich in der Stunde des Tigers (4 Uhr), begibt sich der Kaiser in die Kultstätte und verbeugt sich nach den vier Himmelsrichtungen (*Shiho*), wo sich der Ise-Schrein und die Grabstätte der Vorfahren befinden. Zu den Vorfahren dieses Kultes zählen der Vater, Großvater, Urgroßvater und der Ururgroßvater des Kaisers. Anschließend begibt sich der Kaiser zu den drei Heiligen Stätten im Hof und bittet um gute Ernte, Frieden und Wohl des Volkes. Dem Kaiser folgt der Kronprinz und dann die anderen Prinzen des Kaiserhauses.

Kulte für Fruchtbarkeit und reiche Ernten

Am 17. Februar wird am Kaiserhof noch der alte Kult für Fruchtbarkeit und gute Ernte begangen, das *kinensai*. Auf dem Land wird dieser Kult in der Vollmondnacht des Februars abgehalten. Bei diesem Kult werden Gottheiten des Ackerlandes vom Berg ins Dorf eingeladen, um der bald beginnenden Feldarbeit und Aussaat beizustehen.

Ahnenkult für kaiserliche Vorfahren

An den Tagundnachtgleichen im Frühling und Herbst werden am Kaiserhof die Ahnenkulte für die Vorfahren des Kaiserhauses begangen. Der Kaiser begibt sich an die Heilige Stätte, Koreiden (Stätte der Vorfahrenseelen), bringt die Opfergaben (grüne Zweige) dar und verbeugt sich nach dem Ritual. Dabei wird auch die Hofmusik (*Kagura*) für die Vorfahrenseelen dargeboten.

Große Bannkulte

Am letzten Tag des Juni und des Dezember werden am Kaiserhof die großen Reinigungskulte begangen. Die rituelle Reinigung für den Kaiser und das ganze Volk heißt *Ooharae*. In diesem Kult werden die gesamten Sünden und das Unreine des Volkes bereinigt. Die rituelle Reinigung für den Kaiser selbst heißt *Yo-ori*. Sie wurde ursprünglich ausschließlich für den Kaiser vollzogen. In diesem Reinigungskult werden die bösen Geister in und neben dem Kaiserkörper gebannt. Heute nehmen an diesem Kult auch die Kaiserin und das Kronprinzenpaar teil.

Der Kult Yo-ori besteht aus drei Handlungen: Zunächst wird dem Kaiser ein Seidengewand in weiß überreicht, das er kurz auf seinen Körper legt. Dann wird mit einem Bambusstab der Körper des Kaisers an fünf Stellen gemessen. Nach der Messung wird der Bambusstab gebrochen. Die Messung wird neun Mal wiederholt. Von dem Wort „brechen" (*Oru*) rührt die Bezeichnung „Yo-ori" her. Daran anschließend atmet der Kaiser in einen Krug dreimal aus. Vermutlich verlassen die Sünden und das Unreine mit dem Aushauchen den Körper des Kaisers und werden in den Krug gesperrt.

Dasselbe Ritual wird wiederholt. Diesmal wird dem Kaiser ein Seidengewand in rot überreicht. Die Handlung wird wohl darum wiederholt, weil es im Reinigungskult „Yo-ori" einerseits auf die Bannung der bösen Geister ankommt und andererseits der Beistand und Schutz der guten Geister erwirkt werden soll. Die Gewänder, Krüge und Bambusstäbe dieses Kultes werden am Strand der Tokyo-Bucht verbrannt und begraben.

Die Besänftigungskulte vor den kaiserlichen Hochfesten

Die Besänftigungskulte wurden traditionell im Rahmen der kaiserlichen Hochfeste begangen. Vor dem Erntedankfest am Kaiserhof mußte der Besänftigungskult am Tag des „Tigers" im November (nach dem Mondkalender) begangen werden. Der Tag des „Tigers" im November fällt auf die Wintersonnenwende und nach der alten Vorstellung war jetzt die Kraft der Sonne am schwächsten. Der Kaiser, Nachkomme der Sonnengöttin Amaterasu Ohmikami, ist wie die Sonne geschwächt. Man befürchtete, daß sich von dem geschwächten Leib die Seele entfernen könnte. Um die Seele wieder in den Leib zurückzurufen, gibt es heute noch an manchen Orten den Brauch, auf dem Dach des Hauses den Namen des Erkrankten laut auszuschreien, damit die Seele ins Diesseits zurückkehrt und der Kranke wieder gesund wird.

Um die geschwächte Kraft des Kaisers zu kräftigen, wird am Vorabend des Erntedankfestes (Niinamesai) der Besänftigungskult begangen. Mit gestärkter Lebenskraft kann der Kaiser dann am folgenden Tag auf dem Erntedankfest, wo er sich mit den Schutzgottheiten durch eine gemeinsame Mahlfeier vereinigt, nach der Wintersonnenwende die zunehmende Sonnenkraft in sich aufnehmen. Traditionell wurde der Kult von einer Schamanin am Hof zelebriert; in der Gegenwart wird er von einer Hofdame mit dieser Funktion im November (nach dem Sonnenkalender) ausgeübt und nicht nur für den Kaiser, sondern auch für die Kaiserin und das Kronprinzenpaar.

Das Erntedankfest

Die Riten und Zeremonien im Kaiserpalast werden nach dem 1908 erneuerten Hausgesetz in Große Zeremonien (Taisai) und Kleine Zeremonien (Shosai) unterschieden. Zu den ältes-

ten und wichtigsten der Großen Zeremonien zählen das Erntedankfest (Niinamesai) im November und das Erntedankfest (Kannamesai) im Oktober. Das Kannamesai findet am 16. und 17. Oktober im Ise-Schrein statt, wo der Amaterasu Ohmikami die Ernte des Jahres dargebracht wird. Der Ise-Schrein und die Heilige Stätte im Kaiserpalast (Kashikodokoro) verehren gemeinsam die Schutzgottheit Amaterasu Ohmikami. Daher wird das Kannamesai auch vom Kaiser selbst am 17. Oktober zelebriert. An den Großen Zeremonien nehmen der Kaiser, die Kaiserin, alle mündigen Familienangehörigen des Kaiserhauses und die Hofbeamten teil. Bei den höfischen Riten sind TV-Kameras nicht zugelassen. Nach Berichten von Augenzeugen (ehemaligen Hofbediensteten und Journalisten) verläuft das Erntedankfest wie folgt:
Das Niinamesai wird am 23. November im Kaiserpalast begangen. Dasselbe Ritual wird im Rahmen des Niinamesai zweimal vollzogen: Das erste Ritual beginnt um 18 Uhr abends und das zweite um 23 Uhr und endet eine Stunde nach Mitternacht. In der Dunkelheit der Nacht spendet eine Fackel das einzige Licht. Keine moderne Beleuchtung ist vorhanden. Das Fest wird von der traditionellen Hofmusik begleitet. Es steht unter der Leitung des Kaisers. Bei den Großen Zeremonien sind das bronzene Schwert und die Jade der drei heiligen Reichskleinodien immer präsent. Der Kaiser trägt eine seidene Robe in weiß und eine Kopfbedeckung. Auf dem Altar werden der neue Reis, frischer Sake und die Erstlinge aus Feld, Wald und Meer dargebracht. Der Kaiser tritt vor den Altar und sagt Dank für die reiche Ernte und bekundet seine Wünsche für den Frieden des Landes und der ganzen Welt. Dann findet die Mahlfeier der dargebrachten Opfergaben mit den Schutzgottheiten statt. Das ist der eigentliche Sinn dieses Festes. Der Kaiser kostet den neuen Sake symbolisch dreimal. Dann zieht sich der Kaiser in eine Schlafkammer neben dem Altar zurück und verweilt eine Weile darinnen. In diese Schlafkammer darf niemand hineinsehen, auch die Kaiserin nicht.
Die für dieses Fest nötigen Opfergaben (neuer Reis und Hirse) werden seit der Meiji-Zeit von dem kaiserlichen Reisfeld im

Shinjuku-Gyoen (ein Park in Tokyo) und aus dem ganzen Land von ausgewählten Bauern dargebracht.

Orakel für das kaiserliche Hochfest

Seit dem Altertum war es Brauch, vor wichtigen Entscheidungen und Riten am Kaiserhof zunächst das Orakel der Gottheiten auszulegen. Die Zuständigen dafür waren und sind der Schamane und der Shinto-Priester am Kaiserhof. Dieses Ritual wird zweimal jährlich begangen, und zwar Anfang Juni und Dezember. Dabei wird ein Knorpel der Schildkröte ins Feuer geworfen und an den Rissen des Knorpels das Orakel ausgelegt. Das Ergebnis des Orakels wird dem Kaiser am 10. des betreffenden Monats mit leiser Stimme zugeflüstert. Dieses Ritual wurde ursprünglich ausgeführt, um vor großen kaiserlichen Zeremonien zu erfahren, ob der Kaiser von bösen Geistern befallen sei. Die Auslegung des Orakels beruht auf dem Onmyodo, und wenn sich das Orakel als böses Omen erweist, wird nach möglichen Ursachen geforscht. Nach der Ausdeutung der Ursachen werden die Methoden eines Bannkultes erraten. Ein unreiner Kaiser, der von bösen und rachsüchtigen Geistern befallen ist, darf keine heiligen Zeremonien begehen. Vor dem kaiserlichen Hochfest muß der Kaiser selbst makellos rein sein. Dieses Ritual der Orakeldeutung ist bis in die Gegenwart überliefert. Vor dem einmaligen Erntedankfest (Daijosai) des Kaisers im Rahmen der Thronbesteigung wird das Orakel ausgelegt. Als der jetzige Kaiser im Jahre 1990 das Daijosai beging, wurde die Orakeldeutung der Tradition nach vollzogen.

Daijosai

Der Verlauf der rituellen Handlungen des Daijosai ist im Grunde dem des jährlichen Erntedankfestes, Niinamesai, gleich. Ein wesentlicher Unterschied zwischen Daijosai und Niinamesai entsteht durch den Reis. Beim Daijosai stammt der dargebrachte Reis ausschließlich von Bauern. Der vom Kaiser selbst angebaute Reis wird bei diesem einmaligen Erntedankfest nicht verwendet. Das Daijosai hat den Charakter eines Staatsaktes; das jährliche Niinamesai dagegen dient eher der Traditionspflege des Kaiserhauses.

Der Sinn des Daijosai liegt wohl ursprünglich darin, daß der Kaiser mit den Schutzgottheiten die Mahlfeier begeht. In diesem Kult werden die Seelen der Vorfahren, die in den ersten Reisähren der Opfergaben wohnen, in den Körper des lebenden Kaisers aufgenommen, und so wird der Kaiser eine lebende Gottheit. Das Daijosai wurde im späten Mittelalter über 221 Jahre nicht begangen. Als es in der Neuzeit vom Tokugawa-Shogunat wieder belebt wurde, geschah dies nur teilweise. Erst seit der Meiji-Restauration wurde das Daijosai als Hochfest des Kaisers in vollem Umfang und nach dem alten Ritual staatlich veranstaltet. Der jetzige Kaiser hat am 23. Januar 1990 an den drei Heiligen Stätten im Kaiserpalast den Schutzgottheiten Zeit und Stunde des bevorstehenden Daijosai berichtet.

Bestimmen der Reisfelder für das Daijosai

Die Reisfelder, die Opfergaben für das Daijosai zu liefern haben, werden vom Kaiserhof nach einem alten Ritual anhand eines Knorpels der Schildkröte bestimmt. Es werden zwei Reisfelder ausgewählt, das eine soll südöstlich von Kyoto und das andere nordwestlich von Kyoto liegen. Die Reisähren der auserwählten Felder werden vom Kaiserhof gekauft. Die beiden Reisbauern müssen jeweils 210kg Reisähren dem Kaiserhof vor dem Daijosai Ende Oktober liefern. Sie werden in einem Speicher der extra für das Daijosai errichteten Kultstätte gelagert. Die Bauern müssen dabei in weißem Gewand und schwarzer Kopfbedeckung, der traditionellen Kleidung, erscheinen. Aus den Reisähren wird im Kaiserhof weißer und dunkler Sake gebraut.

Die Altäre für das Daijosai

Vor dem Errichten der Altäre werden im August zunächst die Besänftigungskulte für die Bodengottheiten begangen. Bei dem letzten Daijosai im Jahre 1990 wurde ein Gebäudekomplex im

Ostgarten des Kaiserpalastes in Tokyo errichtet. Er bestand aus 37 Gebäuden, deren Gesamtfläche 3200qm betrug. Die beiden Altargebäude, Sukiden und Yukiden, wurden nur aus Holz und Reisstroh gebaut. Am Tag nach dem Daijosai wurden die Gebäude alle abgebrannt. Nach der Demontage wurden wieder Besänftigungskulte für die Bodengottheiten der Kultstätten von Hofpriestern begangen. Das erinnert an die Riten im Altertum, wo kein festes Gebäude für das Erntedankfest vorhanden war und nach dem Kult die Töpferwaren, die Behälter der Opfergaben, auf dem Boden zerschlagen und begraben wurden.

Verlauf des Daijosai

Die rituellen Handlungen des Daijosai sind fast dieselben wie des alljährlichen Erntedankfestes. Der Kaiser badet vor dem Beginn der Riten und zieht sich ein Seidengewand in weiß an. Auch die Kaiserin trägt ein traditionelles Seidengewand in weiß und begleitet den Kaiser. Der Kaiser begibt sich zunächst in den Altarraum Yukiden. Die Kaiserin nimmt Platz außerhalb des Altarraumes und wartet, bis die Zeremonie zu Ende ist. Der Kaiser selbst bringt die Opfergaben auf den Altar, die eine Hofbedienstete dem Kaiser darreicht. Die Opfergaben sind Reis, Hirse, Fisch, Obst sowie weißer und dunkler Sake. Der Kaiser bekundet seinen Dank für die reiche Ernte und äußert seinen Wunsch für den Frieden. Anschließend begeht er die Mahlfeier mit den Schutzgottheiten. Dann begibt er sich in den geschlossenen Raum und verweilt dort. Das ganze Ritual, beginnend mit dem rituellen Bad, wiederholt sich noch einmal für den Kult in dem anderen Altarraum Sukiden. So dauert das Daijosai bis nach Mitternacht.

Das Daijosai ist ein geheimnisvolles Fest, in dem der neue Thronfolger die Seele der Amaterasu Ohmikami empfangen soll. Nach Angaben des Hofamtes wird in beiden Altarräumen jeweils ein geschlossener Raum (eine Kammer) errichtet, wohin sich der Kaiser begibt und wo er für eine Zeitlang verweilt. In diesem geschlossenen Raum ist für die Gottheit Amaterasu

Ohmikami ein Sitz aus einer Reisstrohmatte vorbereitet. Was in diesem Raum und in dieser Stunde geschieht, darüber ist nichts bekannt. Einige Autoren meinen, daß im Daijosai die Riten von Tod und Wiedergeburt der kaiserlichen Seele vollzogen werden.

Das Festessen „Osechi"

16. Feste aus dem Bauernkalender

Gliederung und Verlauf der Feste

Der Rhythmus der großen Feste orientiert sich am Ablauf des Naturjahres und dem Wechsel der Jahreszeiten. Sowohl im Leben des Einzelnen als auch der Gemeinschaft wurde der natürliche Zyklus der Jahre und Jahreszeiten gedeutet als das Werden, Wachsen, Sterben und Wiedergeborenwerden der Natur. Das Jahr als Zeiteinheit wurde zunächst durch die unmittelbar erfahrbaren zyklischen Naturphänomene bestimmt. Rhythmen und Struktur des Festjahres teilen das Jahr in zwei Hälften. Nach einer Zäsur wiederholt die zweite Hälfte die erste. Die Bauernfeste waren eng mit den Phasen des Jahreszyklus verbunden. Die Neujahrsfeste, und die Sonnenwende im Sommer und im Winter, also jene Zeitpunkte im Jahreslauf, an denen die Sonne ihren jeweils höchsten oder tiefsten Stand überschreitet, wurden kultisch begangen. Der Kult schuf Gemeinschaft zwischen den Gottheiten und der feiernden Gemeinde. In verstärktem Maße gilt dies für die Reiskultur. Die Abläufe der gemeinschaftlichen Feste haben ein Grundmuster: Empfangs-, Mahl- und Abschiedsfeier. Im Zentrum dieser Riten steht der Glaube, daß die Schutzgottheiten bei jeder Feier vom Berg ins Dorf einzuladen und zu bewirten sind. Nach der Feier kehren sie dann wieder in den Berg zurück. Wenn die Gemeinde eines Fischerdorfes Riten für den Fischfang feiert, werden die Gottheiten von Jenseits des Meeres gerufen und wieder ins Jenseits des Meeres verabschiedet.

Gemeinschaftlicher Empfang der Schutzgottheiten, Darbringen der Opfergaben, Aussprechen der Wünsche und Bitten um Schutz des Lebens in der Gemeinde und Segen für gute Ernten; gemeinsame Mahlfeier mit den Vorfahrengottheiten, und Verabschiedung der Gottheiten markieren die Abläufe des Kultes.

Mondkalender

Dem japanischen Jahr lagen die natürlichen Umlaufphasen des Mondes zugrunde. Zwölf Monate von abwechselnd 29 und 30 Tagen begannen jeweils mit dem ersten Sichtbarwerden der Mondsichel. Die Einführung des westlichen Kalenders 1873 stellte das alte Festjahr auf die Phasen der Sonne um, so daß die Jahresfeste fast um einen Monat vorgezogen wurden. Daher besteht eine Zeitverschiebung zwischen dem ursprünglichen Festmonat und dem Festkalender von heute. Das Neujahrsfest wird in Ländern wie China und Korea nach dem Mondkalender noch immer im Februar gefeiert; in Japan am ersten Januar des westlichen Kalenders. An manchen Orten ist es noch üblich, einige Jahresfeste nach dem alten Kalender zu feiern. Das bäuerliche Jahr in Japan war traditionell zweigeteilt: das Sommerhalbjahr von Neujahr bis Ende Juni, und das Winterhalbjahr von Anfang Juli bis Ende Dezember. Es war ein alter Brauch, in der ersten Vollmondnacht des Jahres und genau sechs Monate später Opfergaben, erste Ähren, den Gottheiten darzubringen. Auch wenn die Neujahrsfeste heute überwiegend als lebenspendende Feier verstanden und die Obon-Feste Mitte Juli im Zusammenhang der Gedenkfeste für die Verstorbenen begangen werden, waren beide Feste ursprünglich die Wiederholung ein und desselben Ahnenkultes.

Das Neujahrsfest

Die Gestaltung des Neujahrsfestes und des Obon-Festes weisen viele Parallelen auf. Traditionell wird an beiden Festen das Eingangstor des Hauses mit Kiefernzweigen (Kadomatsu) und Kordeln (Shimenawa) geschmückt. Vom naheliegenden Berg oder Wald werden Kiefernzweige geholt und diese werden als Wegweisung für die Vorfahrengottheiten am Hauseingang aufgestellt. In den Wohnräumen wird neben den ständigen Altären (Kamidana und Butsudan) noch ein Festaltar errichtet.
Im Volksglauben kommen die Gottheiten des Neujahrs (*Toshi-*

gami) in der Silvesternacht ins Dorf und verweilen bei den Menschen. Wann sie wieder ins Jenseits zurückkehren, darüber sind die Ansichten von Region zu Region unterschiedlich: den Abschied nehmen die Gottheiten am Neujahrstag oder am 7. oder auch erst am 15. Januar, so daß an diesen Tagen regional verschieden immer noch eine Reihe von Neujahrsfesten gefeiert werden. Die Neujahrsgottheiten, die zum Mitfeiern ins Diesseits kommen, sind ursprünglich die glückbringenden Vorfahrengottheiten. Ebenso kommen sie zum Obon-Fest am 15. Juli ins Diesseits zu Besuch. Die Riten um den 15. Juli waren ursprünglich die Heimkehr der Vorfahrengottheiten, die der Dorfgemeinde reichliche Ernten verheißen. Das Obon-Fest ist eine wiederholende Bestätigung für gute Ernten durch die Vorfahrengottheiten im Winterhalbjahr. Im Laufe der Zeit wurde aber das Obon-Fest durch die buddhistischen Gemeinden ausschließlich buddhistisch gestaltet und zur Gedenkfeier für die Vorfahren umgewandelt. So wird das Neujahrsfest heute als das shintoistische, und das Obon-Fest als das buddhistische Hauptfest verstanden.

Hatsumode

Das Neujahrsfest ist ein Familienfest. Es wird grundsätzlich im Kreis der Familie gestaltet und gefeiert. Ein Fremder wird zu diesem Fest nicht eingeladen, denn die Vorfahrengottheiten bescheren nur ihren Nachkommen Segen und Glück für das Neujahr. In der Silvesternacht besuchen alle Familienangehörigen den Dorfschrein oder Dorftempel. Dieser Besuch heißt *Hatsumode*, der erste Gang zum Schrein. Zu Beginn des Neujahres betet man um Glück, Gesundheit und Schutz für die ganze Familie. Traditionell wurde geboten, die Schreine in der glückbringenden Richtung (*Eho*) des Jahres zu besuchen. Die Richtung wird nach den 10 Kategorien und 12 Tierzeichen von Onmyodo-Meistern jedes Jahr geortet. Heute wird die glückbringende Richtung des Jahres nicht so ernst genommen und am meisten besucht werden die Schreine in der Großstadt, die verkehrsgünstig liegen.

Die Statistiken über Hatsumode, in welchen Schrein wie viele Besucher an den ersten Neujahrstagen strömen, bezeugen, daß Hatsumode für die meisten Menschen, unabhängig von ihren Konfessionen, den Charakter eines kollektiven Ereignisses hat. Die Zahl der Pilger hängt vom Wetter und der Konjunktur ab. Sonniges Wetter und schlechte Konjunktur bescheren den Schreinen zahlreiche Pilger und reichliche Opfergaben. Denn sonniges Wetter ist gut zum Ausgehen, und man bittet bei schlechter Konjunktur um Wirtschaftsaufschwung.

Man kann an den ersten Neujahrstagen mehrere Schreine besuchen und für sich um Glück und Segen bitten. Nach Angaben der zuständigen Polizeibehörde zählt in einem normalen Jahr der Meiji-Schrein in Tokyo rund 4 Mio. Pilger, gefolgt vom Kawasaki-Daishi (3,3 Mio.), Naritasan-Shinshoji (3 Mio.). Der Ise-Schrein rangiert mit knapp einer Million Pilgern auf Platz 10. Insgesamt machen rund 80 Millionen Japaner Hatsumode. Also rund zwei Drittel aller Japaner praktizieren den alten Brauch; während sich nur 3,8% der Bevölkerung als Shintoisten bekennen.

Festessen zu Neujahr

Vom Schreinbesuch zurückgekehrt verbringen die Familien den ersten Neujahrstag zu Hause mit ihren Vorfahrengottheiten. Das Festessen zum Frühstück heißt *Zoni*, eine Art Eintopf, der aus Reiskuchen (*Mochi*) und verschiedenen Gemüsen zubereitet wird. Reiskuchen und Gemüse sind die Opfergaben für die Vorfahrengottheiten. Zum Frühstück werden die Gaben gekocht und gegessen. Das rührt ursprünglich von der gemeinsamen Mahlfeier mit den Gottheiten her. Am Neujahrstag werden die Neujahrsgrüße durch die Post jedem Haus zugestellt. Ausnahmsweise arbeiten die Briefträger in Japan am Neujahrstag. Erst ab dem zweiten Neujahrstag besuchen die Leute einander und tauschen die Neujahrsgrüße und -geschenke aus.

Neujahrssegen

Nach dem Frühstück bekommen die Kinder von ihren Eltern und Großeltern ein Neujahrsgeschenk, das *Otoshidama* heißt. O (Honorativpräfix) +Toshi (Jahr) +Dama (kugelrund, Seele/Geist) bedeutet „Geist des Neujahrs". Am Neujahr bringen die Menschen den Vorfahrengottheiten die Opfergaben dar, und die Gottheiten beschenken die Nachkommen mit neuem Geist für das neue Jahr. Otoshidama ist ein Zeichen des Segens der Vorfahrengottheiten, deren Rolle von den Eltern und Großeltern übernommen wird. Früher war Otoshidama meistens Zuckerwerk, heute ist es aber Bargeld.

Folgefeste im Januar

In früheren Zeiten feierte man eine Reihe von Folgefesten im Rahmen der Neujahrsfeste, die heute nur noch auf dem Lande und im Kaiserhaus gepflegt werden. Es geht im Prinzip darum, die Gottheiten von den Bergen ins Dorf einzuladen und um ein ertragreiches und gesegnetes Jahr zu bitten. Auf dem Land werden noch bis zum 15. Januar die Neujahrsfeste gefeiert, in denen es überwiegend um Weissagung über die Reisernten geht. Ein bekanntes Folgefest ist das *Saitansai*, im Volksmund das *Toshigoi-matsuri*. Das Fest fand ursprünglich im Frühling statt, später wurde es in die Folgefeste im Januar eingefügt.
Das größte Anliegen der Bauern ist die Verheißung der Gottheiten für Fruchtbarkeit und gute Ernten. Um das Orakel der Gottheiten über die Fruchtbarkeit in sichtbarer Weise zu erlangen, werden auf einem Folgefest um den 15. Januar verschiedene Riten vollzogen: Im Schrein des Dorfes wird in einem großen Kessel Reisbrei gekocht und nach einer Weile wird in den Kessel ein Bambusrohr gelegt. Das Rohr wird dann aus dem Kessel genommen und die Reiskörner werden gezählt. Je mehr Reiskörner im Bambusrohr, desto reichlicher die Ernten, heißt das Orakel. Ähnliche Riten wie zum Neujahrsfest werden auch im Juli im Rahmen des Obon-Festes be-

gangen, die eine Wiederholung der Riten um Verheißung der Fruchtbarkeit und guten Ernten sind. Der Besuch der Neujahrsgottheiten wird regional durch die Erwachsenen in Masken vorgeführt. Besonders bekannt ist der Besuch von *Namahage* im Nordosten Japans. Die Gottheiten gehen von Haus zu Haus und teilen den Kindern symbolisch Glück und Segen aus.

Setsubun

Mitte Februar wird das Fest Setsubun gefeiert, das den Übergang vom Winter zum Frühling bezeichnet. Auf diesem Fest wird das Unreine aus dem Haus getrieben und das Glück ins Haus hereingerufen. Der Brauch ist aus China überliefert, und auf diesem Fest werden auf einen *Oni* (einen bösen Geist, der aus dem Onmyodo geboren ist) geröstete Sojabohnen geworfen. Der Oni kommt aus den Schatten hervor und verursacht Krankheiten und Unglück. Darum muß der Oni aus dem Haus getrieben und das Licht des Frühlings, das Leben, Glück und Gesundheit symbolisiert, ins Haus geführt werden. In jedem Haus, sei es auf dem Land oder in der Großstadt, werden in die Wohnräume die Sojabohnen mit dem Ausruf, „*Oni-wa soto; Fuku-wa uchi* (Raus die bösen Geister, herein das Glück!)" geworfen.

Das Mädchenfest

Am 3. März wird landesweit das *Hinamatsuri* gefeiert, das heute als Fest für Mädchen gilt. Ursprünglich war es ein Bannkult. Das Fest wurde am 3. März nach dem Mondkalender gefeiert, daher wird es heute in manchen Regionen noch im April abgehalten. In früheren Zeiten begann die Feldarbeit im März, und vor der Arbeit mußte man sich rituell reinigen, damit der Reisanbau nicht von Unreinem (Kegare) befallen wird. Im Bannkult (Harai) wird das Unreine vom Körper auf einen nach der Menschengestalt geschnittenen Schattenriß aus Reispapier übertragen, und der Schattenriß wird am Ende des Festes auf ein Strohschiff montiert und in den Fluß gesetzt. Diese Handlung, den Schattenriß in den Fluß zu setzten, heißt *Nagashibina*.

Das Hinamatsuri war für die Frauen und Mädchen ein gebotener Feier- und Ruhetag (*Hare-no-hi*) vor dem Beginn der Feldarbeit. Die Mädchen, die in früheren Zeiten im Reisanbau als wichtige Arbeitskräfte eingesetzt wurden, durften sich einen Ruhetag vor der Feldarbeit gönnen und die warme Sonne und schöne Natur des Frühlings genießen. Sie kochten im Freien Reisbrei, der zunächst als Gabe für die Puppen (*Hinaningyo*) dargebracht und dann zusammen mit Freundinnen gegessen wurde. Dieser Brauch wird heute nur noch auf dem Land gepflegt, wo Reis angebaut wird.

Hinaningyo

Die Puppe des Hinamatsuri heißt *Hina* (in der Frauensprache, O-hinasama). In der kultischen Handlung wird seit alters eine Puppe (entweder aus Stroh oder Stoff) auf den Körper gelegt, um das Unreine vom Körper auf sie zu übertragen. Auf dem Hinamatsuri wurde eine Kinderpuppe, die nach einem alten Brauch zum Schutz gegen böse Geister an das Kopfkissen des Kindes gelegt wurde, zur Übertragung des Unreinen benutzt.

Die Töchter des Hochadels im Altertum hatten mehrere Puppen, die wie die Hofdamen schöne Gewänder trugen. Erst in der Edo-Zeit ging der Brauch vom Hochadel in die Shogun-Familie über. Die kaiserlichen Prinzessinnen, die durch Heirat in die Shogun-Familie kamen, stellten nach einem alten Brauch ihre Puppen in Hofdamengewändern in mehreren Stufen übereinander auf. Dieser Brauch verbreitete sich im Laufe der Geschichte auf die unteren Stände in wohlhabenden Kaufmannshäusern. In der Gegenwart ist dieser vom Hochadel überlieferte Brauch sehr verbreitet, so wird am Hinamatsuri eine Gruppe von Puppen in fünf Stufen übereinander im Wohnzimmer aufgestellt, und davor lassen sich die kleinen Töchter des Hauses mit ihren Eltern und Großeltern fotografieren. Auf einen Tisch vor diesen Puppen wird das Festessen aufgetragen, das von der Mutter für die Töchter und geladenen Gäste zubereitet wird. Die Jungen dürfen natürlich diesen fröhlichen Tag mitfeiern.

Das Jungenfest

Das Fest am 5. Mai hatte ursprünglich auch den Charakter eines Bannkultes. Im Onmyodo wurde der Mai als unheilvoller Monat gedeutet. Der Monat Mai ist im Reisanbau ein sehr wichtiger Zeitpunkt, denn die Setzlinge werden ins bewässerte Reisfeld gepflanzt. Vor einer so wichtigen Arbeit müssen zuerst alle bösen Geister ausgetrieben werden. In der Präfektur Hiroshima wird das Fest heute noch „Goryo-e" (Bannkult der bösen, rachsüchtigen Geister) genannt. Um Unreines, Unheil und Unglück vom Körper zu bannen, war es vorgeschrieben, Sake mit Duft der Schwertlilie zu trinken oder ein Bad mit Extrakt von Schwertlilien zu nehmen. Der Schwertlilie wurde, so im Onmyodo, eine magische Wirkung gegen Krankheit und Unreines zugesprochen. Deshalb werden heute noch Anfang Mai Schwertlilien auf den Verkaufsständen der Supermärkte angeboten. Das Setzen der Reissetzlinge wurde kultisch begangen, und die Bäuerinnen, vor allem junge Mädchen, brachten den Bodengottheiten Opfergaben dar, so mußten sie sich vor der kultischen Handlung rituell reinigen und für einige Zeit asketisch leben. Während des asketischen Lebens hatten die jungen Bäuerinnen das Sagen, und es gibt heute in einer Region noch den alten Brauch, daß die Bäuerinnen in der Nacht zum 5. Mai wie die Herrin das Sagen haben. Schon im Mittelalter, als der Kriegerstand und die patriarchalische Gesellschaftsordnung die Oberhand im Gesellschaftsleben gewannen, wurden die Frauen aus diesem Kult allmählich verdrängt, so daß das Fest *Tango-no-sekku* ausschließlich zum Fest der Jungen wurde und das Hinamatsuri im März als das Fest der Mädchen festgelegt wurde.

Stoffkarpfen

Auch am ursprünglichen Jungenfest (Tango-no-sekku) mußten zum Beistand für Wachstum und Fruchtbarkeit der Setzlinge die Gottheiten auf die Reisfelder herbeigerufen werden. Die Gottheiten sollten über eine hohe Bambusstange auf die Erde hinabsteigen. Daher wurde eine Bambusstange mit einem Tuch oder Baumblättern geschmückt, um die Stelle zum Hinabsteigen zu markieren. Am Jungenfest stellt heute jedes Haus, wenn es einen Sohn hat, eine lange Stange im Hof oder auf dem Balkon auf, am Rand der Stange schwimmt ein riesengroßer Stoffkarpfen (*Koinobori*) frei in der Luft. Im Onmyodo wurde der Karpfen (*Koi*) als Symbol für Vitalität und steile Karriere interpretiert, was aus chinesischen Anekdoten herrührt. Ein Junge muß, wie ein Krieger des Bushi-Standes, kräftig und tapfer aufwachsen und dann eine Karriere machen. In dieser Tradition werden heute noch auf dem Jungenfest Kriegerpuppen mit Helm und Schwert im Wohnzimmer aufgestellt; das Gegenstück zu O-hinasama am Mädchenfest.

Besänftigungskulte und Dorffeste

Der Ursprung der traditionellen Dorffeste, auf denen ein Maskentanz mit Begleitmusik dargeboten wird, geht auf die Besänftigungskulte für wütende Seelen zurück. Die Besänftigungskulte für Kriegsgefallene und rachsüchtige Seelen wurden anfangs in der Residenzstadt Kyoto gefeiert und verbreiteten sich aber bald in den Provinzen. Die meist im Hochsommer in den Dörfern und Städten zu feiernden Feste haben ihren Ursprung in den Besänftigungskulten. Im Vergleich zu den herkömmlichen Übergangsriten des Reisanbaus, die in der Regel in der Nacht zu begehen sind, wurden die Sommerfeste meist zur hellen Tagesstunde gefeiert. Das *Gion-matsuri* in Kyoto, dessen prunkhaft ausgeschmückte Prozessionswagen (*Dashi*) durch die Hauptstraßen ziehen, hat seinen Anfang im 9. Jahrhundert, als die Residenzstadt einer Epidemie erlag. Die Menschen jener Zeit hofften, die wütenden und rachsüchtigen Seelen mit einem gebührenden Kult zu besänftigen, damit die grassierenden Epidemien erlöschten. Aus diesem Besänftigungskult entwickelte sich das Gion Matsuri im Hochsommer. Auf dem Lande wurde ebenfalls das *Natsu-matsuri* (Sommerfest) gefeiert, um infolge von Dürre oder Hochwasser vermehrte Schädlinge zu besänftigen, die als Verkörperung der

bösen Geister verstanden wurden.
Verlauf der Besänftigungskulte

Der Besänftigungskult besteht aus drei wichtigen Handlungen: die Einsperrung der Seele, die Besänftigung mit Tanz und Musik und die Verabschiedung.

a) Einsperrung
Im Altertum war es Brauch, den Leichnam des Kaisers in einem Holz- oder Steinsarg im Garten oder am Fluß innerhalb des kaiserlichen Residenzviertels zu bewahren und die Totenwache zu halten, bis der Leichnam völlig skelettiert war. Der Ort der Totenwache hieß *Mogarino-miya* (Trauerpalast). Das Protokoll über dieses Ritual wurde bis auf den Tod des Mommu-Tenno (der 42. Thronfolger) Anfang des 8. Jahrhunderts in den Reichschroniken gewissenhaft geführt. Bis dahin war das Begräbnis ausschließlich Erdbestattung. Die Feuerbestattung begann erst im Jahr 700, als ein Hauptpriester starb; im Kaiserhaus mit dem Tod des Jito-Tenno im Jahr 702. Danach verbreitete sich die Feuerbestattung allmählich unter dem Hochadel. Die Trauerzeremonie (sowohl die Feuerbestattung wie das Totenamt) wurde buddhistisch ausgestaltet und vollzogen.
Das Begräbnis der einfachen Bauern war pietätlos einfach. Der Tote aus dem gemeinen Volk wurde auf einer Strohmatte zu einer Sammelstelle gebracht. Dazu stand eine Grotte auf dem Berg zur Verfügung. Man stampfte mit den Füßen auf einer flachen Grube, die mit Erde nur leicht zugedeckt worden war. Es war nicht selten, daß die Leichen oft von Hunden und wilden Tieren aufgefressen oder am Rand des Flusses niedergelegt wurden. Daher ist es leicht nachvollziehbar, daß der Einsperrungsakt der Geister, die in der Luft frei schweben, eine notwendige Handlung im Besänftigungskult war.

b) Trösten mit Tanz und Musik
Am Mogarino-miya des Kaisers nahmen die Familie Sarume und die Ameno-Uzumeno-Mikoto die Aufgaben wahr, den Toten mit Tanz und Musik zu trösten und die Totenwache zu

halten. Der Tanz von Ameno-Uzumeno-Mikoto ist eine Reihe heftigen Stampfens. Die scharfen Takte und das Stampfen mit den Füßen im Kabuki-Theater und Noh-Maskentheater sowie der Schwerttanz lassen sich auf das kultische Stampfen zurückführen. Im Höhepunkt des Noh-Theaters stampft der Hauptdarsteller (*Okina*) heftig mit den Füßen zur Begleitmusik von Trommeln. Dieser Tanzakt heißt *Chitose* und *Sambaso*. Auch im Kabuki stampft und hüpft der Hauptdarsteller auf dem langen Laufsteg (*Hanamichi*) im Schlußakt heftig.

Nicht nur in den klassischen darstellenden Künsten, sondern auch in traditionellen Volkstänzen, die auf den Dorffesten im Sommer vor tobenden Geistern dargeboten werden, ist das Stampfen überliefert. Der Bauerntanz auf dem Reisfeld, *Dengaku-odori*, ist auch eine Art Besänftigungstanz für böse und tobende Geister, die Hochwasser, Dürre und Schädlinge herbeiführen. Ebenfalls aus den Besänftigungskulten entwickelte sich die Kagura, die Theateraufführung mit Tanz und Musik, die ein unentbehrlicher Bestandteil des Dorffestes ist. Und in der Gestaltung der Reigen (*Bon-odori*) auf dem Dorffest im Sommer sind Stampfen und Hüpfen wesentlich wichtiger als die Handbewegung, auf die oft die Aufmerksamkeit der Zuschauer gelenkt wird. Der Awa-odori in Südwestjapan und der Tanz des Nebuta-matsuri in Nordostjapan sind ein typisches Beispiel für heftiges Stampfen und Hüpfen. In Zeiten der Aufstände und Kriege im Mittelalter wurden die Besänftigungskulte von buddhistischen Priestern begangen und für Kriegsgefallene Tempel errichtet. Die buddhistische Veranstaltung der Besänftigungskulte oder die Gedenkfeier für die Seelen, die abrupt und widerwillig aus dem Leben gerissen wurden, heißen *Nembutsu-e* und der Tanz *Nembutsu-odori*.

Zu den bekanntesten Sommerfesten zählen das *Nebuta-matsuri* der Aomori-Präfektur und das *Kanto-matsuri* der Akita-Präfektur. Auf diesen Festen ziehen große Prozessionswagen durch die Stadt, um die bösen Geister auszutreiben. Diese Wagen müßten traditionell nach dem Fest in den Flüssen versenkt werden. Aber heute bauen die Festgemeinden immer aufwendigere und kostspieligere Prozessionswagen, so daß sie aus

Kostengründen und zum Umweltschutz nicht mehr in den Flüssen versenkt werden. Sie werden beim nächsten Sommerfest wieder verwendet.

c) Verabschiedung
Im Schlußakt des Besänftigungskultes werden die besänftigten und getrösteten Geister in den Fluß, in die Berge oder ins Meer verabschiedet. Sie sollen nicht immer im Diesseits herumlungern und Böses sinnen, sondern in ihre eigene Welt zurückkehren.
Am Obon-Fest kommen die Vorfahrenseelen am 14. Juli heim und nach einem Tag gehen sie in ihre Welt zurück. *Obon* heißt etymologisch „schicken, senden". Das heißt, die Seelen werden nach dem Besänftigungskult wieder in ihre Welt zurückgeschickt. In Kyoto wird am 16. Juli ein Fackelfest auf den umliegenden Bergen veranstaltet, das *Daimonji-yaki*. Das ist ein Abschiedsfest der Lebenden für die Vorfahrenseelen. Auch an den Gedenktagen der Atombombenopfer in Hiroshima und Nagasaki begehen die Nachkommen das Ritual nach dem alten Brauch, indem sie mit Kerzen beleuchteten Lampions in den Fluß legen. Das ist der Schlußakt der Gedenkfeier.

Gion-matsuri

Im Juni werden die Kulte für die Wassergottheiten landesweit gepflegt. Das bekannteste ist das Gion Matsuri in Kyoto, das heute seinen ursprünglichen Sinn eingebüßt hat und in ein Gemeindefest verwandelt wurde, das mit prächtig geschmückten Prozessionszügen Millionen Touristen anzieht.
Im Juni werden zahlreichen Tabus um Kegare und Kiyome eingehalten. Mit großen Bannkulten (Ooharae) wird das Sommerhalbjahr abgeschlossen. Am letzten Tag des Juni werden an den Schreinen die Bannkulte getrieben: ein in Menschengestalt geschnittener Schattenriß aus Reispapier wird vom Priester an die Besucher verteilt. Die Besucher legen ihn auf ihren Körper und sprechen innerlich: „Nimm das Unreine und nimm es mit dir fort". Nach dem Kult wird der Schattenriß in den Fluß ge-

setzt. Außerdem gibt es rituelle Reinigungskulte, man wäscht sich im Fluß oder man passiert durch das Eingangstor eines Schreins.

Tanabata-sekku

Ein weit verbreitetes Fest im Frühsommer ist das Tanabata Sekku am 7. Juli. Nur einmal im Jahr, so eine Legende aus China, sollen die beiden Sterne, Altair und Vega, sich an diesem Tag treffen. Die Legende um diese Sterne, eine sehr bewegende Liebesgeschichte, ist heute fast vergessen. Aber die jungen Menschen binden an diesem Tag ihre Wunschzettel aus schmalen Papierstreifen an Bambusäste in der Hoffnung, daß sie viel Glück bei Partnersuche, Liebe und Heirat haben. Es war seit alters Brauch, daß die Schulkinder an diesem Tag auf einem schmalen Zettel ihre Wünsche aufschreiben. Einem alten Glauben nach werden sie so mit Sicherheit Fortschritte in der Kalligraphie machen. Heute sind die Wünsche der Kinder recht vielfältig und konkret: neue Spielzeuge geschenkt zu bekommen oder Freunde und Freundinnen zu finden.

Obon-Fest

Der alte Volksglaube nahm an, daß am 1. Juli die Verliese der Hölle entriegelt werden, und die Geister der Vorfahren aus den unterirdischen Kerkern ins Diesseits zu Besuch kämen. Der Monat Juli ist der Beginn des Winterjahres, und der zweite Zyklus der Jahresfeste fängt an. Das Obon-Fest Mitte Juli entspricht dem Neujahrsfest im Januar. In der Vorbereitungszeit vor dem Obon-Fest werden die Häuser und Wege für die heimkehrenden Geister der Vorfahren und -Gottheiten gereinigt. Die wichtigsten Pfade zwischen den Bergen und Dorfgemeinden werden gefegt: Äste und Zweige abgeschlagen und das Unkraut gejätet, so daß die Geister der Vorfahren auf dem Heimweg von Morgen- und Nachttau nicht naß werden. Diese Vorbereitungsarbeit wird heute nur noch auf dem Land gemacht. Am Abend des 30. Juni wird eine Fackel am Eingang des Hauses zur Wegweisung für die Geister der Vorfahren

aufgestellt.
Um den 7. Juli werden Geschirr und Utensilien für den Altar sowie der Friedhof und die Brunnen sauber gemacht. Für das Obon-Fest wird in jedem Haus ein Festaltar (*Bondana*) neben den ständigen Altären (Butsudan und Kamidana) neu am Morgen des 13. Juli errichtet. In manchen Gegenden wird dazu noch ein Altar für einsame Geister (der Kinderlosen oder Ledigen) separat aufgestellt. Zu diesen Geistern gehören auch die Ertrunkenen, die auf dem Reiseweg starben, oder draußen Umgekommene und unverheiratet gestorbene Töchter und Söhne entfernter Verwandtschaftsgrade.

Opfergaben für den Altar

Die Opfergaben für den Bondana sind Trinkwasser, gekochter Reis, Reiskuchen oder Reisbällchen (*Dango*), in manchen Gegenden Nudeln. Das Obon-Fest ist eigentlich ein fröhliches Fest, wenn sich eine Familie nicht in Trauer befindet. In der trauernden Familie wird auf dem Bondana weder Fisch noch Fleisch dargebracht. Ansonsten werden auf den Altar außer Reis und Wasser noch Gemüse, Obst, Fisch und Fleisch gestellt. Nach der Verehrung der Ahnen wird das Festessen von den versammelten Familienangehörigen fröhlich gegessen, die wie am Neujahrsfest zum Obon-Fest ins Elternhaus in die Heimat zurückgekehrt sind. Schon im Juni beginnen die Kaufhäuser die Werbung für die Geschenkartikel zum Obon-Fest. Der Brauch (*O-chugen*) bedeutet heute nur noch den Austausch von Geschenken zwischen den Verwandten, Freunden und Bekanntschaften, denen man sich beruflich wie privat zu Dank verpflichtet fühlt. Dieselbe Praxis des Geschenkaustauschs findet auch im Dezember statt. Sie heißt *O-seibo*. Zu den beliebtesten Geschenkartikeln gehören Lebensmittel verschiedener Art, Reisweine und Getränke.
O-chugen ist eigentlich eine Bezeichnung für einen bestimmten Zeitabschnitt auf dem Mondkalender. Man bescherte einander mit Lebensmitteln, die zum Festaltar gebracht wurden. Aus dieser Praxis entwickelte sich der Brauch, Geschenke aus-

zutauschen, der heute vielen Japanern als lästiger, gesellschaftlicher Zwang vorkommt. Aber die meisten Japaner können sich diesem gesellschaftlichen Zwang nicht entziehen. Man hat Angst vor Sanktionen. Ohne Verständigung die Sendung der Geschenke einzustellen, wird als einseitiger Bruch der Beziehung verstanden, und der Empfänger würde sich viele Gedanken darüber machen, weshalb der bisherige Sender diesmal kein Geschenk geschickt hat. Und die Fortsetzung der bisherigen Beziehung würde dann schwierig.

Bon-odori

Zwischen dem 13. und 16. Juli findet in jeder Gemeinde, auch in den Großstädten, eine Tanzveranstaltung auf Marktplatz oder im Tempelhof an einem Abend statt. Jeder kann daran teilnehmen. Dieser Tanz heißt Bon-odori und wird von ehrenamtlich Engagierten der Gemeinde organisiert. Die Teilnehmer tragen einen Sommer-Kimono (Yukata) und tanzen im Reigen um eine Bühne in der Mitte, die mit Lampions hell beleuchtet ist. Auf der Bühne spielen Trommler und Sänger. Die Veranstaltung mit Tanz und Musik ist ursprünglich ein Besänftigungskult für rachsüchtige und in der Luft frei schwebende Geister, die noch nicht in gute Geister verwandelt werden konnten. In manchen Gegenden, oft auf dem Land, wird auf dem Bon-odori-Fest ein Tauziehen veranstaltet. Es ist wie am Neujahrsfest eine Art Wiederholung der Weissagung über die Erträge des Winterhalbjahres. Das Tauziehen kommt oft bei anderen Übergangsriten als Auslegung des Orakels vor.

Okuri-bon

Die heimgekommenen Vorfahren-Geister kehren nach ein paar Tagen wieder ins Jenseits zurück. Die Nachkommen veranstalten eine Abschiedszeremonie. Ein Teil der Opfergaben auf dem Festaltar wird auf ein kleines Schiffchen geladen, das aus Stroh und grünen Blättern gebastelt wurde. Das mit Gaben beladene Schiffchen wird in den Fluß gelegt, und die Gaben sind der Proviant für die Heimfahrt der Vorfahren-Geister. Die gleiche Bedeutung hat die Abschiedszeremonie, kleine Lampions in den Fluß zu legen. Wie beim Empfang der Vorfahren-Geister wird auch beim Abschied eine Fackel angezündet. Die bekannteste Abschiedszeremonie mit Fackelbeleuchtung ist das Daimonji-yaki am 16. Juli in Kyoto. Auf den umliegenden Bergen von Kyoto werden die Fackeln so gestellt, daß sie, vom weitem betrachtet, das Schriftzeichen „*Dai* (groß)" vor dem Nachthimmel darstellen. Die im Dunkel der Nacht auf den Bergen lodernden Fackeln geleiten die Vorfahren-Geister ins Jenseits und die Nachkommen, sowohl die Bewohner von Kyoto als auch die Touristen aus dem ganzen Land, nehmen Abschied von ihren unsichtbaren Vorfahren-Geistern.

Herbstfeste

Im September ist Japan oft von Taifunen bedroht. Die Reisähren benötigen noch viele Tage, bis sie reif zur Ernte werden. Die Taifune bringen nicht nur orkanartigen Wind, sondern auch Hochwasser. Es geschieht immer wieder, daß die mühsame Arbeit eines ganzen Jahres in wenigen Stunden zunichte wird. Seit alters wurden verschiedene Kulte am Dorfschrein begangen, um die Gottheiten des Sturmwindes zu besänftigen.

Das Erntedankfest

Das Erntedankfest findet von Region zu Region zu einem unterschiedlichen Zeitpunkt statt. Im allgemeinen wird das Fest zwischen September und Oktober gefeiert. Das Erntedankfest für die Bodengottheiten heißt „*Tanokami-matsuri*", und es wird auf dem Reisfeld zelebriert. Den Gottheiten werden auf einem Festaltar zwei Bund Reisähren und eine Sichel dargebracht. Im November nach dem Mondkalender feiern die Bauernhöfe zu Hause das Erntedankfest noch einmal. Dabei werden auch Reiskuchen und zwei Bund Reisähren sowie eine Sichel auf dem Altar dargebracht. Die Bodengottheiten werden vom frostigen Feld ins Haus eingeladen und sie überwintern im

Hause bis zum nächsten Frühling.

Niinamesai

Nach der Ernte der Reisähren feiern die Bauern das Erntedankfest, Niinamesai, auch heute noch. Der Festtag wird von dem Schrein des Dorfes bestimmt. Die Festtafel für die Gottheiten wird mit Nahrungsmitteln reichlich gedeckt, die von Feld, Wald und Meer zu ernten waren: gekochter Reis, Reiskuchen, Reiswein, Gemüse und Fisch. Eigentlich werden diese Opfergaben gekocht und zubereitet, damit die Gottheiten wie die Festgemeinde sie gleich kosten können. Aber an manchen Orten wird auch rohes Gemüse dargebracht. Auf dem Fest tragen Dorfbewohner und Festgemeinde einen einheitlichen Rock (*Happi*), wie es auf jedem Gemeindefest üblich ist. Die tägliche Feldarbeit ruht den ganzen Tag. Es ist der Tag der Feier (*Hare-no-hi*).

Tag der Wintersonnenwende

Am Tag der Wintersonnenwende ist der Brauch weit verbreitet, Erbsenbrei oder Kürbis zu essen und ein Bad mit Zitrusfrüchten (*Yuzu*) zu nehmen. Seit alters wurde geglaubt, daß in dieser Jahreszeit, wo die Sonne am schwächsten ist, der Körper von bösen Geistern leicht befallen wird. Um diese zu bannen und den Körper zu stärken, muß man den Erbsenbrei am Tag der Wintersonnenwende essen. In diesem Glauben werden vor den Tagen der Wintersonnenwende Erbsen, Kürbisse und Zitrusfrüchte in den Supermärkten angeboten.

Die Vorbereitung für das Neujahrsfest

Mitte Dezember beginnt man, auf dem Land wie in der Stadt, die Vorbereitungsarbeit für das Neujahrsfest. Auf dem Land werden Kordeln aus neuem Reisstroh für rituell gereinigte Stellen geflochten, und Haus, Hof und Ställe werden geputzt, und die Kiefernzweige zur Neujahrsdekoration am Eingangstor werden vom Berg geholt. Außerdem werden Lebensmittel und „Geschenke für das Neujahrsfest" (O-seibo) besorgt. Bereits

Anfang Dezember ist jeder mit dem Geschenkaustausch für das Neujahrsfest beschäftigt. Die Hausfrauen bereiten spätestens bis zum Silvesterabend das Festessen „*O-sechi*" sowie den Reiskuchen aus Neureis vor. In früheren Zeiten wurde diese Arbeit von allen Frauen des Hauses zusammen gemacht. Zur Zeit wird das Festmahl „O-sechi" überwiegend im Kaufhaus oder Supermarkt gekauft. Nur eine kleine Anzahl von traditionsbewußten Familien legen heute noch großen Wert auf das hausgemachte „O-sechi".

Reinigung vor Silvester

Vor Silvester wird das ganze Haus gründlich geputzt und rituell gereinigt, um die Vorfahrengottheiten des Hauses in Reinheit zu empfangen. Die große Putzarbeit im Dezember wird heute noch von allen Familienangehörigen gemacht. In der Silvesternacht sind in Japan im wahrsten Sinne des Wortes die saubersten Häuser und Wohnräume des Jahres zu sehen. Dem alten Volksglauben nach kommen in der Silvesternacht die Neujahrsgottheiten (Toshigami) in diese Welt, um mit den Nachkommen das Neue Jahr zu feiern. In dieser Nacht wird man ein Jahr älter. Still verbringen alle Familienangehörigen mit den auf unsichtbare Weise anwesenden Vorfahrengottheiten zusammen den Beginn des Neuen Jahres. Die ausgelassenen, heiteren Silvesterpartys wie im Westen gibt es in Japan traditionell nicht. Alle Betriebe und Behörden im Land gehen am 28. Dezember in Ferien. Der 28. Dezember ist der Schlußtag der Jahresarbeit (*Shigoto-osame*) und der 4. Januar der Beginn der Arbeit (*Shigoto-hajime*). An diesem Tag wird in Betrieben und Firmen nur ein halber Tag gearbeitet. Es gibt in jedem Betrieb eine kleine Zeremonie für den Beginn der Jahresarbeit. Es fällt den Japanern schwer, die geschäftlich nach Europa entsandt sind, schon vom 2. Januar an zur Arbeit gehen zu müssen; ebenso fällt es den in Japan lebenden Europäern schwer, auch an den Weihnachtstagen arbeiten zu müssen. Weihnachten ist kein Feiertag in Japan, wo nur knapp 1% der Bevölkerung Christen sind. Dennoch wird am Heiligabend ein Familienfest mit Weihnachtsgeschenken und Festessen gefeiert. Die Japaner sind in Europa meist angenehm davon überrascht, daß der 25. und 26. Dezember auch *noch* Feiertage sind.

An Silvester läuten die Tempel im ganzen Land zu Mitternacht 108-mal die Glocken. Im frühen Mittelalter war es die Regel, daß die Zen-Tempel morgens und abends die Glocken läuteten. Seit dem 16. Jahrhundert verbreitete sich der Brauch, daß an Silvester alle Tempel die Glocken läuteten. Mit dem Glockenläuten werden die alten Jahresgottheiten von den neuen abgelöst, und alle Leiden und Begierden entschwinden mit dem vergehenden Ton des Glockenklanges.

In der Silvesternacht gehen viele Japaner ins Gebirge, um „die aufgehende Sonne des ersten Neujahrstages" (*Hatsuhinode*) zu erleben. Beim Sonnenaufgang beten sie auf dem Berggipfel um ein gesundes und gesegnetes Jahr.

Zeittafel

538 Offizielle Übernahme des Buddhismus
645 Festigung der Kaisermacht
710 Residenzstadt in Nara
794 Verlegung der Residenz nach Kyoto
804 Saicho, Kukai nach China entsandt
858 Vorherrschaft der Fujiwara-Familie
985 Genshin „Ojoyoshu"
1175 Gründung der Jodo-Schule von Honen
1192 Gründung des Kamakura-Shogunats
1227 Einführung der Soto-Zen-Schule von Dogen
1253 Gründung der Hoke-Schule von Nichiren
1274/81 Invasion der Mongolen
1336 Gründung des Muromachi-Shogunats
1467-1573 Kriegerisches Zeitalter
1549 Ankunft des Franz Xavier in Kagoshima
1573 Sturz des Muromachi-Shogunats durch Oda Nobunaga
1585 Alleinherrschaft des Toyotomi Hideyoshi
1603 Gründung des Tokugawa-Shogunats
1613 Verbot des christlichen Glaubens
1639 Schließung des Landes gegen den Westen
1858 Öffnung des Landes und Handelsabkommen
1868 Meiji-Restauration (Wiederherstellung der Kaisermacht)
1869 Tokyo Residenz- und Hauptstadt
1872 Einführung der allgemeinen Schul- und Wehrpflicht

1873 Einführung des Gregorianischen Kalenders;
   Aufhebung der Christenverfolgung
1889 Verkündung der Reichsverfassung
1894-95 Chinesisch-japanischer Krieg
1904-05 Russisch-japanischer Krieg
1910 Annektion Koreas
1945 Ende des Zweiten Weltkrieges
1947 Neue Verfassung
1951 Friedensvertrag von San Francisco
1965 Vertrag zwischen Japan und Südkorea
1972 Aufhebung des Besatzungsstatus der Okinawa-Inseln
   Vertrag zwischen Japan und der Volksrepublik China
1989 Tod des Kaisers Hirohito.
   Das 1. Jahr Heisei (Kaiser Akihito)

Register der Namen und Sachen

Abdankung, 53, 144
Aberglauben, 101, 124, 143, 151, 156, 176
Abschiedszeremonie, 195, 196, 227, 228
Adelsstand, 122, 140
Agonkyo, 174
Ahnenkult, 24, 51, 129, 204, 205, 206, 214
Ahnenverehrung, 120
Ainu, 61
Akihito, 23, 145, 146
Almosen, 33, 39, 68, 69, 76, 79, 97, 167, 168, 169
Altar, 12, 14, 30, 33, 166, 167, 168, 170, 171, 173, 184, 186, 190, 195, 203, 205, 208, 211, 214, 226, 227, 228
Altargebäude, 25, 26, 190, 211
Amakusa, 108, 109
Amaterasu, 21, 23, 24, 25, 26, 49, 54, 92, 131, 184, 187, 207, 208, 211
Amtstempel, 34, 35, 44, 49, 76, 84
Anekdote, 42, 55, 57, 127, 221
Arahitogami, 132, 139
Aramitama, 180
Askese, 40, 44, 66, 68, 69, 85, 174

Auslegung, 31, 33, 35, 41, 48, 50, 51, 76, 93, 113, 119, 120, 209, 227
Awa-odori, 223
Bambus, 15, 195, 206, 207, 217, 220, 225
Bannkult, 17, 18, 46, 56, 116, 164, 180, 193, 194, 201, 204, 206, 209, 218, 220, 224
Bauernaufstand, 108, 109
Beerdigung, 63, 112
Begräbnis, 222
Bekehrung, 39, 68, 69, 76, 77, 78, 79, 88, 157, 181
Bergasketen, 17, 44, 45, 116, 124, 177
Bergkult, 176
Bergmönch, 43
Besänftigung, 54, 63, 64, 81, 134, 155, 180, 188, 192, 194, 195, 207, 210, 211, 221, 222, 223, 224, 227
Beschwörer, 45, 56, 116, 117, 124
Bestattungsanstalten, 151, 154, 160
Bondana, 226
Bon-odori, 223, 227
Bosatsu, 69, 70, 71, 72, 88, 181
Brauch, 12, 15, 18, 20, 27, 48, 51, 58, 64, 66, 69,

235

111, 114, 121, 123,
130, 133, 134, 136,
149, 150, 151, 152,
154, 164, 168, 171,
175, 201, 203, 207,
209, 214, 216, 218,
219, 220, 222, 224,
226, 229, 231
Buddha, 30, 31, 32, 33, 34,
35, 37, 38, 41, 42, 47,
49, 66, 67, 68, 69, 70,
76, 78, 79, 80, 81, 82,
85, 86, 87, 88, 112,
124, 125, 150, 164,
168, 171, 174, 175, 201
Buddhaschaft, 38, 42, 70,
71, 76, 85
Buraku, 159, 160
Butsudan, 170, 171, 214,
226
Chigi, 33, 38
Chinjuno-mori, 189
Christen, 97, 99, 101, 102,
106, 107, 108, 109,
111, 120, 126, 127,
130, 136, 137, 138,
230, 233
Christianisierung, 110
Chrysantheme, 57, 146
Daibosatsu, 47
Daijosai, 23, 96, 105, 106,
145, 209, 210, 211, 212
Daimonji-yaki, 224, 228
Daimyo, 99, 101, 103,
107, 108, 111
Daishi, 40, 43, 133, 170,
181

Dango, 226
Danka, 114
Dankbarkeit, 28, 79, 168,
178, 195, 196, 197
Dashi, 221
Dejima, 110
Dengaku-odori, 223
Deus, 98, 99
Diskriminierung, 156, 158,
159, 177
Dogen, 85, 86, 87, 115,
133, 163, 176, 182
Dogyo-ninin, 181
Dorffest, 14, 15, 50, 81,
175, 192, 193, 221, 223
Edo, 66
Eho, 215
Ehrenwürde, 133
Ehrfurcht, 13, 28, 109,
118, 120, 139, 140,
155, 156, 189
Eiheiji, 86, 182
Eisai, 83, 85, 163
Eki, 119
Ema, 194
Emma, 72
Empfängnis, 65
Engishiki, 51, 52
England, 108, 110, 122
Enryakuji, 40, 55, 56, 83,
96, 111, 124
Entbindung, 153, 154
Epidemie, 11, 30, 34, 35,
63, 88, 104, 153, 165,
221
Erbberuf, 93, 116, 118,
119

Erdbestattung, 164, 165, 222
Erlaß, 18, 34, 101, 103, 104, 106, 123, 127, 140, 165
Erleuchtung, 32, 33, 34, 37, 38, 42, 66, 67, 76, 80, 82, 85
Erlösung, 31, 32, 33, 34, 35, 39, 41, 42, 66, 67, 68, 70, 71, 74, 76, 77, 78, 79, 95, 100, 114, 117, 156, 157, 174, 175, 176
Ernennungsurkunde, 105
Ernte, 11, 12, 14, 15, 28, 35, 47, 93, 158, 185, 194, 203, 204, 205, 208, 211, 213, 215, 217, 218, 228, 229
Erntedankfest, 12, 14, 22, 23, 96, 105, 129, 145, 186, 193, 203, 204, 207, 208, 209, 210, 211, 228, 229
Eta, 155, 156, 157, 158, 159, 160
Eto, 20
Familienstammbuch, 141, 158, 160, 161
Feudalherren, 78, 83, 87, 95, 98, 99, 100, 101, 103, 105, 107, 108, 109, 125, 128, 157
Feuerbestattung, 78, 79, 164, 165, 166, 222
Filialschrein, 115, 125, 132, 134, 187
Filialtempel, 34, 35, 49, 59, 80, 113, 114
Fleischkost, 156, 163, 183
Frankreich, 122, 126
Franz Xavier, 97, 98
Franziskaner, 101
Fruchtbarkeit, 12, 25, 28, 171, 184, 185, 204, 205, 217, 218, 220
Fudaraku-jodo, 69, 72
Fudekuyo, 196
Fuji-san, 11
Fujiwara, 53, 57, 63, 69
Fumie, 108, 109
Fürbitten, 63, 74, 75, 82, 95, 100, 112, 154, 167
Geburt, 20, 34, 65, 67, 85, 111, 130, 141, 146, 149, 153, 154, 158, 160, 169, 172, 194, 197, 198, 199, 201, 202
Gedenkfeier, 63, 65, 66, 75, 81, 82, 84, 86, 87, 94, 95, 100, 114, 116, 154, 157, 164, 166, 167, 168, 169, 171, 172, 173, 174, 180, 182, 189, 195, 196, 204, 215, 223, 224
Gegenkaiser, 90, 91
Gehorsam, 28, 103, 118, 135, 140
Geister, 15, 19, 24, 44, 46, 54, 62, 64, 71, 79, 81, 82, 111, 116, 164, 180, 193, 197, 201, 206,

207, 209, 218, 219,
220, 221, 222, 223,
224, 225, 226, 227,
228, 229
Geku, 25, 50, 92, 184
Gelehrte, 16, 31, 35, 63,
84, 117, 118, 120, 121,
124, 127, 129, 139, 200
Genshin, 67, 68, 69, 72, 76
Gerichtsbarkeit, 15
Gesinnungsprüfung, 108,
109
Ginkakuji, 84
Gion Matsuri, 221, 224
Gishiwajinden, 21
Glaubenslehre, 33, 70, 76,
77, 78, 79, 83, 85, 87,
94, 99, 113, 121, 137,
154, 156
Gokuraku-jodo, 68, 69, 70,
72, 167
Goma, 45
Goryo, 63
Goryo-e, 81, 220
Go-shinboku, 189
Go-shintai, 25
Gozan, 84, 85
Grab, 77, 164, 165, 166,
167, 168, 169, 172,
173, 174, 205
Grabhügel, 23, 61, 165,
166
Grundwerte, 119, 120
Gyoji, 25
Hanamichi, 223
Happi, 229
Harai, 15, 92, 218

Hare-no-hi, 219, 229
Harikuyo, 196
Hatsumode, 215, 216
Haupttempel, 55, 56, 59,
78, 80, 83, 95, 113,
114, 182
Haustempel, 34, 69, 84,
112, 114, 134, 165,
168, 171, 172
Heika, 22, 170
Heiligtum, 24, 25, 26, 47,
82, 89, 184, 194
Heilslehre, 16, 18, 70, 117,
120
Heiwa-no-Ishiji, 188
Henker, 155, 156
Hieizan, 39, 41, 47, 56, 77,
78, 83, 85, 86, 87, 96,
98, 111, 124, 175, 177,
184
Himiko, 21
Hinamatsuri, 218, 219, 220
Hinaningyo, 196, 219
Hinin, 157, 158, 159
Hinoe-uma, 149
Hinomaru, 136
Hinterbliebene, 63, 75, 82,
134, 168, 169, 171,
173, 174, 179, 180
Hirohito, 133, 139, 140,
146, 170, 188
Hiroshima, 220, 224
Hochzeit, 136, 150, 151,
152
Hofamt, 132, 139, 141,
142, 146, 166, 211
Hofzeremoniell, 27, 43, 51,

52, 204
Hoke-Sutren, 32, 33, 34, 38, 41, 76, 87, 88
Hokkaido, 61, 102, 189
Holländer, 110
Homyo, 168
Honen, 76, 77, 78, 133, 163, 176
Honshu, 11
Honzan, 113
Horoskop, 54, 117, 148, 149
Hospiz, 97, 174
Hotoke, 81, 82
Hoyo, 172, 195
Ihai, 168
Imikomoru, 153
In, 18
Ingen, 133
Inthronisierung, 23, 24, 58, 105, 130, 145
Ippen, 156
Ise-Schrein, 24, 25, 26, 50, 52, 58, 90, 91, 92, 93, 119, 123, 125, 129, 131, 135, 140, 143, 148, 184, 185, 186, 187, 193, 204, 205, 208, 216
Itako, 179
Ito Hirobumi, 129
Iwakura Tomomi, 128
Izumo-Schrein, 25, 26, 50, 131, 132
Jade, 23, 24, 195, 208
Jahresdevise, 40, 83, 104, 128, 130, 144, 170, 199

Jesuiten, 99, 101
Jesuskind, 109
Jichinsai, 194
Jigoku, 66, 95
Jikkan, 19, 20
Jingikan, 27, 28, 29, 49, 123
Jingu, 131, 134, 184
Jinja, 25, 131, 132, 184
Jinja-honcho, 143, 151, 163
Jinjiin, 142
Jodo, 66, 67, 68, 69, 70, 74, 76, 77, 80, 81, 95, 97, 111, 156, 201
Jüngstes Gericht, 61
Junishi, 19, 20
Kabuki, 223
Kadomatsu, 158, 214
Kagoshima, 98, 232
Kagura, 206, 223
Kaimyo, 168
Kaiserhaus, 21, 23, 24, 25, 26, 28, 49, 52, 57, 59, 60, 83, 93, 103, 104, 123, 124, 127, 128, 129, 132, 134, 135, 139, 140, 141, 142, 143, 144, 145, 147, 159, 184, 185, 189, 190, 192, 198, 200, 203, 205, 206, 208, 210, 217, 222
Kaisermacht, 27, 49, 54, 103, 121, 122, 123, 128, 232
Kaiserpalast, 23, 24, 123, 124, 129, 130, 139,

145, 146, 147, 165, 198, 203, 207, 208, 210, 211
Kaisertum, 54, 103, 120, 130, 136, 140, 191
Kalligraphie, 198, 225
Kamakura, 77, 83, 84, 90
Kami, 82
Kamidana, 171, 214, 226
Kamikaze, 88, 188
Kanjo, 41
Kannamesai, 129, 186, 204, 208
Kannonkyo, 179
Kannushi, 13, 14, 15, 48
Kanreki, 201
Kanto-matsuri, 223
Kardinalsünde, 156, 167
Karma, 32, 66, 68
Kashikodokoro, 24, 123, 130, 208
katholisch, 102, 108, 137
Kegare, 153, 154, 175, 218, 224
Kenninji, 83, 85, 86
Kimigayo, 135
Kimon, 19
Kinderseele, 71
Kinkakuji, 84
Kirishitan, 99, 126
Kiyome, 155, 224
Kleidungsregel, 62
Kloster, 58, 59, 74, 75, 86, 97
Koden, 168
Kodengaeshi, 168
Koi, 221

Kojiki, 26, 120
Kokugaku, 120
Kokuji, 25
Konfession, 132, 157, 163, 167, 173, 177, 180, 188, 216
Konfuzius, 16
Koreiden, 123, 206
Koseki, 141
Koshitsutenpan, 132
Kotofu, 141
Krankenheilung, 33, 38, 40, 49, 79, 116, 192
Kreislauf, 12, 32, 65, 66, 68, 80, 153, 168, 186, 197
Kriegerstand, 83, 84, 85, 90, 95, 103, 105, 108, 116, 128, 159, 181, 220
Kriegsgefallene, 63, 64, 65, 84, 134, 187, 188, 195, 204, 221, 223
Kronprinz, 31, 55, 205, 206, 207
Kukai, 41, 42, 43, 124, 163, 181
Kumano-jinja, 89
Kyoto, 23, 39, 43, 56, 58, 69, 71, 77, 78, 79, 83, 84, 85, 86, 91, 95, 96, 98, 99, 102, 105, 106, 119, 123, 124, 134, 145, 157, 165, 210, 221, 224, 228, 232
Kyuchusanden, 123, 198, 203
Kyushu, 12, 21, 47, 98, 99,

100, 101, 108, 109, 137
Lamaismus, 37
Lebenskraft, 23, 185, 189, 193, 197, 207
Lehnsgut, 107
Leiden, 32, 38, 46, 49, 66, 67, 74, 114, 147, 168, 231
Magier, 17, 18, 19, 44, 45, 55, 92, 116, 117, 124
Mandala, 37, 50
Mandschurei, 134
Manga, 196
Manila, 108
Märtyrer, 101, 102, 108
Maskentanz, 221
matriarchalisch, 175
Matsuji, 113
Meditation, 34, 42, 44, 66, 68, 76, 83, 85, 86, 87, 115, 143, 181, 182, 183
Meldepflicht, 111
Menschengestalt, 193, 218, 224
Menschenrechte, 137, 160
Mikagura, 129
Miko, 193, 194
Mikoshi, 193
Mikoto, 13, 22, 121
Misogi, 15, 92, 200
Missionare, 98, 99, 100, 101, 102, 107, 108, 109, 110, 127
Missionierung, 99, 101, 107, 108, 114
Missionsarbeit, 99, 126, 127, 130

Mochi, 216
Modernisierung, 127, 137, 142, 148, 176
Monarchie, 122, 129, 141, 144
Mondkalender, 18, 20, 65, 207, 214, 218, 226, 228
Mongolen, 88
Monoimi, 16, 19
Monzeki-jiin, 57, 59, 60, 97, 124, 143
Moralphilosophie, 16, 117
Mugen-jigoku, 74, 174
Nagasaki, 102, 108, 110, 126, 224
Nagashibina, 218
Naiku, 25, 26, 50, 92, 184
Namahage, 218
Naorai, 14
Nationalfeiertag, 129, 130, 143, 145, 146, 148
Nationalflagge, 136
Naturkatastrophe, 30, 67, 87, 149, 153
Nebuta-matsuri, 223
Nehankyo, 174
Nembutsu, 68, 76, 223
Nengajo, 152
Nichiren, 76, 87, 88, 93, 94, 95, 100, 112, 113, 116, 121, 133, 156, 163
Nihonshoki, 26, 31, 120, 130, 184
Niinamesai, 22, 96, 129, 204, 207, 208, 209, 210, 229
Nikko, 47, 112

Ningen-sengen, 140
Nirvana, 66
Nisshoki, 136
Noh, 85, 223
Nordpolstern, 22
Norito, 195
Nyoninkinzei, 175
Obakushu, 133
Obon, 224
Obon-Fest, 65, 214, 215, 217, 224, 225, 226
O-chugen, 226
Oda Nobunaga, 95, 96, 99, 100
Ofuda, 180
Ogasawararyu, 84
O-hinasama, 219, 221
Ojoyoshu, 67, 68, 72
Okinawa, 13, 61, 139, 188, 233
Okuri-bon, 227
Omiya Mairi, 198
Oni, 218
Onmyodo, 18, 45, 52, 54, 64, 91, 94, 116, 119, 148, 155, 199, 209, 215, 218, 220, 221
Onryo, 63
Ooharae, 206, 224
Ookimi, 21, 22
Opfergabe, 13, 14, 23, 30, 52, 125, 186, 189, 190, 195, 206, 208, 210, 211, 213, 214, 216, 217, 220, 226, 227, 229
Orakel, 13, 15, 21, 22, 48, 92, 93, 209, 217, 227

Osaka, 102, 157, 175
O-sechi, 230
O-seibo, 226, 229
Otoshidama, 217
O-tsuya, 61
Parlament, 125, 128, 132, 136, 142
patriarchalisch, 175, 220
Pfründe, 27, 35, 40, 53, 59, 96, 112, 113, 115, 125, 128
Pilger, 111, 112, 125, 179, 180, 181, 187, 189, 191, 216
Portugiesen, 96, 100, 110
Präfekten, 53, 54
Preußen, 122, 129
Priesterkönig, 22, 27, 54, 55, 92
Priesterweihe, 41, 56, 106
Privilegien, 57, 94, 107
Prozessionswagen, 221, 223
Rache, 54, 63, 64, 180, 191
Reibaishi, 179, 180
Reichschronik, 21, 24, 31, 51, 130, 184, 222
Reisähren, 14, 24, 210, 228, 229
Reisanbau, 11, 12, 18, 22, 104, 116, 197, 203, 218, 219, 220, 221
Reisfeld, 128, 189, 203, 208, 210, 220, 223, 228
Religionsfreiheit, 126, 129, 132, 133, 142, 145
Religionspolitik, 107, 129

Religionsunterricht, 137, 143
Religiöse Körperschaft, 142, 143, 186
Renga, 85
Ri, 118, 119
Rikka, 85
Risshu, 74, 161
Ritual, 12, 15, 23, 25, 26, 27, 41, 50, 51, 112, 145, 146, 147, 154, 184, 185, 190, 195, 198, 200, 201, 202, 203, 205, 206, 208, 209, 210, 211, 222, 224
Übergangsritual, 192, 201
Rokudo, 66
Rußland, 137
Ryobu-shinto, 50
Sado, 85
Saicho, 38, 39, 40, 41, 163
Sakaki, 12, 195
Sake, 13, 14, 97, 128, 184, 195, 208, 210, 211, 220
Samurai, 46, 107, 108, 122, 181, 182, 196
Sankaiki, 154
Sanshu-no-jingi, 24
Sanzu-no-kawa, 72
Satori, 82
Schamane, 13, 15, 44, 62, 179, 180, 209
Scheiterhaufen, 102, 107, 108, 164, 165
Schildkröte, 15, 21, 93, 209, 210
Schöpfungsgottheit, 16, 17

Schriftgläubigkeit, 38, 39
Schwert, 17, 23, 24, 26, 208, 221
Seelennamen, 168
Seiden, 99, 110, 137, 189, 198, 203, 204, 206, 208, 211
Seii taishogun, 105
Sekihan, 175
Selbstbildung, 76, 85
Sennyuji, 124, 134, 165
Seppuku, 108
Shaka, 32, 33, 34, 37, 69
Shichi-go-san-mairi, 200
Shigoto-hajime, 230
Shigoto-osame, 230
Shikinensengu, 185, 186, 187
Shimabara, 64, 108, 109
Shinden, 123
Shinran, 76, 78, 79, 80, 81, 94, 95, 133, 156, 163, 176
Shinto-Priester, 13, 14, 15, 47, 48, 50, 90, 93, 103, 116, 119, 121, 124, 126, 129, 131, 163, 184, 193, 194, 195, 196, 198, 205, 209
Shogun, 54, 58, 84, 87, 91, 96, 98, 99, 100, 101, 103, 104, 105, 107, 110, 112, 122, 123, 133, 219
Shugendo, 44, 45, 46, 88, 89, 116, 124, 143, 175, 176, 177, 178, 179

Shugenja, 44
Shushigaku, 118, 119
Silvester, 214, 215, 230, 231
Sokushin-jobutsu, 38, 42, 174, 201
Sonne, 17, 92, 207, 213, 214, 219, 229, 231
Sonnenbanner, 136
Sonnengöttin, 21, 207
Sorei, 192
Souveränität, 50, 90, 124, 125
Staatseigentum, 128, 142, 166
Staatsreligion, 111, 123
Stammgläubige, 125, 169, 172
Ständesystem, 125, 157, 158
Sterndeutung, 18, 19, 37, 148
Sühne, 197
Sumo, 154, 175, 176
Sünde, 32, 48, 61, 63, 66, 71, 72, 73, 74, 77, 79, 154, 156, 174, 176, 206
Taisha, 25, 184
Talisman, 14, 17, 180, 194
Tamashii, 81
Tango-no-sekku, 220
Tanka, 147
Taoismus, 16, 17, 18, 22, 43, 45, 92, 94, 176, 178
Tatari, 64, 180
Tenjin, 64
Tenno, 22, 103, 145
Tenshi, 22
Thronbesteigung, 23, 24, 58, 145, 209
Thronfolge, 23, 144
Thronfolger, 24, 55, 56, 91, 104, 133, 139, 211, 222
Tierzeichen, 19, 20, 54, 148, 199, 201, 215
Tigerstunde, 20, 54
Tod, 15, 33, 56, 58, 61, 62, 64, 65, 66, 68, 69, 70, 71, 72, 74, 75, 80, 81, 82, 111, 114, 121, 151, 152, 153, 154, 156, 166, 167, 168, 173, 174, 179, 181, 189, 191, 192, 197, 201, 212
Todaiji, 34, 35, 38, 39, 40, 47, 56
Tofu, 196
Tokugawa Ieyasu, 46, 96, 102, 112
Tokyo-Prozeß, 188
Torii, 12, 190
Toshi, 12, 217
Toshigami, 214, 230
Totenwache, 61, 222
Toyotomi Hideyoshi, 96, 101
Trauerfeierlichkeit, 112, 114, 132, 145, 150
Trauung, 136, 137
Tugend, 61, 167
Ujigami, 48, 52
Ujiko, 125

Umkehr, 78, 108
Urami, 62
USA, 110, 122, 137, 140
Verbannung, 125
Verfassung, 16, 31, 51, 122, 129, 132, 140, 141, 142, 144, 233
Verfolgung, 44, 77, 78, 107, 108, 113, 126, 127, 130, 233
Verkörperung, 37, 49, 50, 69, 92, 104, 184, 221
Vollmond, 205, 214
Voraussage, 37
Vorfahrengottheit, 48, 116, 123, 171, 190, 198, 213, 214, 215, 216, 217, 230
Vorfahrenseele, 28, 62, 65, 82, 192, 206, 224
Wahrsagung, 116
Wallfahrt, 45, 71, 180, 184, 187, 189
Wasserquelle, 11, 12, 128, 180
Wehrpflicht, 122, 159, 232
Weltanschauung, 37, 66, 68, 86, 137

Wiedergeburt, 32, 65, 66, 67, 68, 80, 81, 88, 185, 197, 198, 200, 212
Yakubarai, 201
Yakudoshi, 201
Yamabushi, 44, 45, 46, 179
Yamato, 16, 21, 24, 25, 26
Yasukuni-Schrein, 65, 134, 187, 188, 190
Yatanokagami, 184
Yo, 18
Yurei, 71, 79, 81, 82
Yuzu, 229
Zauberkult, 19, 31, 37, 38, 40, 43, 45, 46, 55, 56, 57, 87, 93, 94, 132, 156, 182
Zazen, 82
Zehnt, 15, 28
Zeiterfahrung, 197
Zojoji, 112
Zoni, 216
Zugangsverbot, 175, 176, 177
zyklisch, 197
Zypresse, 185, 186